W0359212

1517

Martin Luther

Die Reformation

Martin Luther

Die Reformation

1517

LINGEN

Inhalt

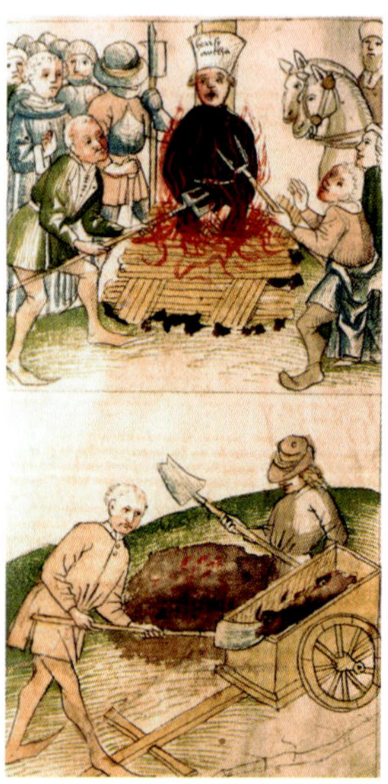

FRIEDE 1648

Martin Luthers Abfall von der katholischen Kirche

31. Oktober 1517, Wittenberg: Der Theologieprofessor Martin Luther greift in 95 Thesen den Ablasshandel und das Selbstverständnis der katholischen Kirche an. Ein Skandal, der schnell weite Kreise zieht. Innerhalb weniger Jahre entwickelt sich aus der innerkirchlichen Kritik eine soziale Bewegung mit weltweiten Folgen bis in unsere Zeit: die Reformation. Dabei war Martin Luther in jungen Jahren alles andere als ein Rebell. Der Sohn eines Erzgrubenbesitzers aus Eisleben lernt fleißig, wird Augustinermönch und macht Karriere an der Theologischen Fakultät der Universität Wittenberg. Ein starker Glaube durchdringt ihn – und führt zum Protest.

Am Anfang war das Wort – Martin Luthers Thesen sollten weltweite Folgen bis in unsere Zeit haben. Denkmal für den deutschen Reformator auf dem Marktplatz der Lutherstadt Wittenberg.

95 Thesen

Am Mittwoch, den 31. Oktober 1517, einen Tag vor Allerheiligen, trug sich Unerhörtes zu im beschaulichen Wittenberg: Ein Plakat mit 95 Thesen wider den Ablasshandel und andere Praktiken der katholischen Kirche hing am Nordportal der Schlosskirche, mitten in der Stadt. Lesen konnten es allerdings nur die wenigen gebildeten Bürger, denn der ganze Text war in der damaligen Weltsprache der Gelehrten, in Latein, verfasst. Dennoch erregte er Aufsehen, denn seine Kritik war radikal und traf die Kirche ins Mark. Geschrieben hatte ihn der 34-jährige Augustinermönch Martin Luther, ein stadtbekannter Theologe und Prediger.

Ob Luther selbst die Thesen mit wuchtigen Hammerschlägen zur Mittagszeit an die Kirchentür nagelte, wie es die protestantische Legende will, ist seit vielen Jahren umstritten. Dass sie dort am 31. Oktober veröffentlicht wurden, gilt mittlerweile jedoch als wahrscheinlich. Vermutlich war es jedoch nicht Luther, sondern der Hausmeister der Universität, der den akademischen Gepflogenheiten der Zeit gemäß die als gelehrte Disputation angelegten Thesen an alle Kirchenportale der Stadt klebte.

Geschrieben hatte Luther die Thesen, um den Erzbischof von Mainz davon zu überzeugen, den in Deutschland verbreiteten Ablasshandel zu beenden. Als Seelsorger und Bibelprofessor wollte er nicht hinnehmen, dass die Kirche den Gläubigen mit dem Aberglauben des Fegefeuers drohte, um sie dann gegen Bezahlung durch den Papst von allen Sünden freizusprechen. Nur Gott selbst, kritisierte Luther dieses Geschäft, könne durch seine Gnade vergeben. Der Mensch müsse Buße tun und ein gläubiges Leben führen. Eine Abkürzung zum Seelenheil gab es für Luther nicht. Seine Kritik traf eine um ihr Selbstverständnis ringende, in Teilen stark verweltlichte Kirche, die mit dem Verkauf von Ablassbriefen durch besondere Ablassprediger viel Geld verdiente. Dagegen argumentierte Luther: „Derhalben jrren die Ablasprediger, die da sagen, das durch des Bapsts Ablas der Mensch von aller pein los vnd selig werde“, so die zentrale 21. These in einer zeitgenössischen deutschen Übersetzung. Und in der 27. These heißt es: „Die predigen Menschentand, die da fürgeben, das, so bald der Grosschen in den kasten geworffen, klinget, von stund an die Seele aus dem Fegfewer fare.“

Luthers Kritik traf nicht nur die Kirche, sondern auch den Nerv der Zeit: Seine Botschaft verbreitete sich schnell und fand zahlreiche Anhänger in allen Schichten der Gesellschaft. Aus den Forderungen des Augustinermönchs wurde eine breite Reformbewegung, die zunächst Deutschland und dann weite Teile Europas erfasste – gefördert von Luther selbst, der mit seinem Denken und Handeln auf eine Erneuerung des christlichen Glaubens drang. Doch wer war dieser Mann, der in einem historischen Moment den Gang der Welt veränderte?

Tatsächlich stammte der Sohn eines „armen Hauers“ aus gutem Hause. Das Gemälde nach Lucas Cranach d. Ä. von 1527 zeigt die Eltern Martin Luthers.

Luthers Wurzeln

Martin Luther selbst bezeichnete sich als Sohn eines „armen Hauers“ (Bergmann). Doch das war eine Stilisierung, denn Luther stammte aus gut situierten Verhältnissen, wie man heute sagen würde. Die Familie seines Vaters war seit Generationen im südlich von Eisenach gelegenen Dorf Möhra ansässig und keineswegs arm. Der Großvater Heiner Luder (1430–um 1510) gehörte zu den sogenannten Erbzinsleuten der Gegend, die nur ihrem Landesherrn, dem Kurfürsten von Sachsen, abgabepflichtig waren. Die Luders – Luther ließ den Namen ändern – und ihre Nachbarn waren freie Bauern mit Rechten und hohem sozialen Ansehen. Heiner Luder bewirtschaftete einen ertragreichen Hof.

Luthers Vater, Hans Luder (1459–1530), war der älteste von vier Brüdern. Traditionsgemäß wurde im Thüringischen der väterliche Hof ungeteilt an den jeweils jüngsten Sohn vererbt. Das war eine Herausforderung für die älteren Brüder. Sie standen vor der Wahl, sich entweder bei anderen Bauern oder gar beim jüngsten Bruder als Knechte zu verdingen, oder sich

Das Taufbecken, in dem Martin Luther getauft wurde, in der St.-Petri-Pauli-Kirche in Eisleben.

eine eigene Existenz aufzubauen. Hans Luder entschied sich für die Selbstständigkeit und heiratete 1479 die etwa gleichaltrige Margarethe Lindemann (1460–1531) aus Eisenach. Das war eine in jeder Hinsicht gute Partie: Margarethe stammte aus gutem Hause. Ihr Vater Johann Lindemann (geb. um 1423) gehörte zum ratsfähigen Bürgertum der alten Bergbaustadt und konnte seiner Tochter eine ansehnliche Mitgift geben. Außerdem hatte die Familie Lindemann gute Kontakte zum prosperierenden Kupferbergbau in der Grafschaft Mansfeld. Margarethes älterer Bruder Antonius Lindemann hatte es dort zum Bergrat gebracht, betrieb selbst eine Kupferhütte und besaß viel „Insiderwissen“.

Die ersten Jahre lebte das junge Ehepaar vermutlich auf dem väterlichen Hof in Möhra. Zunächst verdingte sich Hans Luder in einer der zahlreichen Kupferminen der Gegend als Bergmann. Doch bald erkannte er, dass er seiner Familie mit dieser harten Arbeit keine Zukunft aufbauen konnte. Er entschied sich dazu, sicher auf Anraten und mit Unterstützung der Lindemanns, sein Glück als selbstständiger Bergbauunternehmer zu suchen. Im Sommer 1483 zogen die Eheleute nach Eisleben, eine aufblühende Bergbaustadt mit rund 4.000 Einwohnern, und bezogen im dortigen Handwerkerviertel ein kleines Haus. Hier wurde am 10. November 1483 kurz vor Mitternacht, als erstes oder zweites von vermutlich neun Kindern, Martin Luther geboren. Viele Kinder starben damals bei oder schon bald nach der Geburt. Von Luthers Geschwistern erreichten nur ein jüngerer Bruder und drei jüngere Schwestern das Erwachsenenalter. Umso wichtiger war es den tiefgläubigen Menschen, dass ihr Kind schnell in die christliche Kirche aufgenommen wurde. Und so ließen die Luders ihren Sohn am Tag nach der Geburt in der Kirche St. Peter und Paul taufen – wie üblich auf den Namen des Tagesheiligen, Martin von Tours.

Frühe Kindheit in Mansfeld

Hans Luder gelang es, in Eisleben einen geeigneten Geschäftspartner und Mitinvestor zu finden, denn für die Pacht einer eigenen Erzgrube brauchte er Kapital. Trotzdem schlugen alle Versuche fehl, in

Eisleben Fuß zu fassen. Denn dort befanden sich alle Gruben in festen Händen. Mehr Glück hatte der Jungunternehmer in der nahe gelegenen Residenzstadt Mansfeld. Im Frühjahr 1584 erwarb er hier die Bergrechte an einer Grube als sogenanntes „Herrenfeuer", das heißt unmittelbar vom Landesherrn, dem Grafen von Mansfeld, verliehen. Die Familie zog bereits im Sommer 1584 nach Mansfeld und wohnte dort die nächsten Jahre zur Untermiete.

Hier, in der Nachbarschaft der mächtigen Burganlage der Grafen von Mansfeld, verlebte Martin Luther seine frühe Kindheit. Anfangs wird das Geld knapp gewesen sein, denn alle Mittel musste der Vater ins Geschäft stecken. Nicht Armut, aber Sparsamkeit prägte die ersten Jahre Luthers Kindheit. Später erinnerte er sich, seine Mutter habe im Wald Holz und Reisig gesammelt und auf dem Rücken nach Hause getragen – durchaus plausibel, denn Hausangestellte konnte man sich nicht leisten. Die Mutter war es auch, die in den ersten Jahren die Erziehung übernahm und die Kinder wohl auch in die Welt der Religion einführte.

Es gibt keine Hinweise, dass die Eltern außerordentlich fromm gewesen sind und dadurch den Weg ihres Sohnes vorgezeichnet haben. Sie waren wie fast alle Menschen am Ausgang des Mittelalters gläubig und besuchten regelmäßig die Kirche. Die religiöse Erziehung ihrer Kinder entsprach der damals üblichen Volksfrömmigkeit, die das tägliche Leben bestimmte. Dazu gehörte eine ausgeprägte Heiligenverehrung ebenso wie ein weitverbreiteter Aberglaube. Seine Mutter habe sich vor Hexerei und Dämonen ge-

Die Grafschaft Mansfeld – Luthers Heimat

Eisleben und das nur wenige Kilometer entfernte Mansfeld waren zentrale Orte der Grafschaft Mansfeld, einem kleinen, aber einflussreichen Territorium im östlichen Harzvorland. Die Grafen von Mansfeld gehörten zu den ältesten deutschen Adelsgeschlechtern und waren bereits seit dem 10. Jahrhundert in ihren Stammlanden ansässig. 1079 wurde ihnen von Kaiser Heinrich IV. das Gaugrafenamt übertragen. Wenn auch die Burg der Grafen in Mansfeld stand, entwickelte sich das größere Eisleben zu einer Art Hauptstadt der Grafschaft. Zur Zeit von Martin Luthers Kindheit zählte Eisleben etwa 4.000 Einwohner, in Mansfeld lebten rund 3.000 Menschen.

Vor allem dank dem um 1200 einsetzenden Kupferbergbau gelangte die Grafschaft im Hoch- und Spätmittelalter zu außerordentlicher wirtschaftlicher Blüte. Der Abbau des wertvollen Kupferschiefers verlangte relativ wenig finanziellen Aufwand für Schachtanlagen und Hüttenbetriebe, warf aber reiche Gewinne ab. Das Erz schaffte zahlreiche Arbeitsplätze, ob für „Hauer" unter Tage oder in den Kupferhütten bei der Verarbeitung des Erzes. Das „Bergrecht" oder „Bergregal" befand sich seit seiner Verleihung 1215 durch Kaiser Friedrich II. im Besitz des Grafenhauses, das viele Erzgruben selbst ausbeutete oder als sogenannte „Herrenfeuer" verpachtete. Dauerhaft und erblich verpachtete Gruben wurden „Erbfeuer" genannt.

Blick über die Stadt Mansfeld in Sachsen-Anhalt mit der Stadtkirche St. Georg. Hier erinnert das Museum „Luthers Elternhaus" der Stiftung Luthergedenkstätten an den Reformator.

fürchtet, berichtete Martin Luther später. Selbst dass sie eine Nachbarin für den Tod eines ihrer Kinder verantwortlich gemacht und der Hexerei bezichtigt haben soll, passt durchaus in die religiösen Überzeugungen der Zeit. Ebenso typisch war die Vorstellung eines strengen und strafenden Gottes, den man durch ein bußfertiges Leben und Frömmigkeit milde stimmen musste.

Prägende Schuljahre in Mansfeld, Magdeburg und Eisenach

Luthers Vater gelang in Mansfeld der wirtschaftliche und gesellschaftliche Aufstieg. Um 1591 bezog die Familie ein ansehnliches Anwesen mit Wohnhaus, Stall- und Wirtschaftsgebäuden und einem großen Nutzgarten. Heiner Luder wurde „Vierherr" und damit einer von vier Bürgerschaftsvertretern, die dem Rat zur Seite standen. Als Honoratior der Stadt wollte Heiner Luder den sozialen Aufstieg seiner Familie durch Bildung sichern. Sein ältester Sohn Martin besuchte seit etwa 1490 die Mansfelder „Trivialschule", wo er unter anderem die Grundlagen der lateinischen Sprache lernte und sich damit auf ein späteres Studium vorbereitete. Äußerungen Luthers in seinen „Tischreden", wonach die Schule Hölle und Fegefeuer gewesen sei, wo Tyrannen geherrscht hätten, mögen übertrieben sein. Doch waren die Schulen der damaligen Zeit keine pädagogischen Anstalten. Prügelstrafen für Ungehorsam oder geringfügigste Vergehen waren gang und gäbe.

Auch an das Elternhaus erinnerte sich Luther mit Unbehagen. So soll ihn sein Vater einmal derart geschlagen haben, „das ich ihm floh". Über seine Mutter berichtete er: „Mein mutter steupet [schlug] mich um einer eingen [einzigen] Nuß willen, dass das Blut floß. Und diese Strenge Disziplin hat mich schließlich ins Kloster geführt, wiewol sie es hertzlich gut gemeinet haben." In Hans Luders Haus herrschte gewiss Zucht und Ordnung, darin unterschied sich Luthers Elternhaus nicht von anderen. Martin wuchs so auf wie die meisten seiner Altersgenossen. Besondere Ereignisse oder Prägungen, die schon in seiner Kindheit seinen späteren Weg vorgezeichnet hätten, sind nicht überliefert. Martin Luther war ein braver Sohn angesehener Stadtbürger und gelehriger Schüler der städtischen Lateinschule.

Luthers Vater hatte viel vor mit seinem Sohn, der einmal Jura studieren und ein hoher städtischer Beamter werden sollte. Da das Bildungsangebot in Mansfeld begrenzt war, musste der Junge bereits mit 14 Jahren sein Elternhaus verlassen. Gemeinsam mit seinem Freund Hans Reinicke, ebenfalls Sohn eines Hüttenunternehmers, besuchte er ab 1497 die Magdeburger Domschule. Hier lebte er bei den „Brüdern des Gemeinsamen Lebens", einer vom Humanismus geprägten religiösen Gemeinschaft, die großen Einfluss auf die spätmittelalterlich-frühneuzeitliche Erneuerungsbewegung von Frömmigkeit und Bildung hatte. Nach nur einem Jahr verließ Martin Magdeburg Richtung Eisenach, der Heimatstadt seiner Mutter. Hier lebte er bei Verwandten und den Familien Schalbe und Cotta, beides Ratsgeschlechter. Er besuchte von 1498 bis 1501 die Lateinschule der Pfarrei St. Georg, wo er seine Lateinkenntnisse perfektionierte. Die Eisenacher Jahre waren prägend für den jungen Mann: In religiösen Zirkeln der Franziskaner machte er wichtige spirituelle Erfahrungen. Die Schüler trafen sich zum Gebet, aber auch um zu musizieren und über Bücher zu sprechen, darunter die damals neue humanistische Literatur.

Wenn auch sein Vater für das teure Schulgeld und zum Teil für die Kosten für Unterkunft und Verpflegung aufkam: Seinen Lebensunterhalt musste sich der junge Luther durch Betteln verdienen und „um sein Brot singen". Dieses sogenannte „Currendesingen" von Schülern vor den Bürgerhäusern war üblich und galt nicht als Ausdruck besonderer Armut. Überhaupt gehörte das Betteln in verschiedener Form damals zum Alltag. Martin stand da nicht alleine, denn für viele Schüler und Studenten, wenn sie nicht aus reichem oder adligem Hause stammten, waren die Lehrjahre hart und entbehrungsreich.

Ein „fröhlicher junger Geselle“ – Studienjahre in Erfurt

Im Frühjahr 1501 schrieb sich der 17-Jährige an der Artistenfakultät der Universität Erfurt ein, um hier zunächst die „septem artes liberales“, die sieben freien Künste Grammatik, Rhetorik, Dialektik, Arithmetik, Geometrie, Musik und Astronomie zu studieren. Dies war die Voraussetzung, um später an eine der drei höheren Fakultäten Theologie, Jura oder Medizin zu wechseln. Die 1392 gegründete Erfurter Universität, nach dem lateinischen Namen des durch die Stadt fließenden Flusses Gera auch „Hierana“ genannt, galt damals als fortschrittlich und eine der führenden im Reich. Moderne, vom Humanismus geprägte Methoden und Lehrinhalte vor allem in Philosophie und den Philologien zeichneten die Hochschule aus. Hier lernte und vertiefte Martin Luther anhand der antiken Autoren Quellenkritik und Quellenforschung – Kenntnisse, die ihn prägen sollten. Zeitlebens schätzte er die Macht des Wortes und den Wert der Quellen. Und auch die Liebe zur Musik, die vom Humanismus neue, starke Impulse erfahren hatte, vertiefte sich in seiner Studienzeit.

Überhaupt waren die Erfurter Jahre für den jungen Studenten eine gute, vielleicht sogar glückliche Zeit. Erfurt war die erste Großstadt, in der Martin Luther für längere Zeit lebte. Hier kam sein Vater vollständig für den Lebensunterhalt auf, sodass Luther sich ganz dem Studium und studentischen Leben widmen konnte. Erfurt war eine bedeutende Wirtschaftsmetropole mit rund 16.000 Einwohnern am Schnittpunkt wichtiger Handelswege, eine die Region auch geistig-kulturell beherrschende Großstadt mit einem selbstbewussten Bürgertum. Das quirlige Leben bot zahlreiche Vergnügungen. Luther lebte in der angese-

Abschluss des Studiums der „artes liberales“: Eintragung des „Martinus luder ex mansfelt“ als Magister der Philosophischen Fakultät der Universität Erfurt am 6. Januar 1505, Erfurter Universitätsmatrikel, illuminierte Handschrift.

henen Georgsburse, wo eine strenge Haus- und Lebensordnung ein geregeltes Studium garantieren sollte. Ob er sich immer daran gehalten hat, bleibt zu bezweifeln. Sein Studienkollege Crotus Rubeanus erinnerte sich, dass Luther ein „fröhlicher junger Geselle gewesen" sei. Luther selber meinte später in seinen „Tischreden", Erfurt sei ihm als „Hurhaus und Bierhaus" in Erinnerung geblieben. Beide Äußerungen lassen viel Spielraum für Interpretationen, doch man darf annehmen, dass der junge Mann auch zu leben verstand.

Ein fleißiger und wissbegieriger Student war Luther allemal. Ende September 1502 legte er erfolgreich sein Bachelor-Examen ab. Bereits im Januar 1505 beendete er sein Studium der „artes liberales", heute würde man sagen: sein geisteswissenschaftliches Grundstudium, mit der Promotion zum Magister Artium. Gleich darauf wechselte er, wie vom Vater gewünscht, an die juristische Fakultät. Luther begann das Studium im Mai mit dem Zivilrecht und stürzte sich mit Fleiß und Ehrgeiz in sein neues Fachgebiet. Doch kamen dem 21-Jährigen bald Zweifel, ob der von seinem Vater gewünschte Weg der richtige für ihn war.

Nachbildung eines mittelalterlichen Betpultes in der Lutherzelle im Augustinerkloster in Erfurt. Die Augustinermönche orientierten sich an den Idealen der Armut und apostolischen Brüderlichkeit.

„Ich will ein monch werden" – Ein Erweckungserlebnis mit Folgen

Die Geschichte ist Legende, zumindest legendär: Martin Luther war Ende Juni 1505 zu seinen Eltern nach Mansfeld gereist. Sicher hatte er einen wichtigen Grund, fand die Reise doch mitten im Semester statt. Vielleicht wollte er seinen Vater von dem Plan abbringen, ihn „durch eine ehrenvolle Heirat zu fesseln", wie er rückblickend erklärte. Und bestimmt hat er mit seinem Vater auch über das Jurastudium gesprochen, aber von einem Klostereintritt war zu diesem Zeitpunkt anscheinend noch keine Rede. Auf dem Rückweg nach Erfurt wurde der Wanderer am 2. Juli 1505 auf offenem Feld bei Stotternheim von einem schweren Gewitter überrascht. Heftiges Donnern und Blitzeinschläge in seiner Nähe müssen ihn in Todesangst versetzt haben. In seiner Not sank Luther auf die Knie und rief die Heilige Anna an, die Schutzheilige der Bergleute: „Hilff du, S. Anna, ich will ein monch werden!" Luther überlebte das Unwetter und trat zwei Wochen später, am 17. Juli 1505, ins Erfurter Kloster der Augustiner-Eremiten, einem Bettelorden, ein. Weshalb er diesen Weg einschlug, bleibt letztendlich offen. Nichts hatte zuvor darauf hingedeutet, dass Luther ein religiöses Leben führen wollte. Vermutlich spielten mehrere Faktoren eine Rolle: eine allgemeine Lebenskrise, die Unklarheit über die berufliche Zukunft und Spannungen mit dem Vater – all das fand in Luthers „Erweckungserlebnis", als er in Todesangst eine Entscheidung traf, seine Lösung.

Der Orden der Augustiner-Eremiten

Die Ordensgemeinschaft, der sich Martin Luther 1505 anschloss, gehörte neben den Franziskanern, den Dominikanern und den Karmelitern zu den vier großen Bettelorden und besteht bis heute in Gestalt des „Augustinerordens". Die Augustiner-Eremiten waren die älteste von zahlreichen Gemeinschaften, die nach den Ordensregeln des Kirchenvaters Augustinus von Hippo (354–430) lebten: Bereits im frühen 5. Jahrhundert sind erste Eremitengruppen in Nordafrika nachweisbar, die noch zu Lebzeiten von Augustinus dessen Ordensregeln übernahmen und später voneinander unabhängige Niederlassungen in Italien gründeten. Papst Innozenz IV. (1195–1254) vereinigte diese Gruppen zu einem Orden. Sein Nachfolger Papst Alexander IV. (um 1199–1261) forderte die Ordensbrüder 1256 auf, ihre Abgeschiedenheit aufzugeben und ein aktives Leben in der Gesellschaft zu führen. Eigentlich war der Begriff „Eremiten" bereits ab diesem Zeitpunkt irreführend. Als Bettelorden orientierten sich die Augustiner-Mönche an den beiden Idealen der Armut und der apostolischen Brüderlichkeit.

Seit Mitte des 13. Jahrhunderts engagierten sich Augustiner-Eremiten auch in der Wissenschaft und der Mission mit den Schwerpunkten der Seelsorge und der Bildungsarbeit. Um diese Aufgaben zu erfüllen, legte der Orden von Beginn an großen Wert auf eine gute Ausbildung seiner Ordensbrüder in eigenen Studienhäusern, sogenannten „Generalstudien". Von den sechs deutschen Studienhäusern in Köln, Straßburg, Wien, Magdeburg, Prag und Erfurt war Luthers Erfurter Konvent eines der bedeutendsten.

Das Leben als Mönch fiel Martin Luther leicht. Der Novize lebte sich schnell in den strengen Klosteralltag ein und fand seine innere Ruhe. Seine Eltern und besonders der Vater haderten allerdings lange mit dem Sohn, von dem sie sich anderes erhofft hatten. Nach einjähriger Probezeit legte Luther die „Profess" ab, das Gelübde auf das Leben als Mönch mit den Idealen Gehorsam, Armut und Keuschheit. Alles deutete auf eine erfolgreiche Ordenskarriere hin. Bruder Martin empfand seine Kirche keinesfalls, wie der spätere Reformator, als verdorben oder gar korrupt. Im Gegenteil: Sein Orden stand im Aufbruch zu neuer Frömmigkeit und neuer Ordnung. Die Augustiner wirkten vielfältig in Stadt und Land und damit mitten im Leben. Der Prior des Erfurter Konvents und vor allem der Generalvikar der Ordensprovinz, Johannes von Staupitz, der zugleich Luthers Beichtvater war, förderten den jungen Ordensbruder: Im Februar 1507 wurde er zum Diakon geweiht und nur zwei Monate später empfing er bereits die Priesterweihe. Zu seiner ersten Messe am 2. Mai 1507 erschien sogar, halbwegs versöhnt, sein Vater in Erfurt.

Ein kritischer Theologe

Da es dem Orden an theologisch fundiert ausgebildeten Priestern mangelte, wurde Luther bereits im Sommer 1507 zum Theologiestudium abgeordnet. Auch dieses Studium betrieb er eifrig und streng nach der vorgeschriebenen Studienordnung. Zur Ausbildung gehörte auch eine intensive Beschäftigung mit scholastischer Philosophie und Theologie, das heißt vor allem mit der dogmatischen Lehre, den Entscheidungen früherer Päpste und anderem mehr. Luther erfüllte auch diesen Teil des Studiums gewissenhaft, wandte allerdings auch hier seine humanistische Quellenorientierung

Luther predigt im Kloster vor von Staupitz und den andern Klosterbrüdern, Radierung aus dem 19. Jahrhundert. Johann von Staupitz war Beichtvater und Mentor des aufstrebenden Wittenberger Theologen.

und -kritik an. So befreite er die von ihm studierten biblischen Texte Schicht um Schicht von den vielen über die Zeit gewachsenen philosophischen, religiösen und juristischen Deutungen und Lehrmeinungen, um zum Wort Gottes vorzustoßen. Der kritische Luther, der vor allem – und später ausschließlich – die Bibel als Grundlage des Glaubens anerkannte, wurde in dieser Zeit geboren.

1508 versetzte der Orden Martin Luther für ein Jahr an die wenige Jahre zuvor gegründete Universität Wittenberg, um dort eine philosophische Professur zu vertreten. Im Hintergrund zog sein Mentor Johannes von Staupitz die Fäden, der in Wittenberg die Bibelprofessur innehatte. Luther lehrte und studierte nun parallel, was damals durchaus üblich war. Zunächst dozierte er über Philosophie, seit März 1509, nach seinem „Baccalaureus biblicus", auch über Theologie. Im Folgejahr kehrte Luther nach Erfurt zurück, um kurze Zeit später, wieder auf Betreiben von Staupitz', zu einer heiklen Mission aufzubrechen. Gemeinsam mit einem Mitbruder reiste Luther nach Rom, wo sie helfen sollten, einen schon länger schwelenden Konflikt innerhalb des Ordens beizulegen: Der deutsche Augustinerorden war damals in eine fortschrittliche und eine konservative Gruppe gespalten, die Observanten und Konventualen. Die sächsische Provinz unter von Staupitz gehörte zu den „Modernisierern". Luthers Mission diente dazu, der Spaltung im Sinne der „Reformer" entgegenzuwirken. Zugleich strebte von Staupitz eine größere administrative Unabhängigkeit von der römischen Ordenszentrale an.

Martin Luther und sein Ordensbruder reisten vermutlich in den Jahren 1510 bis 1511 nach Rom. Davon abgesehen, dass sie ihr Ziel nicht erreichten, prägte diese Reise Luther nachhaltig. Es war das erste und letzte Mal, dass er so fern der Heimat in einer Weltstadt dieser Größe mit ihren vielfältigen Eindrücken lebte. Vor allem beeindruckte Luther Rom als Heilige Stadt, Sitz des Papstes und Zentrum der katholischen Christenheit. Er besuchte die Katakomben und alle Orte des frühen Christentums, wallfahrte zu allen Hauptkirchen und betete auf jeder Stufe der Treppe des Lateranpalastes ein „Vater Unser". Mit seinen Gebeten und frommen Handlungen wollte Luther Sündenvergebung erlangen und Ablass für die Seelen seiner verstorbenen Verwandten im Fegefeuer – noch hielt er an den Gebräuchen des Katholizismus fest. Die prächtigen Stadtpaläste der Kardinäle, der unermessliche Reichtum der Kirchenschätze, das Ausmaß des gerade begonnenen Neubaus des Petersdoms: das alles konnte Luther auf seiner Reise sehen. Ob es ihn beeindruckte oder abstieß, ist nicht überliefert. Doch wenige Jahre später erinnerte Luther sich mit wachsender Verachtung an die für ihn nun schon hohlen Riten und falsche Frömmigkeit, an die Prunk- und Verschwendungssucht der Kirche und ihrer Vertreter. Was war geschehen?

Der Bibelprofessor und seine „reformatorische Wende“

Kaum war Luther nach Deutschland zurückgekehrt, versetzte Generalvikar von Staupitz seinen Lieblingsschüler im Sommer 1511 endgültig nach Wittenberg. Er sollte sein Nachfolger auf dem Lehrstuhl der Bibelprofessur werden. Wittenberg war mit seinen gerade 2.000 Einwohnern im Vergleich zu Erfurt eine Kleinstadt, selbst Luthers Geburtsstadt Eisleben war doppelt so groß. Der angehende Professor fühlte

Vom einfachen Mönch zum eigenen Lehrstuhl: Luther, hier als Augustinermönch mit Doktorhut auf einem Gemälde Lucas Cranachs d. Ä., übernahm nach seiner Promotion zum Doktor der Theologie 1512 den Lehrstuhl des Generalvikars von Staupitz.

sich anfangs nicht besonders wohl „an den Grenzen der Zivilisation“, wie er es ausdrückte. Im Oktober 1512 promovierte Luther zum Doktor der Theologie und übernahm den Lehrstuhl von Staupitz'. Er bezog das erste Mal in seinem Leben ein eigenes Zimmer im Anbau des Augustinerklosters. Von hier aus, staunte er später, habe er „das Papsttum gestürmt“.

Luther lebte sich schnell ein und setzte seine Karriere fort: 1514 erteilte ihm der Stadtrat Wittenbergs den Auftrag, an der Wittenberger Stadtkirche zu predigen. 1515 stieg er in die Führungsgremien seines Ordens auf und wurde zum Distriktvikar der Augustiner-Eremiten in Meißen und Thüringen gewählt, eine mit vielen Reisen und großer Verantwortung verbundene Aufgabe. Nun unterstanden dem jungen Mann elf Konvente, darunter auch sein Heimatkloster in Erfurt. Neben Vikariat und Predigtauftrag war die Professur aber seine Hauptaufgabe. In diesen Jahren intensivierte er seine Bibelstudien und hielt Vorlesungen über die alttestamentarischen Psalmen, ab 1515 vor allem über die Römerbriefe des Neuen Testaments. Luther war ein beliebter Professor, denn er dozierte mitreißend und überzeugend. 300 bis 400 Studenten sollen seine Vorlesungen besucht haben. In diesen Jahren kam ein längerer Prozess zu seinem Ende, den die Nachwelt als „reformatorische Wende“ bezeichnet hat.

Bereits als junger Theologiestudent in Erfurt hatte sich Luther intensiv mit den theologisch zentralen Fragen von menschlicher Sünde, von Buße und göttlicher Gnade beschäftigt. Die Kirche, wie Luther sie kannte, bot dem Christen neben der obligatorischen Beichte vielerlei Mittel und Wege an, um Gott gnädig zu stimmen und so das ersehnte Seelenheil zu erlangen. Das christliche Leben war von einer regelrechten Leistungsfrömmigkeit geprägt: Je mehr und häufiger der Mensch betete, fastete, die Heiligen verehrte, Geld spendete oder andere Rituale vollzog, desto eher konnte er auf einen „gerechten Gott“, Lossprechung von der „Erbsünde“ und ewiges Seelenheil hoffen. Doch Luther zweifelte an dieser Form der Frömmigkeit, die er selbst praktizierte. Denn in der Bibel, die er immer klarer als die einzig gültige Grundlage des Glaubens begriff, fand er für die vielfältigen Bußübungen keine Entsprechung.

Etwa um das Jahr 1515, als er sich intensiv mit den Römerbriefen des Apostels Paulus beschäftigte, muss Luther zur zentralen Erkenntnis gekommen sein: Nicht ständiges Büßen mache den Menschen frei, sondern allein die Gnade Gottes („sola gratia"). Gottes Gnade und das ewige Seelenheil seien ein reines Geschenk, das der Mensch nur durch seinen aufrichtigen Glauben an Jesus Christus und die Offenbarung gegeben werde. Aufrichtige Buße war auch für Luther wichtig, aber erzwingen konnte der Mensch diese Gnade nicht. Luther erlebte diese Erkenntnis als Befreiung, so als hätten sich für ihn „die Tore zum Paradies geöffnet". Sie bildete den Kern seines theologischen Denkens, das er als Vikar, Priester und Professor auch öffentlich lehrte und vertrat. Damit begab er sich auf Kollisionskurs mit der Amtskirche, wie sich bald zeigen sollte.

Flugblatt aus der Mitte des 16. Jahrhunderts, das sich gegen Johann Tetzel „[...] mit seinem Römischen Ablaßkram" wendet.

„Wenn das Geld im Kasten klingt, die Seele aus dem Fegefeuer springt"

Nach den damals verbreiteten Vorstellungen konnte ein Priester den Beichtenden zwar von seinen Sünden freisprechen, der reuige Sünder musste dennoch mit Strafen für seine Verfehlungen rechnen: Krankheiten, Hunger oder sonstiges Unglück, oder aber, nach seinem Tod, mit der zeitweisen Verdammnis seiner Seele im läuternden Fegefeuer. Die Kirche räumte aber den Sündern seit dem hohen Mittelalter mit dem „Ablass" die Möglichkeit ein, durch Entrichtung eines Geldbetrages von gewissen Sünden, aber nicht ohne tätige Reue befreit zu werden. Der Handel mit sogenannten Ablassbriefen entwickelte sich zu einer immer bedeutenderen Einnahmequelle der Kirche: Die Päpste finanzierten damit ihr luxuriöses Leben, den Bau von Kathedralen und anderes mehr.

1515 schrieb Papst Leo X. (1475–1521) einen Ablass für die Kirchenprovinzen des Erzbischofs und Markgrafen Albrecht von

Albrecht von Brandenburg, hier auf einem kolorierten Holzschnitt um 1525, konnte durch den lukrativen Ablasshandel seine Schulden begleichen.

Brandenburg aus, also die Erzdiözesen Mainz und Magdeburg mit Halberstadt. Der Erzbischof war gegenüber dem Papst hoch verschuldet: Die Hälfte des Verkaufserlöses der Ablassbriefe sollte ihm selbst zugutekommen, mit der anderen Hälfte wollte der Papst den Bau des Petersdoms finanzieren. Der Handel mit den Ablassbriefen lag in Händen sogenannter „Ablassprediger“, die, mit päpstlichen Insignien ausgestattet, von Ort zu Ort zogen und die päpstlichen Dokumente mit allerhand Versprechungen verkauften. Seit 1517 wirkte Johann Tetzel (1460–1519), ein Dominikanermönch, in den Bistümern Magdeburg und Halberstadt. Tetzel war ein besonders geschickter und erfolgreicher Ablasshändler. Im Angebot hatte er Ablassbriefe für jeden Geldbeutel, natürlich mit unterschiedlicher „Wirkung“: Das Spitzenprodukt versprach dem Käufer, ihn von allen Sünden freizusprechen, und das ohne Beichte. Zeitgenossen spotteten über Tetzels Geschäftsprinzip: „Wenn das Geld im Kasten klingt, die Seele aus dem Fegefeuer springt“.

Das Fegefeuer – Ort der Seelenläuterung

Bereits in der frühchristlichen Kirche und der Lehre von den „letzten Dingen“ – Tod, Jüngstes Gericht, Himmel oder Hölle – entwickelte sich die Vorstellung eines Ortes oder eines läuternden und reinigenden Prozesses, den die Seele Verstorbener durchlaufen müsse, da nichts „Unreines“ in den Himmel komme. Auch der Kirchenvater Augustinus von Hippo glaubte daran, dass die Seelen mancher Gläubigen vor dem Eintritt in den Himmel durch Feuer geläutert werden müssten. Der für diesen Prozess bzw. diesen Ort geprägte Begriff „Fegefeuer“ geht vermutlich auf Papst Gregor den Großen (540–604) zurück. Seit dem 12. Jahrhundert waren das Wort und die Vorstellung eines Fegefeuers im Volksglauben weitverbreitet. Ein offizieller Begriff war „Fegefeuer“ nie: Die Kirche benutzte den viel harmloser klingenden lateinischen Terminus „purgatorium“, den „Ort der Läuterung“.

Diese Buchmalerei aus dem 14. Jahrhundert verdeutlicht die Vorstellungen des Volksglaubens: das Fegefeuer als Ort höllischer Qualen.

Das Wirken Johann Tetzels war Luther ein Dorn im Auge. Porträt des Ablasspredigers von Nikolaus Brühl nach einem zeitgenössischen Bildnis.

In Wittenberg, das heißt in Kursachsen, das auch zum Erzbistum Magdeburg gehörte, durfte Johann Tetzel auf Weisung des Landesherrn, Kurfürst Friedrich III. von Sachsen, seinen Geschäften nicht nachgehen. Nachweislich predigte er aber in Magdeburg, Halle, Naumburg, Zeitz, Zerbst, Jüterbog, Berlin und vermutlich auch in Eisleben. Martin Luther blieb dieses Treiben nicht verborgen, zumal auch viele seiner Wittenberger Gemeindemitglieder die Chance nutzten, sich in den Nachbarstädten für ein paar Gulden von ihren Sündenstrafen loszukaufen. Zunächst versuchte er, seine Beichtkinder von der Unwirksamkeit der Ablassbriefe zu überzeugen. Als er aber erfuhr, dass Tetzel wie ein Marktschreier auftrat und Albrecht von Brandenburg ihn mit einer Art Schutzbrief versehen hatte, die jede Behinderung des Ablasspredigers unter Strafe stellte, geriet er in Zorn.

Luther fühlte, dass er handeln musste. Er schrieb einen Brief an den Erzbischof und bat ihn, den Ablasshandel zu beenden. Dem Schreiben legte er seine 95 Thesen bei, die seine Bitte theologisch-wissenschaftlich untermauern sollten und zugleich ein Dialogangebot waren. Doch der Kirchenfürst interessierte sich nicht für theologische Debatten. Er musste seine Schulden begleichen und dafür brauchte er den Ablasshandel. Luthers Brief blieb ohne Antwort. Er sandte daraufhin seine Thesen an Bekannte, die er um ihre Meinung bat. Diese veröffentlichten den brisanten Text ohne Luthers Wissen. Überall im Reich erschienen nun Drucke der 95 Thesen und machten die Wittenberger Disputation zu einem reichsweit diskutierten Angriff auf die katholische Kirche. Die Reformation hatte begonnen.

Der handschriftliche Eintrag Georg Rörers könnte der früheste Quellennachweis zu Luthers Thesenanschlag sein. Er wurde in einem Handexemplar von Martin Luthers gedruckter deutscher Übersetzung des Neuen Testaments von 1540 gefunden.

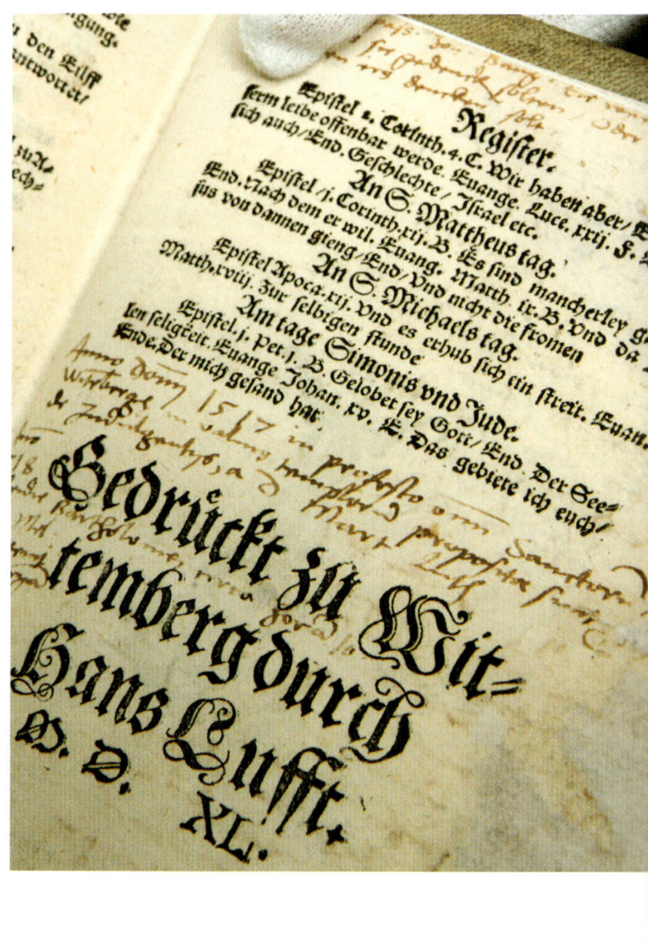

Luthers Thesenanschlag – Dichtung oder Wahrheit?

Luthers Anschlag der 95 Thesen war über viele Jahrhunderte ein Schlüsselereignis zunächst der protestantischen und später der deutschen Geschichtsschreibung: der Beginn der Reformation und eine „Sternstunde der Menschheit“. Ob dieses Ereignis jedoch überhaupt stattgefunden hat, wurde seit den 1960er-Jahren von der Geschichtsforschung infrage gestellt und galt lange als eher unwahrscheinlich. Luther selbst hat den Thesenanschlag nie erwähnt. Schriftlich festgehalten hat das Ereignis Philipp Melanchthon, ein Gelehrter und Gefolgsmann Luthers, im Vorwort der gesammelten Werke des Reformators, die er kurz nach dessen Tod herausgab. Allerdings: Melanchthon war kein Augenzeuge, denn er kam erst 1518 nach Wittenberg. Ein neuerer Quellenfund legt hingegen nahe, dass Luther tatsächlich seine Thesen an die Schlosskirche angeschlagen hat. Oder besser: hat anschlagen lassen, und das sogar mehrfach. Sein Sekretär Georg Rörer hatte in einem Exemplar des Neuen Testaments in der Übersetzung Luthers, das er gemeinsam mit diesem zur Feinabstimmung benutzte, am Seitenrand notiert, dass am Tag vor Allerheiligen 1517 „an den Türen der Kirchen die Thesen vom Ablass von Doktor Martin Luther vorgestellt“ worden seien.

Rörer war zwar auch kein Augenzeuge, aber seine Notiz wurde zumindest von Luther nicht korrigiert. Für einen Thesenanschlag spricht auch, dass es damals üblich war, Disputationsthesen öffentlich durch Anschlag bekannt zu machen. Von der Theologischen Fakultät der Wittenberger Universität, an der Luther lehrte, war dieses Prozedere als Aufforderung zu einer akademischen Disputation sogar vorgeschrieben. Und seine Thesen zur Diskussion zu stellen, um einen gelehrten, öffentlichen Streit zu beginnen, war schließlich die Absicht Luthers. Warum sollte er diesen für ihn selbstverständlichen Anschlag seiner Thesen, der üblicherweise vom Sekretär oder vom Diener der Universität erledigt wurde, überhaupt erwähnen? Dass die Nachwelt daraus ein epochales Ereignis machte, lag an der Bedeutung der Streitfragen und ihren weltgeschichtlichen Folgen.

Tür der Schlosskirche in Wittenberg. Das Tympanon zeigt Jesus am Kreuz, darunter knien Martin Luther und Philipp Melanchthon. Auf der Tür selbst sind die Thesen in Bronzeguss dargestellt.

Vom Kritiker zum Reformator

Luthers 95 Thesen verbreiteten sich dank des noch jungen Buchdrucks innerhalb weniger Monate in ganz Deutschland und fanden ein gewaltiges öffentliches Echo. Während Luthers Anhängerschaft schnell wuchs, reagierte die Kirche feindselig und starr. Luther verschärfte seine Kritik und lehnte Aufforderungen, sie zu widerrufen, wiederholt ab. 1520 legte er in drei grundlegenden Reformschriften seine Vorstellung einer neuen Kirche dar. Der Papst exkommunizierte ihn 1521, der Kaiser ächtete ihn. Doch die Reformationsbewegung war nicht mehr zu stoppen: Eine neue Epoche hatte begonnen.

Martin Luther als Augustinermönch, Gemälde Lucas Cranachs d. Ä. um 1522/24. Die Augustiner standen hinter ihrem Ordensbruder und seine Thesen erfuhren nicht nur von Gelehrten und Theologen großen Zuspruch.

Der erste „Medienhype" der Neuzeit

Als Martin Luther im Spätherbst 1517 seine 95 Thesen veröffentlichte, war er weit entfernt davon, seine Kirche zu verlassen oder gar eine eigene zu gründen. Er wollte Missstände anprangern, vor allem den Ablasshandel. Dabei ging es ihm weniger um Kritik am Papst oder an hohen Kirchenvertretern – er sorgte sich um das Seelenheil der Gläubigen. Seine gelehrten Thesen richteten sich an einen kleinen Kreis innerhalb der Kirche und ganz zu Anfang sah es nicht so aus, als würden sie auf großes Interesse stoßen. Die von Luther angestrebte gelehrte Disputation fand nicht statt. An seiner Universität gab es zunächst keine Reaktionen, der für Wittenberg zuständige Bischof Hieronymus schwieg. Und auch vom Erzbischof Albrecht von Brandenburg, Hauptadressat der Ablassthesen, gab es keine Antwort. Der Erzbischof erkannte allerdings die Brisanz der Sache und setzte im Hintergrund alle Hebel in Bewegung,

Ein Band der ersten vollständigen Gesamtausgabe von Luthers Übersetzung der Bibel (Druck Hans Lufft, 1534) aus dem Bestand der Franckeschen Stiftungen. Der Buchdruck wirkte wie ein Katalysator für die Ideen der Reformation, die wie ein Lauffeuer ganz Europa eroberten.

Das gedruckte Buch – Medium der Reformation

Ohne den Buchdruck hätte es die Reformation nicht gegeben: Denn nur so wurde der Disput unter Gelehrten und Kirchenvertretern zu einer öffentlichen Angelegenheit: In großen Auflagen gedruckte Bücher und Flugschriften verbreiteten die Ansichten der Reformatoren um Luther innerhalb kürzester Zeit im ganzen Reich und bald auch in ganz Europa. Das gab der reformatorischen Bewegung eine besondere Dynamik, die von der katholischen Kirche durch interne Maßnahmen nicht einzufangen war: Auch sie musste öffentlich dagegenhalten. Vor allem aber machte der Buchdruck Luthers Übersetzung der Bibel ins Deutsche breiten Kreisen der Bevölkerung zugänglich. Bis dahin konnten nur die wenigen Gebildeten, die des Lateins oder Griechischen mächtig waren, das Wort Gottes selbst studieren. Luther erklärte später in einer seiner Tischreden: „Die hohen Wohltaten der Buchdruckerei sind mit Worten nicht auszusprechen. Durch sie wird die Heilige Schrift in allen Zungen und Sprachen eröffnet und ausgebreitet, durch sie werden alle Künste und Wissenschaften erhalten, gemehrt und auf unsere Nachkommen fortgepflanzt."

Zur Zeit des Thesenanschlags war die Erfindung des Buchdrucks mit beweglichen Lettern durch den Mainzer Goldschmied Johannes Gutenberg gerade einmal 67 Jahre alt. Dank des neuen Druckverfahrens produzierte eine schnell wachsende Zahl von Druckereien zwischen 1450 und 1500 so viele Bücher wie in den 1.000 Jahren zuvor, als Texte nur durch Abschreiben vervielfältigt werden konnten. Im 16. Jahrhundert wurde das Buch ein echtes Massenprodukt und lukratives Geschäft. Daran hatte Martin Luther einen gewaltigen Anteil: Rund ein Drittel der gesamten deutschsprachigen Buchproduktion der ersten Hälfte des 16. Jahrhunderts entfiel auf seine Schriften.

Erbe der Menschheit: Ein Druck der 95 Thesen Martin Luthers, als eines der in das Unesco-Weltdokumentenerbe aufgenommenen Stücke der Staatsbibliothek Berlin, in einer Vitrine in der Staatsbibliothek.

um dem „vermessenen Mönch zu Wittenberg" das Handwerk zu legen. Er leitete die Angelegenheit an Papst Leo X. in Rom weiter. Doch die Kurie sah zunächst keine große Gefahr in Luthers Thesen. Routiniert plante sie, Anfang 1518 an der Universität Frankfurt an der Oder eine Gegendisputation abzuhalten. Tetzel sollte dort den Ablasshandel rechtfertigen. Luther wurde nicht eingeladen.

Doch dann geschah etwas Unerwartetes. Luthers Thesen wurden innerhalb weniger Wochen abgeschrieben, ins Deutsche übersetzt und weitergereicht und gelangten schließlich in die Hände umtriebiger Drucker, die ein einträgliches Geschäft witterten. Bald erschienen Drucke der Thesen bei aufstrebenden Druckhäusern in Leipzig, Nürnberg und Basel, kursierten in Humanisten- und Intellektuellenzirkeln, wurden aber auch von gebildeten Kaufleuten, Handwerkern und Künstlern gelesen. Bereits Ende 1517 waren Luthers Thesen im ganzen Reich bekannt und sorgten für Gesprächsstoff. Der noch junge Buchdruck sorgte für den ersten „Medienhype" der Neuzeit und machte Luther zum Star. Die von Luther beabsichtigte Diskussion über den Ablass im kleinen Kreis von Gelehrten und Kirchenvertretern war nun öffentlich geworden.

Luther legt nach

Während seine Thesen für Furore sorgten, nahm Martin Luder, wie er damals noch hieß, den gräzisierten Nachnamen „Eleutherios" an, was so viel bedeutet wie: der Freie, der Befreite oder der Befreier. Daraus wurde, wieder eingedeutscht, der Name „Luther". Ein solcher Namenswechsel war unter Humanisten durchaus üblich und zeugte von einem selbstbewussten Anschluss an antike Traditionen. Der Mönch und Theologe Luther bekannte sich damit zu einer durchaus kirchenkritischen Kultur und gab zugleich ein Statement in seiner Auseinandersetzung mit der Kirche ab.

Auch in der Sache selbst legte er nach: Um seinen Standpunkt klar und für alle verständlich zu formulieren, gab Luther im Frühjahr 1518 seinen „Sermon von Ablass und Gnade" heraus: eine in deutscher Sprache verfasste und kommentierte populäre Version seiner gelehrten Thesen. Der „Sermon" („Vortrag" oder „Predigt") zeigte bereits Luthers Talent für das Schreiben in deutscher Sprache, die damals vor allem eine gesprochene Sprache war. Die Schrift fand reißenden Absatz und wurde bald an mindestens 16 Druckorten in Deutschland verlegt.

Die Kirche blieb unterdessen nicht untätig: Anfang 1518 fand die von Tetzel geleitete Disputation zur Rechtfertigung des Ablasshandels in Frankfurt an der Oder statt. Die Kirche ließ Tetzels Thesenpapier drucken und verbreiten. Die Hoffnung, den Wittenberger Rebellen damit zu isolieren, schlug allerdings gründlich fehl: Im März 1518 rissen Wittenberger Studenten den Händlern rund 800 Exemplare der Drucke förmlich aus der Hand, aber nur, um sie auf dem Marktplatz zu verbrennen. Eine bemerkenswerte Solidaritätskundgebung für Luther, die ihm gleichwohl wenig behagte. Die Drohung Tetzels klang ihm im Ohr: „Der ketzer sol mir in 3 wochen ins feur geworffen werden, in einem badhuttlein zum

Himel fahren“. Das Schicksal des tschechischen Reformators Johannes Hus, der 100 Jahre zuvor in Konstanz als Ketzer verbrannt worden war, stand Luther vor Augen.

Die Kurie ließ diese Niederlage nicht auf sich sitzen und forderte die Ordensleitung der Augustiner-Eremiten auf, ihren Mitbruder endlich zur Raison zu bringen. Ende April 1518 musste Luther sich vor der Theologischen Fakultät der Universität Heidelberg und den Ordensoberen verantworten. Aber auch diese Disziplinarmaßnahme ging schief: Statt Luther zu verurteilen, solidarisierten sich die Augustiner mit ihrem Mitbruder. Auch viele Zuhörer wurden von Luthers Auftritt mitgerissen. Manche von ihnen wurden später zu bedeutenden Reformatoren, darunter Philipp Melanchthon (1497–1560) und Martin Bucer (1491–1551).

Vom Mitstreiter zum bedeutenden Reformator – der Humanist und Theologe Philipp Melanchthon auf einem Gemälde aus der Werkstatt Lucas Cranachs d. Ä.

Philipp Melanchthon – „Praeceptor Germaniae“

Philipp Schwarzerdt, genannt „Melanchthon“ (1497–1560), war der engste Verbündete Martin Luthers – ein überzeugter Reformator und Universalgelehrter, der in den alten Sprachen, in Philosophie, Theologie und Pädagogik zu den führenden Wissenschaftlern seiner Zeit gehörte. Melanchthon galt bereits in jungen Jahren als Wunderkind. Im Alter von zwölf beherrschte er das Altgriechische schon so perfekt, dass ihm der bekannte Sprachforscher und Humanist Johannes Reuchlin 1509 den gräzisierten Namen „Melanchthon“ verlieh und sich dafür einsetzte, dass der Knabe im selben Jahr an der renommierten Universität Heidelberg aufgenommen wurde. Später wechselte er an die Universität Tübingen, wo er unter anderem sein besonderes pädagogisches Talent entwickelte.

Melanchthon war Zuhörer der Heidelberger Disputation mit Luther und so begeistert, dass er im Sommer 1518 nach Wittenberg wechselte und dort den neuen Lehrstuhl für Griechische Sprache übernahm. Hier setzte er sich neben vielen anderen Tätigkeiten besonders für eine Modernisierung des Bildungswesens und der Lehrerausbildung ein. Unter anderem arbeitete er im Auftrag des Kurfürsten als Schulvisitator. Seine pädagogische Leidenschaft verband ihn mit Luther und brachte ihm den Ehrentitel „Praeceptor Germaniae“ (Lehrer der Deutschen) ein. Melanchthon war Luthers rechte Hand und unterstützte ihn unter anderem bei Übersetzungsarbeiten, begleitete ihn bei Disputationen und Verhören und legte bereits 1521 die erste systematische Darstellung der reformatorischen Theologie vor. Gemeinsam mit Luther und anderen Reformatoren machte er die Universität Wittenberg zu einer der führenden Hochschulen Europas. 1530 verfasste er die „Confessio Augustana“, mit der die protestantischen Reichsstände auf dem Augsburger Reichstag gegenüber Kaiser Karl V. ihr lutherisches Glaubensbekenntnis ablegten.

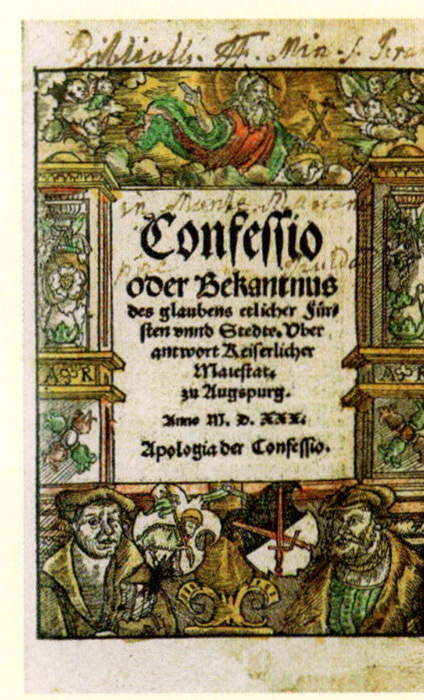

Die von Melanchthon verfasste „Confessio Augustana“ (Augsburger Glaubensbekenntnis) wurde auf dem Reichstag in Augsburg am 25. Juni 1530 verlesen.

Kurfürst Friedrich III. von Sachsen hielt seine schützende Hand über den Reformator. Stifterbildnis Friedrichs des Weisen mit den Heiligen Ursula und Genoveva, Gemälde um 1510/12, von Lucas Cranach d. Ä.

Überhaupt erfuhr Luther großen Zuspruch: vom „einfachen Volk“, aber gerade auch von prominenten Zeitgenossen. Der schon damals berühmte Albrecht Dürer ließ ihn wissen, er wolle ihn „mit Fleiß abkonterfeien und in Kupfer stechen, zu einem dauernden Andenken des christlichen Mannes, der mir aus großen Ängsten geholfen hat“. Auch die meisten Kollegen der Wittenberger Universität stellten sich auf Luthers Seite. Der trotz seiner Jugend bereits bekannte Sprachwissenschaftler und Humanist Philipp Melanchthon wechselte im Sommer 1518 von der Heidelberger Universität nach Wittenberg, um sich Luther anzuschließen. Er sollte dessen engster Verbündeter werden.

Der Fall Luther wird politisch

Luthers Anhängerschaft wuchs, aber auch seine Gegner sammelten sich. Im Sommer 1518 setzten die Dominikaner die stärkste Waffe der Kirche im Kampf gegen Kritiker ein und strengten in Rom einen Häresieprozess gegen Luther an. Der Reformator wurde in diesem nach kirchlichem Recht durchgeführten Gerichtsverfahren der Ketzerei (Häresie) beschuldigt. Ein gefährlicher Vorwurf, denn die Abweichung von der katholischen Lehre konnte mit dem Tod bestraft werden. Anfang August erhielt Luther eine Vorladung: Binnen 60 Tagen sollte er in Rom erscheinen und sich der Anklage stellen. Spätestens jetzt erreichte die innerkirchliche Kritik des aufmüpfigen Mönchs am Ablasshandel eine politische Dimension. Luther wandte sich an seinen Landesherrn Kurfürst Friedrich III. von Sachsen (1463–1525), später auch der „Weise“ genannt. Der selbstbewusste Herrscher stand auf der Seite seines Untertanen und hatte den Ablasshandel Johann Tetzels in seinen Territorien bereits vor Längerem untersagt. So kam es, dass Friedrich III. seinen Schützling nicht ziehen ließ und auch

Luthers Auslieferung an Papst Leo X. verweigerte. Der mächtige Kurfürst lehnte jede Einmischung Roms in die inneren Angelegenheiten seines Landes ab und verlangte, dass Luther auf deutschem Boden verhört werde.

Eine Gelegenheit dazu bot sich im Oktober 1518 auf dem in Augsburg tagenden Reichstag unter dem Habsburger Kaiser Maximilian I. (1459–1519). Papst Leo X. entsandte Kardinal Thomas Cajetan (1469–1534), Dominikaner und hochgebildeter Theologe, nach Schwaben, um Martin Luther am Rande des Reichstags zu verhören, zu besänftigen und vor allem zum Widerruf seiner Thesen zu bewegen. Drei Tage lang umkreisten sich Cajetan und Luther; zu einer echten inhaltlichen Auseinandersetzung, wie sie Luther erhofft hatte, kam es jedoch nicht. Cajetan verlangte schlicht und ergreifend Gehorsam, Luther bestand auf seinem Recht zu einer eigenen Meinung. Zum Widerruf war er nur bereit, wenn er aus der Bibel widerlegt würde. „Das heißt eine neue Kirche bauen!", soll der erzürnte Kardinal ausgerufen haben. Als Luther erfuhr, dass die Kurie seine unverzügliche Festnahme verlangte, sollte er den Widerruf weiterhin verweigern, reiste er noch in der Nacht heimlich ab.

Kardinal Thomas Cajetan forderte Martin Luther in Augsburg dazu auf, seine Thesen zu widerrufen. Um einer bevorstehenden Festnahme zu entgehen, reiste Luther heimlich ab und kehrte nach Wittenberg zurück.

Doch Luther verschwand nicht einfach, denn das wäre eine Schmach gewesen. Der gewiefte Taktiker hinterließ dem Kardinal eine förmliche Appellation „von dem übel unterrichteten Papst an den besser zu unterrichtenden Papst", die Cajetan am Tag nach Luthers Abreise vor Zeugen übergeben wurde. Zugleich wurde die Appellation an den Türen des Augsburger Doms angeschlagen. Luther wandte sich hier förmlich an den Papst, dem er seine theologischen Positionen darlegte. Zurück in Wittenberg setzte Luther seine bereits bewährte Öffentlichkeitsarbeit fort und verfasste eine weitere Appellation, die schon bald als Druck erschien: Hierin rief er ein noch einzuberufendes Konzil an, das über die Streitfragen entscheiden sollte. Zugleich suchte er die Zusammenarbeit mit der Universität Paris und internationalisierte damit sein Anliegen. Auch das war ein Affront gegen den Papst, dessen Autorität er erneut öffentlich infrage stellte. Jetzt mahnte ihn auch sein Freund Georg Spalatin (1484–1545), Berater und Kaplan des Kurfürsten Friedrich III. und Verwalter der Wittenberger Universitätsbibliothek, im Namen der kursächsischen Regierung zur Zurückhaltung: Er möge doch vorerst jede weitere Veröffentlichung gegen die Kirche unterlassen. Doch Luther hatte bereits zu einem weiteren Schlag gegen die katholische Kirche aus-

Jan Hus – Reformator und Märtyrer

Jan Hus, geboren um 1372 in Husinec in Böhmen, gilt in mancher Hinsicht als Vorläufer Martin Luthers. Der Priester und Theologe, Dekan der Theologischen Fakultät und zeitweise Direktor der berühmten Universität Prag entwickelte am Beginn des 15. Jahrhunderts eine neue Auffassung von Theologie und Kirche: Er übte massive Kritik an Reichtum und Prachtentfaltung des Klerus, lehnte den Ablasshandel ab und akzeptierte nur die Heilige Schrift als grundlegend und maßgebend für alle Christen. Wahres Oberhaupt der Kirche sei nicht der Papst, sondern einzig Jesus Christus. Im Jahre 1413 schrieb er sein Hauptwerk „De Ecclesia" („Von der Kirche"), in dem er die Gemeinschaft der Christen und die Kirche als frei von Hierarchien definierte. Das war in den Augen des Papstes Häresie. Jan Hus wurde exkommuniziert und gebannt.

Der tschechische Theologe und Reformator Jan Hus wird auf dem Konzil in Konstanz verurteilt und auf dem Scheiterhaufen verbrannt, seine Asche in den Rhein geschüttet. Miniatur aus der Chronik des Ulrich Richenthal, 1460/1465.

Zur Zeit von Hus befand sich die Kirche in einer existenziellen Krise, dem großen „Abendländischen Schisma": Seit 1376 herrschten zwei Päpste, einer in Rom und ein „Gegenpapst" im französischen Avignon. Auf dem Konzil in Konstanz (1414–1418) sollte diese Spaltung überwunden werden. Auch Jan Hus wurde vor das Konzil geladen, wo er, unter Zusicherung freien Geleits, verhört werden und zu seinen „Irrlehren" Stellung nehmen sollte. Doch Hus wurde in Konstanz verhaftet, am 6. Juli 1415 zum Tod durch das Feuer verurteilt und noch am selben Tag samt seiner Schriften vor den Toren der Stadt Konstanz verbrannt. Vor seiner Hinrichtung soll Jan Hus, in Anspielung auf die deutsche Bedeutung des tschechischen „Hus" als „Gans", ausgerufen haben: „Heute bratet ihr eine Gans, aber aus der Asche wird ein Schwan entstehen." Später wurde dies auf Luther bezogen, der als Vollender der Husschen Reformation häufig gemeinsam mit einem Schwan dargestellt wurde. Luther selbst war sich seiner Nähe zu Hus bewusst. Anfang 1520 schrieb er an Georg Spalatin: „Wir alle sind unbewusst Hussiten. Ja, Paulus und Augustin[us] sind aufs Wort Hussiten."

In Anlehnung an das historische Ereignis: Der evangelische Landesbischof Heinrich Bedford-Strohm „stritt" während des Katholikentages in der Thomaskirche in Leipzig 2016 mit Kardinal Reinhard Marx. Die Disputation orientiert sich thematisch an dem jeweiligen Themenjahr der Lutherdekade.

Die Leipziger Disputation 1519: Luther und Johannes Eck, Holzschnitt aus Ludwig Rabus, Historien der heiligen auserwählten Gotteszeugen, Straßburg 1557.

geholt und im Dezember 1518 sein Verhör durch Kardinal Cajetan protokollartig veröffentlicht. Ein unerhörter Vorgang, der von der gebildeten Öffentlichkeit begierig zur Kenntnis genommen wurde.

Luthers Bruch mit der katholischen Kirche

Nach den Ereignissen des Jahres 1518 schien eine einvernehmliche Lösung zwischen Martin Luther und der Römischen Kurie kaum noch möglich. Dass es Rom dennoch weiter mit „Geheimdiplomatie" versuchte, hing mit den besonderen politischen Verhältnissen der Zeit zusammen. Der Papst wollte sich eine romfreundliche Haltung der mächtigen Reichsfürsten und besonders Friedrichs III. von Sachsen sichern, denn es stand eine Neuwahl des Königs und Kaisers im Heiligen Römischen Reich an (siehe Kapitel 6 und 9). Die Kurie, eine Art päpstliche Verwaltung und Regierung, entsandte deshalb mehrfach den päpstlichen Kämmerer Karl von Miltitz (1490–1529) nach Sachsen, der Luther für eine „friedliche" Konfliktlösung im Sinne Roms zu gewinnen suchte, zuletzt noch im Januar 1519 in Altenburg. Luther ließ sich darauf nicht ein. Doch versprach er seinem Landesherrn nach dem Tod Maximilians I. im selben Monat bis zur Wahl eines neuen Königs und Kaisers keine weitere „Kampfschrift" zu veröffentlichen. Die Kurie wollte im Gegenzug den kanonischen Prozess in Rom so lange ruhen lassen. Nach der Wahl Karls V. zum deutschen König und Kaiser des Heiligen Römischen Reichs im Juni 1519 war die „Schonfrist" vorbei.

Der endgültige Bruch Luthers mit der katholischen Kirche vollzog sich dort, wo die Auseinandersetzung begonnen hatte: im Rahmen einer gelehrten Disputation. Johannes Eck, Professor für Theologie an der Universität Ingolstadt, hatte Martin Luther und dessen Wittenberger Kollegen Andreas Bodenstein, genannt Karlstadt (1486–1541), nach Leipzig eingeladen. Eck hatte bereits zuvor einige Thesen Luthers kritisiert, der darauf geantwortet hatte. Nun sollten die aufgetretenen Differenzen über Fegefeuer, Ablass und Buße, aber auch über die Bedeutung der Konzile und des päpstlichen Primats vor Publikum diskutiert werden. Die Disputationen fanden zwischen Ende Juni und Mitte Juli 1519 statt. Die Ablassfrage wurde dabei schnell zur Nebensache. Luther erfuhr hier sogar viel Zustimmung von Johannes Eck. Aber der Theologieprofessor vertrat im Kern die Position der Amtskirche und forderte Luther immer weiter heraus: In die Ecke gedrängt, erklärte dieser, dass der päpstliche Primat, d. h. die Vormachtstellung der Päpste innerhalb der Kirche, erst seit 400 Jahren bestünde. Zum Stellvertreter Christi hätten sich die Päpste selbst und nur „iure humano", d. h. aus von Menschen erschaffenem Recht, gemacht. Eck brachte Luther sogar dazu, sich mit einigen Lehrsätzen des 1415 vom Konstanzer Konzil verurteilten und als Ketzer verbrannten Theologen Jan Hus zu solidarisieren. Auch Konzilien könnten irren und hätten sich nachweislich geirrt, erklärte Luther.

Die Häresiefalle schnappt zu

Mit Luthers Aussagen in Leipzig schnappte die Häresiefalle zu. Offizielle Protokolle der Disputation wurden an die konservativen Universitäten Köln und Löwen geschickt, damit sie ein Urteil über Luthers gewagte Thesen fällten. Doch auch hier waren die Anhänger Luthers schnell. Sehr bald erschienen in Erfurt die nach privaten Mitschriften verfassten ersten Flugschriften, ob mit oder ohne Luthers Wissen, ist unklar. Sie wurden rasch vervielfältigt und fanden reißenden Absatz: Der Augustinermönch aus Wittenberg hatte dem Papst jeglichen Herrschaftsanspruch abgesprochen. Damit gab es kein Zurück mehr zur alten Kirche.

Im Spätsommer bzw. Herbst 1519 verurteilten die Universitäten Köln und Löwen Martin Luther als Häretiker; im Februar 1520 erschien das Urteil in Löwen im Druck. Im besonders romtreuen Flandern, aber auch in Köln und Mainz gingen Luthers Schriften bald in Flammen auf. Zur selben Zeit nahm auch Rom mit Nachdruck und unter maßgeblicher Beteiligung von Johannes Eck den Ketzerprozess gegen Luther wieder auf. Bereits am 1. Juni 1520 wurde das Urteil gefällt, am 14. Juni vom Papst als Bannandrohungsbulle „Exurge Domine" („Erhebe Dich, Herr") ausgefertigt und Ende Juli durch Plakatanschläge in Rom veröffentlicht: Das Urteil wies Martin Luther im Einzelnen 41 Irrlehren nach, erklärte ihn zum Ketzer und verlangte von ihm den Widerruf innerhalb von 60 Tagen. Sollte er sich weigern, würde er exkommuniziert und damit einer allum-

Titelblatt der Bannbulle Leos X., in der 41 Sätze aus Luthers Schriften für ketzerisch erklärt werden, erlassen am 15. Juni 1520.

fassenden Rechtlosigkeit verfallen. Eine akute Bedrohung wurde die Bulle für Luther erst Ende September 1520, als sie durch Johannes Eck in den mitteldeutschen Bistümern veröffentlicht wurde. Luther selbst wurde die Bulle Anfang Oktober 1520 bekannt gemacht.

Luther wehrt sich

Die Auseinandersetzungen um seine 95 Thesen brachten Luther zu der Überzeugung, dass nicht nur der Ablasshandel, sondern die Grundlagen katholischer Lehre falsch waren. Das wollte er nicht hinnehmen. Seinem Freund Spalatin schrieb er im Januar 1520, dass die wahre „Gottesgelehrtheit" nicht gelehrt werden könne, „ohne den Päpsten zu nahe zu treten" und die Lehren über „den freien Willen, die Gnade und die Schlüsselgewalt der Kirche" infrage zu stellen. Luther überzeugte seinen Landesherrn von seiner radikal kirchenkritischen Position. Doch erwartete Friedrich III., dass Luther seine von der Kirche abweichenden Positionen unmissverständlich begründen müsse.

Martin Luther entfaltete daraufhin eine regelrechte Schreibwut. Die Jahre 1520/1521 sollten zu den fruchtbarsten Jahren des Schriftstellers Luther werden. Zeitweise schrieb er so schnell, dass seine Wittenberger Drucker und die anderenorts kaum mit der Arbeit nachkamen; manchmal wurde der Autor selbst zum Getriebenen, dem es nicht möglich war, zwischen den Auflagen der verschiedenen Druckorte eine Korrektur letzter Hand anzulegen. Bereits mit seinem im Juni 1520 erschienenen „Sermon von den guten Werken" bewies er sein großes Talent im Umgang mit der deutschen Sprache und für eine überzeugende Argumentation. Diese Schrift gilt als die erste evangelische Ethikschrift, in der Luther anhand der Zehn Gebote darlegte, dass der Glaube die Wurzel aller wahren guten Werke und Taten sei. Dann folgten in schneller Folge die drei großen Reformationsschriften, mit der Luther endgültig den Schritt vom Kirchenkritiker zum Reformator vollzog und den Grundstein für eine neue Kirche legte: „An den christlichen Adel", „Von der babylonischen Gefangenschaft der Kirche" und „Von der Freiheit eines Christenmenschen".

Nicht nur standhaft, sondern in seiner abweichenden Position gestärkt: Lutherdenkmal auf dem Marktplatz von Eisleben. Die Bronzeplastik von Rudolf Siemering zeigt den Reformator mit der Bibel in der linken und der päpstlichen Bannbulle in der rechten Hand.

„An den christlichen Adel": Die Zeit des Redens ist gekommen

Unter dem Motto „Die Zeit des Schweigens ist vergangen, und die Zeit des Redens hat begonnen" verfasste Luther sein erstes Traktat mit grundlegenden Forderungen einer Kirchenreform: „An den christlichen Adel deutscher Nation von des christlichen Standes Besserung". Von den drei großen Reformschriften des Jahres 1520 fand diese

Titelholzschnitt des Traktats an Adel und Kaiser: einziger Straßburger Nachdruck der Wittenberger Erstausgabe von 1520.

Rechts: Titelblatt der deutschen Ausgabe von „De captivitate Babylonica", der zweiten der drei großen Reformationsschriften Luthers, in der er sich mit der Sakramentslehre auseinandersetzt.

die weiteste Verbreitung und entfaltete die nachhaltigste Wirkung in der Gesellschaft. Schon die im August erschienene erste Auflage von damals sensationellen 4.000 Stück war innerhalb weniger Tage vergriffen und wurde vielfach nachgedruckt.

In dieser Schrift wandte sich Luther an die weltliche Obrigkeit, vom Kaiser über die regierenden Fürsten bis hin zu den städtischen Magistraten. Sie sollten die von ihm geforderte Kirchenreform selbst in die Hand nehmen, weil die Geistlichkeit selbst dazu nicht in der Lage sei. Im Grunde aber sprach Luther nicht nur die Regierenden an, sondern alle Laien. Denn jeder Christ war nach Luthers Überzeugung dazu aufgefordert und berechtigt, Missstände in der Kirche zu benennen und zu beheben. Für ihn gab es in Glaubensfragen keinen grundlegenden Unterschied zwischen Priestern und Laien. Alle seien dank der Taufe „geystlichs stands" und übten nur unterschiedliche Funktionen in der christlichen Gemeinschaft aus. Damit stellte Luther die herausgehobene Stellung des Klerus, vom Priester bis zum Bischof und Papst, grundlegend infrage. Er war davon überzeugt, dass in Glaubensfragen nicht der Papst oder die Konzilien die höchste Autorität besäßen, sondern die Bibel. Und deren Auslegung begriff er nicht als Privileg des Klerus, sondern als Aufgabe aller Gläubigen.

In diesem Sinne forderte Luther die Aufhebung des Zölibats und des Kirchenstaates, zwei zentraler Institutionen der katholischen Kirche, weil diese keine biblische Grundlage hätten. Auch sprach er sich gegen den Prunk der Römischen Kurie aus und kritisierte das weltliche Gebaren der hohen Geistlichkeit. Er prangerte Missstände in den Orden und im geistlichen Leben an und erklärte einige Lehren des als Ketzer verbrannten Jan Hus für richtig. Luther schließt seine weit ausholende Schrift mit der Forderung nach einer Reform des Bildungswesens und einer Neuordnung der Armenfürsorge.

„Vorspiel über die babylonische Gefangenschaft der Kirche": Die Kritik der Sakramente

Waren die Leser noch mit der Adels-Schrift beschäftigt, in der Martin Luther bereits wichtige Grundlagen einer „neuen Kirche" dargelegt hatte, erschien im Oktober 1520 bereits das zweite wichtige reformatorische Traktat: „De captivitate Babylonica ecclesiae praeludium". Weil sich dieses Werk vornehmlich an den Klerus und die Gelehrten richtete, schrieb Luther in lateinischer Sprache. Aufgrund des großen öffentlichen Interesses wurde „Vorspiel über die babylonische Gefangenschaft der Kirche" aber rasch ins Deutsche übersetzt und fand schnell Verbreitung. Luther setzte sich hier mit dem theologischen Kern der katholischen Kirche auseinander: den sieben Sakramenten Taufe, Firmung, Abendmahl, Buße, Priesterweihe, Ehe und Letzte Ölung. Sie gaben in Form sichtbarer Riten die unsichtbare Gnade Gottes weiter. Im Selbstverständnis der katholischen Kirche waren es die Priester, die durch die heiligen Handlungen das Seelenheil der Gläubigen retteten.

Luther hatte sich bereits zuvor kritisch mit der katholischen Auslegung einzelner Sakramente beschäftigt. Nun unterzog er den gesamten Komplex einer Prüfung, die er als „Vorspiel" für seine einen Monat später erscheinende Abhandlung „Von der Freiheit eines Christenmenschen" begriff. Mit dem Titel „Babylonische Gefangenschaft der Kirche" spielte er direkt auf das sogenannte avignonesische Exil der Päpste im 14. Jahrhundert an. Damals war es Frankreich gelungen, das Papsttum unter seine Kontrolle zu bringen und für seine machtpolitischen Interessen einzusetzen. Avignon wurde zum Sitz der Päpste, die Kirche verlor ihren universalen und überparteilichen Anspruch und spaltete sich um 1400 für einige Jahre („Abendländisches Schisma").

Luther griff das Papsttum frontal an: Die Römische Kurie habe die Verteilung und Verwaltung der Sakramente der Priesterkaste vorbehalten, die heiligen Riten damit in „Gefangenschaft" genommen und zu einem Herrschaftsinstrument gemacht. Luther ließ nur drei Sakramente gelten, die ihre Grundlage im Neuen Testament hätten: das Sakrament der Taufe, das des Abendmahls und das der Buße. Die anderen vier verwarf er als Erfindungen der Kirche, um das Priesteramt zu sichern. Beim wichtigsten Sakrament, dem Abendmahl, forderte Luther gegen die Praxis der römischen Kirche es den Laien in „beiderlei Gestalt", Brot und Wein, zu reichen. Die römische „Transsubstantiationslehre", die Verwandlung des Brotes in den „Leib Christi", verwarf er. Das Abendmahl sei ein Akt des Gedächtnisses, wie Jesus es in der Bibel sage: „Tut dies zu meinem Gedächtnis". Die Taufe gibt den Christen nach Luthers Überzeugung eine Freiheit, die das Papsttum mit Regeln und Gesetzen in Ketten lege. Von den traditionellen Teilen des Bußsakraments (Reue, Beichte, Genugtuung) sieht Luther das ehrliche Bereuen und Bekenntnis der Sünden als notwendig an, lehnt aber die Beichtregeln der katholischen Kirche ab. Die herkömmlich geforderten Formen der Genugtuung

Luther forderte im Gedenken an Jesus Christus Brot und Wein zu reichen. Hier der vergoldete Abendmahlskelch, mit dem Reformator Johannes Brenz 1526 in Hall erstmals das Abendmahl „in beiderlei Gestalt" an die Gläubigen austeilte. Brenz hatte Martin Luther bei dessen Heidelberger Disputation 1518 erlebt und war von den Ideen des späteren Reformators tief beeindruckt.

werden in seinen Augen durch den Glauben und das durch diesen begründete neue Leben überflüssig.

Mit seiner Schrift von der „Babylonischen Gefangenschaft", in deren Titel auch die im Alten Testament erzählte gottlose Herrschaft des babylonischen Königs Nebukadnezar III. in Judäa mitschwingt, lehnt Luther nicht nur die aktuelle Gestalt der katholischen Kirche ab, sondern bricht auch mit ihrer dominierenden Tradition.

Die gemeinsame Feier des Abendmahls von Katholiken und Protestanten ist für die Kirche Roms noch immer ein Tabuthema. Auf dem 2. Ökumenischen Kirchentag 2010 in München setzte sich zum Beispiel die Reformbewegung „Wir sind Kirche" stark für das gemeinsame Abendmahl ein.

Autorität besaß für ihn nur die Bibel und der Mensch konnte Gnade nur im Glauben und durch Gott, nicht durch gute Taten erlangen. Damit lehnte er auch das einträgliche Geschäft der Kirche mit dem Ablass, mit Stiftungen und anderen Zuwendungen an die Kirche ab.

Die in ihrer Radikalität beispiellose Schrift erfuhr begeisterten Zuspruch unter Luthers Anhängern, zum ersten Mal aber auch Widerspruch aus den eigenen Reihen. Mit Luther sympathisierende Kleriker, Theologen und Humanisten rückten nun von ihm ab. Denn die Umsetzung seiner Forderungen bedeutete grundlegende Veränderungen der kirchlichen und weltlichen Ordnung bis hin zur Errichtung einer neuen Kirche. So weit wollten sie nicht gehen. Zu den populärsten Kritikern Luthers gehörte der berühmte niederländische Humanist Erasmus von Rotterdam (1466–1536), der für den freien Willen, innere Reformen und gegen Gewalt eintrat.

„Von der Freiheit eines Christenmenschen": Sola fide, sola gratia, sola scriptura

Einen Monat nach der Gefangenschaftsschrift veröffentlichte Martin Luther Mitte November 1520 seine dritte und berühmteste Reformschrift: „Von der Freiheit eines Christenmenschen". Dieser Text wurde grundlegend für den neuen Menschen- und Freiheitsbegriff der Reformation. Das Traktat, abgefasst in 30 mit Bibelzitaten untermauerten Thesen, war auch eine unmittelbare Reaktion auf die in Kraft getretene päpstliche Bannbulle und wandte sich direkt gegen das Menschenbild der katholischen Kirche. Nach deren Überzeugung war jedem Menschen von Gott ein fester Platz auf Erden vorbestimmt. Er hatte sich in die kirchliche (und weltliche) Ordnung einzufügen und sein Schicksal anzunehmen. Erlösung fand er nur durch Erfüllung der zahlreichen von der Kirche aufgestellten Pflichten und Bußübungen, wie sie Luther schon zu anderen Gelegenheiten wiederholt verworfen hatte.

Für Luther fand der Mensch sein Seelenheil nicht in seinen Werken, auch nicht in den von der Kirche geforderten, sondern im Glauben. Deswegen war er im Hinblick auf Gottes Gnade frei. Dabei unterschied Luther ausdrücklich zwischen der inneren Freiheit der Person und den äußeren Zwängen des weltlichen Lebens: „Ein

Christenmensch ist ein freier Herr über alle Dinge und niemand untertan. Ein Christenmensch ist ein dienstbarer Knecht aller Dinge und jedermann untertan." Damit meinte Luther, dass jeder Christ in Fragen des Glaubens und Gewissens frei sei und auf die Gnade Gottes und das

Im Herbst 1520 war an eine friedliche Einigung zwischen Martin Luther auf der einen und Papst und Klerus auf der anderen Seite kaum noch zu denken. Papst Leo X. mit den Kardinälen Ludovico de Rossi und Giulio de Medici auf einem Gemälde Raffaels von 1519.

Wort der Bibel vertrauen solle. Der äußere Mensch hingegen sei als leibliches Wesen verpflichtet, sich von seinen Lüsten zu reinigen und in Werken zu üben. Erlösung finde er so aber nicht, sondern nur im Glauben, denn nur durch ihn seien gute Werke wahrhaft gut. Dabei geht es dem Christen nicht um seinen Nutzen, sondern um das Wohl aller. Die „Freiheit des Christenmenschen" bezog Luther ausdrücklich nicht auf die gegebene weltliche Ordnung, was allerdings nicht verhinderte, dass er vielfach missverstanden werden sollte. Seine Lehre fasste er in drei Prinzipien griffig zusammen: Der Mensch erlange sein Heil nicht durch gute Werke, sondern allein aus dem Glauben („sola fide") und durch die Gnade Gottes („sola gratia"). Alleinige Autorität in allen Glaubensfragen habe nur die Schrift („sola scriptura").

Die Freiheitsschrift sandte Luther in einer lateinischen Ausgabe („De libertate christiana") mit einem persönlichen Sendschreiben an Papst Leo X. Die Abfassung hatte er auf Anfang September 1520 vordatiert, also vor Veröffentlichung der Bannandrohungsbulle in Deutschland. Dahinter stand wieder der Gesandte Karl von Miltitz, der wohl in letzter Sekunde versuchte, Luther in direkten Kontakt mit dem Papst zu bringen, um zu retten, was zu retten war. Von Geheimdiplomatie, wie sie von Miltitz wohl beabsichtigt hatte, konnte indes nicht die Rede sein: Bevor die Schrift und das Schreiben den Papst in Rom erreichten, waren sie längst in Deutschland veröffentlicht und, wie alle Dinge rund um die „Luthersache", Gesprächsthema allerorten. Luther selbst wird kaum angenommen haben, sich mit dem Papst noch auf friedlichem Wege einigen zu können, zu deutlich waren die Fronten bereits abgesteckt.

„Ich kann und will nicht widerrufen!"

Wie zu erwarten, erhielt Luther aus Rom keine Antwort auf sein Sendschreiben. Die vom Papst gesetzte Frist zum Widerruf seiner Thesen und Schriften verstrich Anfang Dezember 1520. Damit drohten Martin Luther nun tatsächlich der Kirchenbann

und die Exkommunikation. Der Reformator gab sich kämpferisch und inszenierte am 10. Dezember 1520 ein öffentlichkeitswirksames Spektakel: Gemeinsam mit seinen Wittenberger Anhängern zog er vor das Elstertor und verbrannte sowohl die päpstliche Bannandrohungsbulle als auch die Bücher des kanonischen Rechts. Während die Schriften in Flammen aufgingen, soll er, an den Papst gerichtet, ausgerufen haben: „Weil du die Wahrheit Gottes verderbt hast, verderbe dich heute der Herr. Hinein damit ins Feuer.“ Der Papst tat, was er tun musste, und erließ am 3. Januar 1521 die Bulle „Decet Romanum Pontificem“, mit der Luther von der Kirche gebannt, d. h. exkommuniziert und zum Ketzer erklärt wurde.

Luther war nun praktisch rechtlos. Nach geltendem Reichsrecht musste der Kaiser als höchste weltliche Macht nun über ihn die Reichsacht verhängen – wenn nicht die mächtigen Reichsstände gewesen wären. Luther konnte in dieser brenzligen Situation auf seinen Landesherrn Kurfürst Friedrich III. bauen. In zähen Verhandlungen überredete dieser Kaiser Karl V. und seine Berater, Martin Luther auf dem seit Januar 1521 in Worms tagenden Reichstag anzuhören. Es war der erste Auftritt des jungen Kaisers, ein überzeugter Katholik und klarer Gegner Luthers und anderer Kirchenkritiker, auf deutschem Boden. Karl V. wusste um die schwelende „antirömische“ Stimmung unter den Reichsfürsten. Da er aber ihre Unterstützung brauchte, gab er sich diplomatisch und gestattete ein Verhör Martin Luthers. Gegen den ausdrücklichen Willen des Papstes wurde Luther vom Kaiser und den Reichsständen am 17. April 1521 in Worms empfangen.

Die Luthereiche in Wittenberg – hier soll Martin Luther am 10. Dezember 1520 die päpstliche Bannbulle verbrannt haben.

Luther auf dem Reichstag zu Worms, Gemälde von Anton von Werner (1843–1915). Gegen den ausdrücklichen Willen des Papstes wurde Martin Luther von Karl V. empfangen.

Zu einer inhaltlichen Diskussion kam es allerdings nicht; auch hatte Luther keine Gelegenheit, seinen Standpunkt zu begründen. Auf die Frage, ob er sich zu seinen Schriften bekenne und zum Widerruf bereit sei, bat er um einen Tag Bedenkzeit. Am nächsten Tag trat er vor die Versammlung und erklärte, er könne dem nicht Folge leisten: „Und solange mein Gewissen durch die Worte Gottes gefangen ist", d. h. solange er nicht durch die Bibel widerlegt werde, „kann und will ich nicht widerrufen, weil es unsicher ist und die Seligkeit bedroht, etwas gegen das Gewissen zu tun. Gott helf mir. Amen." Damit war klar, dass Luther vom Kaiser geächtet werden würde. Um seiner Verhaftung zu entgehen, floh er unter abenteuerlichen Umständen und tauchte als „Junker Jörg" auf der sächsischen Wartburg unter. Als Kaiser Karl V. am 26. Mai 1521 die Reichsacht gegen Martin Luther unterschrieb, war ein großer Teil der Fürsten und Reichsstände damit nicht einverstanden. Sie sympathisierten nicht nur mit Luther, sondern waren von seinen Gedanken und Plänen einer „neuen Kirche" überzeugt. Die Versammlung war in Lutherbefürworter und -gegner gespalten – ein Spiegelbild der Verhältnisse im Reich.

Neben der alten katholischen begann sich eine neue „evangelisch-lutherische" Kirche herauszubilden: die Reformation war nicht mehr aufzuhalten. Dass dies so schnell und nachhaltig bewirken konnte, war kein Zufall, sondern lag an den besonderen Verhältnissen der Epoche. Es war eine Übergangszeit zwischen Mittelalter und Neuzeit, eine Zeit der Extreme, in der viel Überkommenes infrage gestellt und Neues gedacht und erwartet wurde.

Der Beginn eines neuen Zeitalters

Luthers Leben und die Reformation fielen in eine Zeit des Wandels und der Umbrüche. Das Mittelalter ging zu Ende, die Neuzeit begann. Der Mensch rückte in den Mittelpunkt des Interesses der Künstler und Gebildeten. Neue Welten wurden entdeckt und erobert: auf dem Weg der Forschung ebenso wie durch die Seefahrt. Alte Welten brachen zusammen: Im Osten bedrohte die Expansion des Osmanischen Reiches das christliche Abendland, während im Westen die letzten maurischen Herrschaften in Spanien fielen. In Frankreich und England entstanden mächtige Territorialstaaten. Das Heilige Römische Reich strebte unter der Herrschaft der Habsburger die Vormacht in Europa an. Die deutschen Fürsten gewannen an Selbstbewusstsein und forderten mehr Rechte im Reich. Die großen Veränderungen gaben Anlass zur Hoffnung auf bessere Zeiten, verunsicherten die Menschen aber auch. Die Kirche erschien in diesen bewegten Zeiten seltsam starr und wurde vielen Christen fremd.

Sinnbild eines neuen Zeitalters: Michelangelos David von 1504 war nicht nur Wahrzeichen der freien Florentiner Bürgerschaft, dieses Meisterwerk der Hochrenaissance war für die Zeitgenossen Ausdruck eines neuen Selbstverständnisses gegenüber Adel und Klerus, dem römischen „Goliath".

Eine Zeit des Wandels

Martin Luthers Entwicklung vom Kirchenmann zum Fundamentalkritiker und Reformator hatte persönliche Gründe, war aber nur möglich in einer Zeit des Wandels. Luthers Lehre stieß auf den Wunsch nach grundlegenden Veränderungen und die Bereitschaft, diese auch herbeizuführen. Nur so erklärt sich die rasche Ausbreitung der reformatorischen Bewegung. Die Jahrzehnte um 1500 markieren eine Epochenwende. Die starre Ordnung des Mittelalters geriet in Bewegung und es begann die dynamische Neuzeit. Alle Lebensbereiche wurden von diesem Wandel erfasst: Politik, Kultur, Wirtschaft und Gesellschaft gerieten in Bewegung. Besonders betroffen war die Religion, die das mittelalterliche Leben bestimmt hatte. Vielen Menschen waren die Veränderungen nicht geheuer, andere erhofften sich eine Verbesserung ihrer Situation. Die Unsicherheit war allgemein groß.

Die „alte Welt", wie sie sich seit vielen Generationen kaum verändert hatte, wankte. Im Südosten Europas rückten die Osmanen seit der Einnahme Konstantinopels, dem heutigen Istanbul, im Jahr 1453 scheinbar unaufhaltsam auf die Zentren des christlichen Abendlandes vor. Den Fall der zweiten Heiligen Stadt nach Rom deuteten viele als eine Strafe Gottes, Nahrung für die weitverbreitete Überzeugung vom nahen Ende der Welt. Anstatt sich der Bedrohung aus dem Morgenland entschlossen zu stellen, führten die Mächtigen des Abendlandes Kriege gegeneinander: Das Deutsche Reich, Frankreich und Spanien kämpften um die Vorherrschaft in Europa. Nicht mehr mit Rittern, mit geworbenen Söldnerheeren traten sie gegeneinander an. Das Rittertum, über Jahrhunderte eine tragende Säule des alten Reiches und der mittelalterlichen Welt, verschwand wie viele andere Institutionen des Mittelalters.

Die Welt wuchs mit dem Entdeckungsdrang der Menschen in Europa: Im Westen stieß der Seefahrer Christoph Kolumbus 1492 auf einen neuen Kontinent, der später Amerika genannt wurde. Die „Neue Welt" löste das alte Weltbild auf. Die politischen, wirtschaftlichen und kulturellen Folgen dieser Entdeckung waren noch unabsehbar. Doch nicht nur die Abenteurer, auch die Gelehrten fanden Neues – in alten Büchern: Die Lektüre antiker Autoren ließ das christliche Denken veraltet erscheinen. Die zurückliegenden Jahrhunderte galten nun als kulturlose Übergangszeit, als „dunkles Mittelalter", zwischen dem Vorbild der griechischen und römischen Antike und der eigenen, neuen Zeit. Der moderne Buchdruck verbreitete das neue Bildungsideal und Wissen von Italien aus in ganz Europa. Alles schien in Bewegung, nur die katholische Kirche nicht. Anstatt der verunsicherten Christenheit Antworten auf ihre drängenden Fragen zu geben, waren Papst und Bischöfe auf den Ausbau ihrer weltlichen Macht und Mehrung ihres Reichtums bedacht. Die Zeit schien reif für Veränderungen – und reif für die revolutionären Ideen aus Wittenberg, die vielen Menschen neue Zuversicht gaben.

Die Eroberung Konstantinopels 1453 durch die Osmanen unter Sultan Mohammad II. Fatin erschütterte das christliche Abendland. „Das türkische Heerlager vor Konstantinopel", Buchmalerei von 1455, aus der Werkstatt des Jean Mielot.

Der Kampf gegen die „Ungläubigen"

Die christlichen Staaten und Kirchen Europas kämpften seit dem Mittelalter mit islamischen Mächten um die Kontrolle der heiligen Stätten im Nahen Osten und die Herrschaft über die Iberische Halbinsel. Obwohl es auch einen regen Handelsaustausch gab und die Europäer über Jahrhunderte von der fortgeschrittenen arabischen Kultur lernten, entstanden auf beiden Seiten Feindbilder, die bis heute die Sicht auf den jeweils anderen prägen. Insbesondere die römisch-katholische Kirche stellte den Islam als einen der Hauptfeinde der europäischen Christenheit dar und war die treibende Kraft der brutalen Kreuzzüge zwi-

Die Entdeckung der „Neuen Welt" durch Kolumbus hatte unabsehbare Folgen für Europa. Original einer historischen Karte von Francesco Rosselli aus dem Jahre 1508.

schen 1096 und 1270 zur „Befreiung" des Heiligen Landes. Dauerhafte Erfolge hatten sie nicht: Christliche Kreuzfahrerstaaten im Heiligen Land verschwanden so schnell, wie sie entstanden waren.

Für die meisten Menschen in Europa war das alles weit weg. Das änderte sich erst im 14. Jahrhundert, als das aufstrebende Osmanische Reich sich von Anatolien aus Kleinasien bis an die Ägäis und den Bosporus eroberte und von dort aus auf den Balkan vordrang. Als Erstes fiel das Großserbische Reich, das 1389 in der berühmten Schlacht auf dem Amselfeld im heutigen Kosovo die osmanischen Truppen nicht besiegen konnte und wenige Jahre später zum türkischen Vasallen wurde – ein Ereignis, das bis heute das Geschichtsbild Serbiens prägt. Noch stand das Byzantinische Reich. Doch war es nur noch ein Schatten seiner glanzvollen Zeit im Hochmittelalter und hatte den Türken militärisch nichts entgegenzusetzen. Die beiden christlichen Kirchen waren zudem tief gespalten, nachdem 1204 zurückkehrende Kreuzfahrer die byzantinische Hauptstadt Konstantinopel geplündert und verwüstet hatten. Erst nachdem sich die römisch-katholische und die byzantinisch-orthodoxe Kirche auf dem Konzil von Florenz 1439 angenähert hatten, rief Papst Eugen IV.

Das Morgenländische Schisma

In der langen Geschichte der Kirche gab es immer wieder Abweichungen von der römischen Lehrmeinung, aber nur in einem Fall vor der Reformation kam es zur Gründung einer neuen Kirche: die Trennung in eine katholische West- und eine orthodoxe Ostkirche. Dieses „Morgenländische" oder „Große Schisma" (griech. „Trennung") folgte in einem langen Prozess auf die Exkommunikation des Patriarchen Konstantinopels durch den Papst im Jahre 1054 und besteht bis heute fort. Eine der Hauptursachen für das Schisma war der Anspruch des Papstes, der erste unter allen christlichen Bischöfen zu sein, was die orthodoxen Würdenträger wie 500 Jahre später auch die Reformatoren ablehnten – ein Dauerbrenner, der bis heute die christlichen Kirchen trennt.

Die Geschichte des Christentums ist aufs Engste mit der Geschichte des Römischen Reichs verknüpft. Die Hauptstadt Rom spielte dabei eine besondere Rolle. Hier entwickelte sich die aus Jerusalem kommende neue Religion zu einem Machtfaktor. Der erste Bischof Roms soll nach der kirchlichen Überlieferung der Apostel Petrus gewesen sein. Von ihm leiten die Päpste bis heute ihren Primatanspruch als Stellvertreter Christi auf Erden ab. Zu der geistlichen Autorität kam die einflussreiche Stellung als Bischof der Hauptstadt des römischen Weltreiches, die nicht bezweifelt wurde. Grundsätzlich änderte sich daran auch nichts, als in der Spätantike das Reich in ein „weströmisches" und ein „oströmisches" zerfiel. Allerdings begann jetzt eine allmähliche kulturelle und politische Entfremdung innerhalb der noch jungen Kirche. Sie vertiefte sich, als „Westrom" unterging und in Europa neue, germanische Herrschaften entstanden, während

Papst Johannes Paul II. (l.) und der orthodoxe Erzbischof Christodoulos 2001 auf dem Areopag-Hügel unter der Akropolis. Zwischen ihnen steht ein großes Bildnis des Apostels Paulus. An diesem Ort hatte der Apostel seine erste Missionsrede an die Athener gehalten. Bei der Feier wurde eine Erklärung beider Kirchenführer „Über die christlichen Wurzeln Europas" verlesen. Es war das erste gemeinsame Dokument Roms und einer orthodoxen Kirche seit dem Großen Schisma im Jahr 1054.

aus „Ostrom" das Byzantinische Reich hervorging. Ein zentraler Streitpunkt zwischen der lateinischen Kirche im Westen und der immer stärker griechisch geprägten Kirche im Osten war bereits im frühen Mittelalter das Glaubensbekenntnis der „Dreifaltigkeit" (Vater, Sohn und Heiliger Geist). Während die orthodoxen Theologen die Dreiheit betonten, ging man in der katholischen Kirche stärker von der Einheit des Vaters und des Sohnes aus, während der Heilige Geist als nachgeordnet erscheint. Dies führte zu einer Abänderung des lateinischen Glaubensbekenntnisses im 5. Jahrhundert durch den Ausdruck „Filioque", der im ursprünglichen, griechischen Text nicht vorkommt: „et in Spiritum Sanctum, Dominum et vivificantem, qui ex Patre *Filioque* procedit" („und [wir glauben] an den Heiligen Geist, der Herr ist und lebendig macht, der aus dem Vater *und dem Sohn* hervorgeht"). Die orthodoxe Kirche blieb beim ursprünglichen Glaubensbekenntnis. Sie anerkannte zwar weiterhin gewisse Vorrechte des Bischofs von Rom, nicht aber die stets wachsenden Macht- und Führungsansprüche der römischen Päpste innerhalb der Gesamtkirche. Rom auf der anderen Seite lehnte die Praxis des „Caesaropapismus" der orthodoxen Kirche ab, die das Staatsoberhaupt zugleich zum geistlichen Oberhaupt erklärte. Im 11. Jahrhundert verschärften sich die Gegensätze. Die Weigerung des Patriarchen (Bischofs) von Konstantinopel, die Wendung „Filioque" anzuerkennen, führte 1054 zu dessen Exkommunikation durch den Papst. Die Gräben zwischen beiden Kirchen vertieften sich. Die Plünderung Konstantinopels durch heimkehrende Teilnehmer des Vierten Kreuzzugs 1204 führte zum endgültigen Bruch.

Endgültiger Bruch zwischen West- und Ostkirche: Eroberung Konstantinopels durch die Kreuzfahrer des Vierten Kreuzzuges am 13. April 1204, französische Buchmalerei von 1375/79.

1440 zu einem gemeinsamen militärischen Vorgehen gegen die osmanische Bedrohung und zum Schutz Konstantinopels auf, später der „Letzte Kreuzzug“ genannt. Die entscheidende Schlacht 1444 bei Warna an der bulgarischen Schwarzmeerküste unter Führung des polnischen Königs Wladyslaw ging verloren, ebenso ein letzter Angriff des ungarischen Reichsverwesers Johann Hunyadi 1448 bei der Schlacht auf dem Amselfeld im Kosovo.

Das Byzantinische Reich war nun nicht mehr zu retten: 1453 fiel die stolze Hauptstadt Konstantinopel, die der siegreiche Sultan Mehmed II. „Istanbul“ nannte und zur Hauptstadt des Osmanischen Reiches erklärte – eine Entscheidung von weltgeschichtlicher Bedeutung, die bis heute das Verhältnis zwischen der Türkei und Europa prägt. Unaufhaltsam gingen die osmanischen Eroberungszüge weiter: 1460 wurde der Peloponnes türkisch, in den folgenden Jahren Serbien und Albanien. Als osmanische Truppen 1477 das Hinterland von Venedig verwüsteten, soll ein Kleriker ausgerufen haben: „Wenn uns nicht göttliche Hilfe zuteil wird, ist es um den christlichen Namen geschehen!“ Als letztes Bollwerk gegen die islamische Bedrohung behauptete sich lange das Königreich Ungarn, das sich damals weit in den Balkan hinein erstreckte. Aber nach einer Reihe von Niederlagen fiel im Jahr 1521 die stolze ungarische Festung Belgrad. Im Jahr darauf vertrieben osmanische Truppen den Johanniterorden von Rhodos. 1526 besiegten sie in der Schlacht von Mohács das Heer des ungarischen Königs Ludwig II. und unterwarfen große Teile Ungarns. Damit schien der Weg ins Herz Europas frei: 1529 belagerten die Türken unter Sultan Süleyman „dem Prächtigen“ Wien. War das christliche Abendland dem Untergang geweiht?

Wie den meisten seiner Zeitgenossen war Martin Luther die „Türkengefahr“ stets bewusst. Man sprach darüber im privaten wie

Auch Martin Luther griff in seinen Schriften die Ängste der Menschen vor der Gefahr aus dem Abendland auf: „Vermanunge zum Gebet wider den Türcken“, Titelholzschnitt von Lucas Cranach d. Ä. von 1541.

öffentlichen Kreis, anti-türkische Propagandaschriften sorgten für Informationen und Ressentiments. Unmittelbar vor der Belagerung Wiens bezeichnete der vom Kaiser geächtete, aber aktive Reformator in seiner Schrift „Vom Kriege wider die Türken“ die Osmanen als „Gottes rute und Teuffels diener“. Er griff damit die Ängste der Menschen seiner Zeit auf, die er vereinfachend mit dem von ihm kritisierten Zustand der Kirche in Verbindung brachte: „Aber wie der Bapst der Endechrist, so ist der Türck der Leibhafftige Teuffel.“

Grenzverschiebungen im Westen

Während sich das Christentum im Südosten Europas auf dem Rückzug befand, gewann es am anderen, südwestlichen Ende des Kontinents neue Möglichkeiten. Im Januar 1492 eroberte das spanische Heer unter Königin Isabella von Kastilien und ihrem Mann König Ferdinand von Aragon die andalusische Stadt Granada: Mit ihr fiel die letzte Bastion der islamischen Mauren auf der Iberischen Halbinsel. Nach fast 800 Jahren war die „Reconquista“ (Rückeroberung) Spaniens abgeschlossen. Das Königspaar hatte neben der Einigung Spaniens eine christliche Mission: Die muslimische Bevölkerung wurde schikaniert und aus dem Land gedrängt, die jüdische Bevölkerung vor die Entscheidung gestellt, sich entweder taufen zu lassen oder ihre Heimat zu verlassen.

Papst Alexander VI. verlieh Isabella und Ferdinand 1496 den Ehrentitel „Los Reyes Cathólicos“, die „allerkatholischsten Könige“, aber nicht nur für ihre Verdienste auf der Iberischen Halbinsel: Im Oktober 1492 hatte der Genueser Seefahrer Christoph Kolumbus (1451–1506) im Dienste des spanischen Königspaars auf der Suche nach einem neuen Seeweg nach Indien auf den Bahamas das erste Mal die „Neue Welt“ betreten. Weitere Reisen folgten, weitere Inseln und die mittelamerikanische Küste wurden entdeckt. Papst Alexander VI. teilte bereits 1493 mit seiner Bulle „Inter caetera divinae“ die Erde in eine spanische und portugiesische Einflusssphäre auf und beauftragte beide Königreiche, die neuen Welten zu kolonialisieren und zu missionieren. Die Bulle wurde im Jahr 1494 mit dem Vertrag von Tordesillas erweitert. Die Grenze der Einflussbereiche verlief nun weiter westlich, sodass das Territorium des heutigen Brasilien „portugiesisch“ wurde.

Die Cantino-Planisphäre zeigt die portugiesischen Entdeckungen um 1500. Auf ihr ist bereits ein Teil der Küste Brasiliens abgebildet und die Demarkationslinie, die nach dem Vertrag von Tordesillas die Welt in ein spanisches und ein portugiesisches Herrschaftsgebiet aufteilt.

Hoffnungen und Ängste

Während die Entdeckung des tatsächlichen Seewegs nach Indien 1498 dem Portugiesen Vasco da Gama (1469–1524) vorbehalten blieb, ging in den folgenden Jahren und Jahrzehnten die europäische Land-

Die Missionierung der indigenen Bevölkerung diente auch der Integration ins spanische Kolonialreich. Dieses Gemälde aus Mexiko zeigt die Taufe von Indios durch Dominikanermönche.

nahme in Süd- und Mittelamerika rasch voran. Bereits 1507 erschien eine erste Landkarte mit der „Neuen Welt". Und als Martin Luther 1521 vor dem Augsburger Reichstag verhört wurde, umsegelte der Portugiese Ferdinand Magellan (1480–1521) gerade als erster Mensch die Welt. Die weltgeschichtlichen Folgen dieser Entdeckungen, der gewaltige Machtzuwachs der Spanier und später des Hauses Habsburg, die fortschreitende wirtschaftliche Globalisierung, die Stärkung der katholischen Kirche und vieles andere mehr waren um 1500 noch gar nicht absehbar. Die Nachrichten von der neu entdeckten Welt, mit ihren „primitiven" Bewohnern und sagenhaften Schätzen, verbreiteten sich von Spanien und Portugal aus rasch in ganz Europa. Viele Christen waren über die Nachricht erschüttert, dass es außer der asiatischen Welt und dem noch weitgehend unbekannten Afrika einen weiteren riesigen Erdteil geben sollte, dessen Bewohner noch nie etwas von der Bibel und Jesus Christus gehört hatten.

Den offenkundigen Widerspruch zur Heiligen Schrift konnte auch Martin Luther nicht erklären: Denn laut Bibel sei die Stimme der Apostel, so Luther in einer Predigt in den 1520er-Jahren, „in die gantze welt außgangen". Andererseits seien nun „vil inseln erfunnden wordenn [...], die da heiden seint und niemant hat in gepredigt". Die Menschen waren sich uneins: Waren diese Nachrichten von neuen Menschen und Kontinenten gut oder waren sie Zeichen eines bevorstehenden Weltuntergangs? Martin Luther jedenfalls deutete neue Krankheiten, die von den karibischen Inseln nach Europa gelangt waren, als „unum de signis magnis ante diem Extremum", als ein Zeichen des Endes der Welt.

Das Reich zwischen gestern und morgen

Am Beginn der Neuzeit wurden Weichen gestellt, die für die nächsten Jahrhunderte das politische Leben prägen sollten. Das

Kaiser Maximilian I. von Habsburg, deutscher König und Erzherzog von Österreich, auf einem Gemälde Albrecht Dürers von 1519.

Das Zeitalter der europäischen Expansion

Im Übergang vom Mittelalter zur Neuzeit gab es so viele Expeditionen auf den Weltmeeren wie nie zuvor. Der Hintergrund: Die Expansion des Osmanischen Reichs im östlichen Mittelmeerraum und nach Südosteuropa erschwerte den Levantehandel und blockierte die Handelswege nach Vorder- und Ostasien. Mit modernen Seeschiffen und neuesten nautischen Geräten ausgerüstete Expeditionscorps sollten deswegen neue und sichere Seewege von Europa nach Indien finden. Die Entdeckung Amerikas war ein Zufall. Das „Zeitalter der Entdeckungen", das sich über die ganze Frühe Neuzeit bis ins 18. Jahrhundert erstrecken sollte, war ein Zeitalter der Expansion, denn die „entdeckten" Gebiete waren zumeist bewohnt. In Süd- und Mittelamerika errichteten Spanien und Portugal Kolonien, in Nordamerika und Asien Frankreich und England. Sie besiedelten die besetzten Länder, beuteten die Ureinwohner aus und verdrängten sie.

Nach den schon lange bestehenden Handelsbeziehungen zwischen Europa, Asien und Nordafrika markierte das europäische Ausgreifen nach Amerika den Schritt zur ersten „Globalisierung". Die wirtschaftlichen Verflechtungen wurden durch die Kolonien tatsächlich global. Der Handel zwischen den Kontinenten lag in der Hand der nun entstehenden großen Handelskompanien, die Rohstoffe, Edelmetalle und Lebens- und Genussmittel (Kakao, Kaffee, Tomaten, Kartoffeln und vieles mehr) nach Europa brachten. Er machte die europäischen Kolonialmächte reich, aber auch Bank- und Handelshäuser in Zentral- und Mitteleuropa, wie das der Fugger in Augsburg, profitierten von dem Reichtum aus Übersee. Manche Großkaufleute, wie die ebenfalls aus Augsburg stammenden Welser in Venezuela, besaßen zeitweise eigene Kolonien in der „Neuen Welt". Für den Bau und die Ausrüstung von Flotten, die Einrichtung von Faktoreien in Übersee und Kontoren in Europa und nicht zuletzt für die Bezahlung des „Personals" waren erhebliche Summen erforderlich. In der Zeit des „Frühkapitalismus" waren Kredite nicht leicht zu beschaffen, mussten Wechsel ausgestellt und Anleihen getätigt werden. Es entstanden die ersten modernen „Finanzmärkte", das noch junge Bank- und Kreditwesen erlebte eine erste Blütezeit.

Die Entdeckungen in Übersee förderten das Bankwesen und brachten auch die Kaufleute in Mitteleuropa zu unerhörtem Reichtum, und damit auch zu neuem Selbstbewusstsein. Bartholomäus Welser, ein Augsburger Patrizier, Großkaufmann und Bankier Karls V., erhielt von ihm eine eigene Kolonie, die Provinz Venezuela.

galt insbesondere für das „Heilige Römische Reich Deutscher Nation", zu dem auch das sächsische Wittenberg gehörte. Der ungewöhnliche Name steht für ein besonderes Gebilde, das im 9. Jahrhundert aus der Erbmasse des fränkischen Reichs Karls des Großen hervorgegangen war und das seit dem 12. Jahrhundert „Heiliges Reich" und später dann auch „Heiliges Römisches Reich" hieß. Seine Herrscher, die römisch-deutschen Könige und Kaiser, sahen sich in der Nachfolge des antiken Römischen Reichs und verbanden damit den Anspruch auf Universalherrschaft. Vom Papst zum Kaiser gekrönt, verstanden sich die römisch-deutschen Könige als Beschützer der römisch-katholischen Kirche und Herrscher von Gottes Gnaden. Das Reich war kein Nationalstaat, sondern bestand aus zahlreichen weltlichen und geistlichen Fürstentümern und Herrschaften, Reichsstädten und Reichsrittern und umfasste unterschiedliche Völker und Kulturen. Um 1500 reichte es von der Nord-

und Ostsee bis ans Mittelmeer. Im Norden stieß es an das Königreich Dänemark, im Osten an die Herrschaft des Deutschen Ordens sowie die Königreiche Polen und Ungarn, im Süden wurde es durch die Republik Venedig und den Kirchenstaat begrenzt, im Westen lag der große Konkurrent um die Vorherrschaft in Europa, Frankreich. Viele Jahrhunderte war das Reich die bedeutendste und bevölkerungsreichste Macht in Europa. An seiner Spitze standen seit 1438 bis zu seiner Auflösung 1806 fast durchgängig Vertreter des Hauses Habsburg.

Die Goldene Bulle gilt als wichtigstes Verfassungsdokument des mittelalterlichen Reiches. Das von Kaiser Karl IV. 1356 erlassene Gesetz bestimmte Frankfurt endgültig zum Wahlort der deutschen Könige und Kaiser.

Als Martin Luther seine Thesen veröffentlichte, stand Kaiser Maximilian I. an der Spitze des Heiligen Römischen Reichs Deutscher Nation, wie es seit einigen Jahrzehnten genannt wurde. Maximilian war 1493 von den Kurfürsten zum römisch-deutschen König gewählt worden und nahm 1508 die Kaiserwürde an. Seither führte die Wahl zum römisch-deutschen König direkt zur Übernahme des Kaisertitels. Die Krönung durch den Papst fiel weg. Der selbstbewusste und mächtige Habsburger strebte von Anfang an nach einer Stärkung seiner Stellung im komplizierten Machtgefüge des Reichs. Dem standen die Reichsstände entgegen, die auf eine Reform des Reichs zu ihren Gunsten drängten. Zu ihnen gehörten zahlreiche Gruppen mit sehr unterschiedlichen Interessen: die einflussreichen weltlichen und geistlichen Kurfürsten, Grafen und andere Vertreter des Hochadels, geistliche Fürstbischöfe, Reichsäbte und geistliche Würdenträger, die über ein weltliches Territorium herrschten, die Hochmeister des Deutschen Ordens und der Johanniter sowie die Freien und Reichsstädte.

Tatsächlich hatten die Reichsstände, zumindest die mächtigeren, seit dem Hochmittelalter gegenüber König und Kaiser beständig an Einfluss gewonnen. Begünstigt wurde diese Entwicklung durch die Tatsache, dass es keine Reichsverfassung gab, die die Machtverhältnisse im Reich genauer regelte. Einzig die Königswahl und -krönung war in der „Goldenen Bulle" Kaiser Karls IV. aus dem Jahre 1356 festgelegt. Wahlberechtigt waren nur die drei geistlichen Kurfürsten, die Erzbischöfe von Trier, Köln und Mainz, sowie die vier weltlichen Kurfürsten, der König von Böhmen, der Pfalzgraf bei Rhein, der Herzog von Sachsen und der Markgraf von Brandenburg. Dieses Wahlrecht machte die römisch-deutschen Könige abhängig und legte den Grundstein für den steten Machtzuwachs der Kurfürsten im 15. Jahrhundert. Diese Entwicklung wollte Maximilian I. stoppen, indem er versuchte, eine Art Zentralregierung unter seiner Führung einzusetzen. Das damals mächtige Burgund, Frankreich und England hatten erfolgreich eine zentrale Herrschaft aufgebaut und waren so zu mächtigen Konkurrenten des Reichs aufgestiegen. Maximilian hatte jedoch die Rechnung ohne die Reichsstände gemacht.

Reichsreform – Beginn der politischen Neuzeit

Als Maximilian 1495 auf dem in Worms tagenden Reichstag von den Ständen Unterstützung für einen Feldzug gegen den französischen König forderte, der in Italien eingefallen war, nutzten die Reichsstände die Zwangslage des Königs und stellten ihrerseits Forderungen: Sie wollten die Einrichtung einer Art dauerhafter föderaler Regierung, das „Reichsregiment“, das unter anderem über Außenpolitik und Finanzen entscheiden sollte. Keine der beiden Parteien konnte sich durchsetzen, doch gemeinsam schufen sie neue Institutionen, die in die Zukunft wiesen. Zum einen wurde aus dem dynastischen „Hoftag“ der „Reichstag“ als politische Versammlung der Adligen, eine feste Einrichtung der praktischen Politik und damit ein Vorläufer der modernen Parlamente. Die Verkündung des „Ewigen Landfriedens“ beendete das mittelalterliche „Fehderecht“ und wurde zum Vorläufer des heute gängigen Gewaltmonopols des Staates. Über seine Einhaltung wachte das „Reichskammergericht“, ein erster Schritt in Richtung moderner Rechtsstaatlichkeit. Der Kaiser konnte eine seiner wichtigsten Forderungen durchsetzen, nämlich die Bewilligung des sogenannten „Gemeinen Pfennigs“, eine Abgabe zur Finanzierung seiner Feldzüge. Diese nach Einkommen gestaffelte Steuer, die von jedem Untertanen ab 15 Jahren zu entrichten war, war die erste reichsweit zu zahlende Steuer und eine der Wurzeln des modernen staatlichen Finanzwesens. Dauerhaft durchzusetzen war die Steuer damals allerdings noch nicht.

Maximilian I. wurde schon von den Zeitgenossen „der letzte Ritter“ genannt, vor allem wegen seiner Vorliebe für Ritterturniere. Das passt ins Gesamtbild eines Herrschers zwischen den Zeiten. Der Stand der Ritter zählte nämlich zu den Verlierern der beginnenden Neuzeit. Im Früh- und Hochmittelalter war das Rittertum von zentraler Bedeutung. Ritter waren die Elitesoldaten des Reichs, übernahmen aber auch als „Ministeriale“ in der Verwaltung wichtige Aufgaben. In den neuzeitlichen Kriegen spielten Ritter aber kaum noch eine Rolle. In den Kampf zogen stattdessen für einen monatlichen Sold Fußtruppen („Söldner“). Die mit langen Lanzen ausgerüsteten „Landsknechte“ wurden vor allem in der ländlichen Bevölkerung angeworben oder zum Dienst gepresst. Das Reichsrittertum genoss zwar weiterhin den besonderen Schutz des Königs und Kaisers, aber als Angehörige des niederen Adels zählten die Ritter nicht zu den Reichsständen und hatten so auch keine Stimme auf den Reichstagen. Zwar sollten der Reichsritterschaft im Laufe des 16. Jahrhunderts neue wich-

Das Ende des Rittertums – Kupferstich eines eine burgundische Fahne schwenkenden Landsknechts von Albrecht Dürer. Landsknechte waren die vom Ende des 15. bis Ende des 16. Jahrhunderts in „kaiserlichen Landen“ durch den vom Kriegsherrn bevollmächtigten Feldhauptmann geworbenen Fußknechte. Sie erhielten einen festen Monatssold und stellten die eigene Bewaffnung.

Auch unter den Reichsrittern gab es begeisterte Anhänger des Reformators. Der Reichsritter und Humanist Ulrich von Hutten verfasste um 1520 „Eyn Klag über den Lutherischen Brandt zu Mentz", ein Gedicht über den päpstlichen Bann und die öffentliche Verbrennung der Schriften Luthers.

tige Betätigungsfelder in Militär und Verwaltung und diplomatischen Diensten erwachsen. Aber um 1500 waren der alte Status dahin und die Verunsicherung groß. Mancher Reichsritter, wie der Hesse Ulrich von Hutten (1488–1523) oder der Badener Franz von Sickingen (1481–1523), wurden glühende Anhänger Luthers und der Reformation, von der sie sich die Rückkehr des Rittertums zu alter Größe erhofften.

Wiedergeburt von Kultur und Wissen

Am eindrücklichsten charakterisiert die „Renaissance" („Wiedergeburt") den Übergang vom Mittelalter zur Neuzeit. Die Reformation ist ohne sie nicht denkbar. Sie eignete sich das im Laufe des Mittelalters größtenteils vergessene antike Wissen wieder an durch das Studium der Literatur, der Künste und der Wissenschaften des römisch-griechischen Altertums. Nur wenige antike Autoren, darunter Aristoteles (384–322 v. Chr.) und die vier spätantiken „Kirchenväter" Augustinus, Gregor von Tours, Ambrosius und Hieronymus, spielten eine Rolle in der von der Kirche dominierten europäischen Geisteswelt des Mittelalters. Anders war es im Byzantinischen Reich, in dessen Bibliotheken viele Werke des Altertums bewahrt und die antike Tradition gepflegt wurden. Nach der Eroberung Konstantinopels durch die Osmanen 1453 flohen viele byzantinische Gelehrte, Künstler und Architekten ins benachbarte Ungarn und Italien, im Gepäck die Werke und Gedankenwelt antiker Kultur.

In Italien, wo Architektur und Kunst der Römer ohnehin noch am deutlichsten sichtbar waren, nahm die Renaissance als „Rinascimento" ihren Ausgangspunkt. Vor allem die Architektur, Bildhauerei und Malerei brachte den neuen Geist am Ende des 15. Jahrhunderts zum Ausdruck. Nach dem Vorbild antiker Architektur wurden nun Kirchen, wie die Sixtinische Kapelle im Vatikan, öffentliche Gebäude, Kaufhäuser und die Villen der Reichen in Florenz, Venedig, Mailand oder Rom errichtet. Wohlhabende Kaufleute, vor allem die wirtschaftlich wie politisch einflussreichen Medici in Florenz, aber auch Kardinäle und Päpste ließen sich um 1500 wahre Prachtpaläste im neuen Stil erbauen. Die bildende Kunst propagierte ein neues, „realistisches" Menschenbild, wie es die Antike entwickelt hatte. Körperlichkeit und Räumlichkeit gaben den Gemälden und Skulpturen von Meistern wie Michelangelo (1475–1564) oder dem Universalgenie Leonardo da Vinci (1452–1519) eine bis dahin unbekannte Intensität und Tiefe, die ganze Künstlergenerationen in Europa prägten und bis heute als klassisch gelten.

Auch das „Wiedererwachen" der Philosophie ging von Italien aus. Wichtige Quellen und Schriften antiker Autoren wurden übersetzt oder neu herausgegeben. Wegweisend für das „neue" Denken wurde Platon, neben Sokrates und Aristoteles einer

der Ahnherren der abendländischen Philosophie. Anders als sein Schüler Aristoteles, dessen systematisch angelegtes Werk von dem einflussreichen Scholastiker Thomas von Aquin (1225–1274) verfeinert wurde, behandelte Platon zentrale Fragen der Philosophie wie sein Lehrer Sokrates in Gesprächsform. Da er die antiken Philosophen, Künstler und Wissenschaftler entscheidend prägte, half seine Lektüre den Gelehrten der Neuzeit, das Denken der Antike zu erforschen und zu verstehen. Platons Auffassung, dass das Wesen des Wahren, Guten und Schönen in den Ideen jenseits der sinnlich wahrnehmbaren Welt liege, inspirierte die Philosophie der Renaissance und der Neuzeit.

Noch heute bietet der Petersdom eine atemberaubende Kulisse für die Feier der Heiligen Messe wie hier zu Ostern 2016. Der Neubau der Basilika unter Julius II. nach Entwürfen Bramantes begann 1506. Der kostspielige Bau wurde durch den sogenannten Peterspfennig und den Verkauf von Ablässen finanziert – besonders erfolgreich war hierbei der Dominikaner Johann Tetzel, dessen Wirken einer der Ausgangspunkte der Forderung nach Reformation durch Martin Luther sein sollte.

Die Schule von Athen – Raffaels Fresko, das dieser von 1510 bis 1511 in der Stanza della Segnatura im Vatikan schuf, vermittelt die herausragende Bedeutung der antiken Philosophie für die Renaissance.

Nördlich der Alpen fand die Renaissance nur zögerlich Widerhall, vor allem in der Architektur, wo die seit Jahrhunderten vorherrschende Gotik das Feld behauptete. Zwar holte auch Maximilian I. italienische Künstler an seinen Hof. Entschiedener aber setzte sich Martin Luthers Landesherr Kurfürst Friedrich von Sachsen für den neuen Stil ein. Er versammelte Renaissancebaumeister und -künstler um sich, die seinem Hof den Glanz italienischer Kultur verschaffen sollten. Der Künstler Lucas Cranach der Ältere (1472–1553) porträtierte den Kurfürsten, Martin Luther und seine Zeitgenossen lebensecht und ohne die lebensfremde Vergeistigung, wie sie zuvor in der Kunst üblich war. Seine Bilder wurden zu Ikonen der Reformation. Das deutsche Künstlergenie der Zeit und fränkische Pendant Leonardo da Vincis, Albrecht Dürer (1471–1528), war ein glühender Anhänger Luthers und sah in der Reformation die philosophisch-religiöse Folge der Renaissance. Ulrich von Hutten, stolzer Reichsritter und Schriftsteller, begrüßte die neue Zeit geradezu überschwänglich: „Es blühen die Studien, die Geister regen sich! Du, nimm den Strick, Barbarei, und mache dich auf Verbannung gefasst!“, schrieb der Verehrer Martin Luthers im Jahr 1518. Von Hutten sprach damit vielen gebildeten Zeitgenossen aus der Seele.

Auch nördlich der Alpen brach sich das neue Menschenbild Bahn. Albrecht Dürers lebensgroße Darstellung des „Adam“ von 1507 ist ein Meisterwerk der Renaissancekunst.

Der Humanismus

Im Unterschied zum umfassenden Begriff „Renaissance“ umschreibt „Humanismus“ vor allem die geistig-wissenschaftlichen Strömungen jener Epoche. Er hat seinen Ursprung in der damals aufkommenden Praxis, geisteswissenschaftliche Studienfächer, die sich auf menschliche Dinge und nicht auf göttliche bezogen, als „humanae litterae“ zu bezeichnen. Ein Gelehrter mit einer besonderen Passion in diese Richtung galt als „humanista“ oder „Humanist“. Auch den Humanisten ging es nicht um eine grundsätzlich neue, sondern um die Wiederbelebung alter Gelehrsamkeit. Gerade die nicht-theologischen Komponenten der freien Künste, die Dicht- und die

Redekunst und die Rhetorik, waren im Mittelalter stark vernachlässigt worden und erlebten nun ihre „Renaissance". Die Wiederentdeckung des alten griechischen, lateinischen und hebräischen Schrifttums, gerade auch antiker Prosa und Lyrik, beflügelte die Welt der Philosophie, Literatur und Bildung ungemein. Und wie Martin Luther seit seiner Zeit an der Eisenacher Lateinschule lernten ganze Generationen höherer Schüler die humanistische Literatur und das „neue Denken" kennen.

Um die Wende zum 16. Jahrhundert stritten an den höheren Schulen und Universitäten zwei Auffassungen von Bildung und zwei Bildungssysteme miteinander. Der noch vorherrschenden Scholastik, der „via antiqua", ging es im Wesentlichen darum, einmal festgelegte Lehrsätze und Lehrmeinungen ohne kritische Diskussion weiterzugeben. Die „via moderna" hingegen entwickelte eine kritische Empirie in den Wissenschaften, die allgemeine Aussagen auf der Grundlage von Erfahrungen und Beobachtungen hinterfragt. Der Schlachtruf der Humanisten lautete „ad fontes" („zu den Quellen"), ihre neue Methode das kritische Studium der Quellen. Die Humanisten bezweifelten jegliche nur angemaßte Autorität, wenn sie nicht in den Quellen zu belegen war. Luther griff das neue Verfahren auf und wandte es auf die Lehrsätze der Kirche an. Wittenberg zählte, wenig überraschend, zu den Zentren des deutschen Humanismus, ebenso Erfurt, Wien, Tübingen und Leipzig.

Gegner des Humanismus und der neuen wissenschaftlichen Methoden und Denkweisen waren vor allem die Dominikaner und die von ihnen geleiteten Hochschulen mit ihrem Zentrum, der Universität zu Köln. Sie brandmarkten jede Abweichung von der scholastischen Lehre und der christlichen Orthodoxie. Gegen sie wuchs eine Front von kritischen Humanisten, die die Verstocktheit und die immer unverständlicher werdenden Auslegungen der Scholastik mit zum Teil spöttischen Flugschriften und anderen Veröffentlichungen anprangerten. Einen Höhepunkt erreichten die öffentlich, mit Pamphleten geführten Auseinandersetzungen ab 1510. Damals wurde der Humanist Johannes Reuchlin (1455–1522), einer der ersten und führenden nicht-jüdischen Hebraisten, aufgrund seiner hebräischen Studien und Quellenpublikationen auf Betreiben der Dominikaner wegen des Verdachts auf Häresie angezeigt.

Der Humanismus bereitete den Boden für die aufkommende Reformation – für einige kirchenkritische Humanisten, wie Erasmus von Rotterdam, war eine Reform der Kirche jedoch auch „von innen" möglich. Reformatorengruppe nach Lucas Cranach d. J., v. l. Johannes Forster, Georg Spalatin, Martin Luther, Johannes Bugenhagen, Erasmus von Rotterdam, Justus Jonas, Caspar Cruciger und Philipp Melanchthon.

Ihm sprangen Ulrich von Hutten und der Humanist Crotus Rubeanus (Johannes Jäger, 1480–1539) bei. Mit ihren „Epistolae obscurorum virorum" („Dunkelmännerbriefen") ließen sie über Nacht eine kritische Öffentlichkeit entstehen, die nun über den „Reformstau" in Bildung, Kirche, Staat und Gesellschaft diskutierte.

Der Humanismus und die neuen Wege in Wissenschaft und Bildung waren Voraussetzungen der Reformation, sind aber nicht mit ihr gleichzusetzen. Im Gegenteil hatten gerade in der Frühzeit der Renaissance die Päpste die Forschung in den antiken Schriften gefördert, zumal neue Erkenntnisse über die frühen und frühsten Zeiten des Christentums zu gewinnen waren. Und nicht jede Kritik an der Kirche war fundamental. Viele kirchenkritische Humanisten waren überzeugt, dass die Kirche „von innen" zu reformieren ist. Der berühmteste Gelehrte und Humanist Europas, Erasmus von Rotterdam, der in regem Schriftverkehr mit Martin Luther stand, teilte dessen Kritik an hohlen katholischen Riten, am Ablasshandel oder an korrupten Päpsten, stellte aber nie das Papsttum selbst infrage. Aus anfänglicher, gegenseitiger Sympathie wurde Gegner- und schließlich Feindschaft. Da sich Erasmus nicht offen zur Reformation bekannte, wurde Luther in seiner Kritik immer schärfer. „Wer den Erasmus zerdrückt, der würget eine Wanze, und diese stinkt noch tot mehr als lebendig", soll der um derbe Ausdrücke selten verlegene Luther nach dem endgültigen Bruch mit Erasmus geäußert haben.

„Ego sum Papa" – Karikatur auf Papst Alexander VI. als Teufel. Der Spanier Rodrigo Borgia war nicht nur ein wahrer Renaissancefürst und Machtpolitiker, der Stellvertreter Christi auf Erden missfiel seinen Zeitgenossen vor allem durch seinen weltlichen Lebenswandel.

Entfremdung von der Kirche

Natürlich blieb auch die Kirche nicht unberührt von den großen Umbrüchen der Zeit. Auch hier gab es den Ruf nach Reformen, die allerdings eher „von unten" kamen und in der Kirchenführung mit ihren zunehmend verkrusteten Strukturen kaum Gehör fanden. Seit dem Spätmittelalter hatten sich große Teile der Kirchenbasis aus Laien, niederer Geistlichkeit und einzelnen Klostergemeinschaften zunehmend innerlich von Rom und den Bischöfen entfernt. Unabhängig von der „Amtskirche" stillte man die Sehnsucht nach Antworten in bewegter Zeit mit wachsender Spiritualität, Hinwendung zu Mystik und tiefer Frömmigkeit. Herausragend und typisch war die „devotio moderna" („neue Frömmigkeit"), eine Ende des 14. Jahrhunderts in den Niederlanden aufgekommene Laienbewegung, die sich bis zum Beginn des 16. Jahrhunderts in ganz Nord- und Mitteleuropa verbreitete. Überall bildeten sich Wohngemeinschaften von Männern oder Frauen, die sogenannten „Brüder und Schwestern vom Gemeinsamen Leben", die als eine Übergangsform zwischen mittelalterlichem Klerikerorden und reformatorischem Gemeindechristentum gelten können. Der Leitspruch der Gründergemeinschaften in den Niederlanden, „met een boekje in een hoekje", sich mit einem erbaulichen Buch in eine stille Ecke zurückzuziehen und bei Lektüre ein eigenes Urteil im Glauben zu bilden, drückte einen neuen Weg aus, Frömmigkeit, Glauben und humanistische Bildung miteinander zu verbinden. Auch Martin Luther lebte während seines Schulbesuchs in Magdeburg Ende des 15. Jahrhunderts in einer solchen Gemeinschaft.

Dass sich die Amtskirche von den Gläubigen entfernt hatte, hing nicht nur mit mangelnder „Basisarbeit" und Seelsorge zusammen. Die Menschen nahmen deutlich wahr, dass höhere und mit erheblichen Einnahmen (Pfründen) verbundene Stellen für Bischöfe, Domherren oder Äbte fast ausschließlich mit Angehörigen des Adels besetzt wurden. Häufig hatten diese sogar mehrere Ämter zugleich inne und behielten zudem ihre profane Lebensform bei. Besonders Klöster und Domkapitel galten landläufig als „Spitäler des Adels", mit deren Leitung nachgeborene Söhne versorgt wurden. Eine besondere theologische oder seelsorgerische Qualifikation oder Fähigkeit war dafür weder erforderlich noch damit verbunden. Die höchsten kirchlichen Ämter im Reich, in den Erzbistümern Köln, Trier und Mainz, waren sogar in erster Linie politische und ihre Träger gehörten zu den mächtigsten Landesherren. Die Kehrseite dieser Entwicklung war, dass auch die mit geringen Einkommen verbundenen Stellen des niederen Klerus häufig mit theologisch nicht oder mangelhaft ausgebildeten Männern besetzt wurden. So kam es, dass sich mancher Dorfgeistliche den Lebensformen seines Milieus anpasste, mit einer Frau zusammenlebte, nebenbei Geschäfte betrieb oder eine Gastwirtschaft führte. Darunter litten die seelsorgerische Tätigkeit und die Gemeindearbeit. Doch wurden die Gebühren für kirchliche Verrichtungen weiter rigoros eingetrieben. Beide Auswüchse, sowohl an der Spitze der kirchlichen Hierarchie als auch an ihrer Basis, führten zu einer Entfremdung der Gläubigen von ihrer Kirche.

Hinzu kamen weitere Fehlentwicklungen, wobei der von Luther angeprangerte Ablasshandel nur die Spitze des Eisbergs war. Praktisch alle Sakramente wurden verdinglicht, quantifiziert und fiskalisiert. Mit der Anzahl der nach dem Tode gelesenen Messen konnte sich der reiche Kaufmann oder der Fürst das Seelenheil sichern, wobei die Zahl der Messen mitunter in die Tausende gehen konnte: ein lukratives Geschäft für die Geistlichkeit! Die Schenkungen von Kapellen, Gemälden für die Kirchenausstattung oder kostbaren Messgeräten nahmen ungeahnte Ausmaße an, ebenso der Reliquienkult und -handel. Auch hier hatte die Kirche ihre Finger mit im Spiel, denn nur sie konnte, natürlich gegen Gebühren, die „Echtheit“ von Reliquien zertifizieren. Das dabei die Grenzen fließend waren, zeigte das Beispiel von Martin Luthers Landesherrn Friedrich III., der einer der aktivsten Reliquiensammler seiner Zeit war, zugleich aber humanistisch gesinnt und der Reformation gegenüber aufgeschlossen. Die weniger betuchten Christen hatten diese kostspieligen Möglichkeiten zur Erlangung göttlicher Gnade nicht, aber auch für sie stand ein breites Spektrum von Aberglauben und Quacksalbereien bereit.

Am weitesten entfernt von der Kirche, so hatte es zumindest für viele Zeitgenossen den Anschein, hatte sich um die Wende zum 16. Jahrhundert der Papst bzw. die Institution des Papsttums. Auf dem Konzil von Konstanz (1414–1418) konnte zwar das große „Abendländische Schisma“ mit zwei, zeitweise sogar drei in Rom, Avignon und Pisa zeitgleich amtierenden Päpsten beendet werden. Die auf jenem Konzil geplante große Kirchenreform an „Haupt und Gliedern“, wie es Luther 100 Jahre später gefordert hat, blieb jedoch aus. Stattdessen präsentierte sich das erneuerte Papsttum nun stärker als zuvor und forcierte die innerkirchlichen, auf Rom ausgerichteten Zentralisierungsbestrebungen. Die um 1500 amtierenden Päpste galten zudem als „verweltlicht“: Einerseits investierten sie Unsummen in ihre prachtvolle Hofhaltung. Andererseits mussten sich die Päpste als Oberhäupter des Kirchenstaats in den kriegerischen Auseinandersetzungen um Italien behaupten, in die wiederum die großen Mächte Europas verwickelt waren. Es hatte den Anschein, dass die Führung der Kirche für die Päpste nur noch ein Nebenamt war. Viele Menschen zweifelten daran, dass die Kirchenfürsten überhaupt in der Lage waren, die Kirche zu reformieren.

Reliquiare sind zum einen Ausdruck tiefster Volksfrömmigkeit und zugleich kostbare Kunstwerke. Der Handel mit Reliquien entwickelte sich im Mittelalter zu einem lukrativen Geschäft, die Wallfahrt zu einer wichtigen Einnahmequelle für Kirchen und Städte. Kreuzigungsgruppe, Hallwyl-Reliquiar aus Gold und Silber mit Diamanten und Rubinen, vor 1470.

Genius loci – Wittenberg und Sachsen zur Zeit Luthers

Die Gefahr war groß, in der Luther und die ersten Reformatoren in Sachsen schwebten. Mächtige Gegner in Rom und im Reich versuchten, die neue Glaubensbewegung im Keim zu ersticken. Zum Glück regierte ein selbstbewusster und toleranter Fürst Luthers Heimat: Ohne den Schutz des mächtigen Kurfürsten Friedrich III., auch „der Weise" genannt, hätte es die Reformation womöglich gar nicht gegeben. Denn Friedrich beschützte nicht nur Luther und seine Anhänger, er war es auch, der mit der Gründung der Universität Wittenberg die Institution schuf, von der die Reformation ausgehen sollte.

Das Augusteum entstand als Erweiterungsbau der Universität Wittenberg Leucorea. Der repräsentative Schaufassadenbau beherbergt heute das evangelische Predigerseminar und dessen Bibliothek. Vom Eingangsportal des Augusteums gelangt man in den Innenhof und erblickt das ehemalige Wohnhaus Martin Luthers.

Mitteldeutschland – Heimat der Reformation

Luthers Heimat war Mitteldeutschland, genau genommen der Raum Sachsen-Thüringen. Hier wurde er geboren, ging zur Schule, studierte und arbeitete als Theologe bis zu seinem Tod. Bis auf wenige Ausnahmen hat der weltweit wirkende Reformator seine Heimat nicht verlassen. Sie war der Grund, auf dem er sicher stand, aber auch der Ursprung der Reformation, die in Wittenberg ihren Ausgang nahm. Die besonderen politischen Konstellationen der Region, kulturelle und wirtschaftliche Eigenheiten, die handelnden Personen, nicht zuletzt persönliche Freund- und Feindschaften spielten dabei eine entscheidende Rolle. Der besondere „genius loci" („Geist des Ortes") zog viele andere Sinnsucher, Intellektuelle, Künstler und Reformatoren an oder beeinflusste sie. Die Reformation war mitteldeutsch geprägt.

Versucht man den „genius loci" der frühen Reformation genauer zu verorten, wird es schwierig, denn der mitteldeutsche Raum war um das Jahr 1500 politisch stark zergliedert. Martin Luther selbst hat sein Leben in einem Umkreis von etwa 150 Quadratkilometern verbracht, aber zugleich in drei mehr oder weniger unabhängigen Herrschaftsgebieten, drei verschiedenen „Staaten", gelebt: Seine Kindheit und Jugend verbrachte er in der Grafschaft Mansfeld; als Lateinschüler wohnte er in Eisleben, das zum Kurfürstentum Sachsen gehörte; den Studenten zog es nach Erfurt, das mit dem Erzbistum Mainz um seine Selbstständigkeit kämpfte; seinen Lebensmittelpunkt fand Luther schließlich im kursächsischen Wittenberg.

Friedrich III., „der Weise" als Beschützer der Reformation, Lucas Cranach zugeschriebenes Gemälde. Der Hof des sächsischen Kurfürsten zog bedeutende Humanisten an, Künstler und Denker fanden hier eine neue Heimat.

Manche dieser Staaten waren erst im Spätmittelalter entstanden und gerade um die Zeit von Martin Luthers Geburt hatte es große Gebietsveränderungen und Machtverschiebungen gegeben. Der Kurfürst von Sachsen strebte größere Macht und Selbstständigkeit gegenüber König, Kaiser und Papst an – auch in religiösen Dingen, die ohnehin eng mit politischen und wirtschaftlichen Aspekten verknüpft waren. Die Ereignisse um den Ablasshandel und die Anfänge der Reformation fielen genau in jene Zeit, wurden dadurch hochpolitisch und zu Streitpunkten auch zwischen den mitteldeutschen Fürstenhöfen. Die Fronten zwischen Unterstützern und Gegnern der Reformation bildeten sich zunächst hier und wurden im gewissen Sinne Vorlage für den weiteren Verlauf des Konflikts.

Sachsen: vom Stammesherzogtum zum Kurfürstentum

Im Zentrum der Auseinandersetzungen stand das Kurfürstentum Sachsen, neben dem benachbarten Kurfürstentum Brandenburg die bedeutendste Herrschaft in Mitteldeutschland mit großem Einfluss auf die Reichspolitik. Hervorgegangen war es aus dem Stammesherzogtum Sachsen, das im Früh- und Hochmittelalter große Gebiete der heutigen Länder Niedersachsen, Bremen, Nordrhein-Westfalen (Westfalen und Lippe) und Sachsen-Anhalt umfasste. Nach der Entmachtung des Sachsenherzogs Heinrich der Löwe (um 1129/35–1195) im Jahr 1180 wurde das Territorium geteilt. Mit dem östlichen Teil, auf den der Name „Sachsen" überging, belehnte Kaiser Friedrich Barbarossa (um 1122–1190) das Geschlecht der Askanier. Gut 100 Jahre später zerfiel dieses Sachsen durch Erbteilung erneut: in die Herzogtümer Sachsen-Lauenburg und Sachsen-Wittenberg. Die Herzöge von Sachsen-Wittenberg erhielten 1356 die Kurwürde und gehörten damit zu den einflussreichsten Fürsten im Heiligen Römischen Reich.

Doch nicht die Askanier, sondern das Geschlecht der Wettiner sollte zum ersten Schirmherrn der Reformation werden. Ihr Stammsitz war die Burg Wettin in der Nähe von Halle. Im 11. Jahrhundert zu Markgrafen der Lausitz berufen, erwarben sie im 12. Jahrhundert auch die Markgrafschaft Meißen und waren vom 13. bis zum 15. Jahrhundert auch die Landgrafen von Thüringen. Als 1422 der Sachsenherzog Albrecht III. von Askanien (1375/80–1422) ohne Nachfolger starb, schlug die Stunde der Wettiner. Als treuer Gefolgsmann des römisch-deutschen Königs und späteren Kaisers Sigismund (1368–1437) erhielt der Wettiner Friedrich IV. (1370–1428) im Jahr 1423 das Herzogtum Sachsen-Wittenberg zusammen mit der Pfalzgrafschaft Sachsen (in der Saale-Unstrut-Region westlich und südwestlich von Halle gelegen) als Lehen. Das große Territorium, vor allem aber die Kurwürde bedeuteten einen enormen Prestige- und Machtgewinn für das Haus Wettin. Eine neue Ära begann und Friedrich IV. nannte sich als Kurfürst und Herzog von Sachsen nun Friedrich I.

Die Thüringer Landesausstellung „Die Ernestiner. Eine Dynastie prägt Europa" in den ehemaligen Residenzstädten Weimar und Gotha präsentierte 2016 mit einmaligen Exponaten von der Reformation bis zum Ende der Monarchie 1918 die durch die „Leipziger Teilung" entstandene „ernestinische Linie" der Wettiner. Rüstung von 1530 und Bildnis von Kurfürst Johann Friedrich I., gemalt in der Werkstatt von Lucas Cranach d. Ä., im Neuen Museum in Weimar, um 1540/45.

In der Lutherstadt Wittenberg feiern die Bürger den Reformationstag auf dem gefüllten Marktplatz vor dem Rathaus (l.) und der Marktkirche (r.). Unter Friedrich III. erlebte die Residenzstadt eine kulturelle wie wirtschaftliche Blütezeit.

Die neue Machtfülle der Wettiner währte allerdings nur kurz. Im Sommer des Jahres 1485 verfügte der Enkel Friedrichs, Kurfürst Ernst von Sachsen (1441–1486), in Leipzig die „Leipziger Teilung" der sächsisch-wettinischen Erblande: Er selbst blieb Oberhaupt des Kurfürstentums Sachsen und begründete die „ernestinische Linie" der Wettiner; sein jüngerer Bruder Albrecht III. behielt den Titel Herzog von Sachsen und wurde Stammvater der „Albertiner". Beide Linien der Wettiner blieben eng verbunden. Es gab gemeinsame Besitztümer,

Einkünfte und Rechte. Das „albertinische" Herzogtum Sachsen lag im Kerngebiet des heutigen Bundeslandes Sachsen und des südlichen Teils von Sachsen-Anhalt. Das „ernestinische" Kurfürstentum erstreckte sich schlauchförmig von Belzig und Wittenberg im Norden bis zur „Zwickauer Mulde" im Süden. Hinzu kamen große Gebiete im Thüringischen zwischen Werra und Gera mit Eisenach und Gotha und an

der mittleren Saale mit Jena, Weimar und Saalfeld sowie im Südwesten das Gebiet um Coburg.

Friedrich der Weise – ein Fürst neuen Typs

Bald nach Vollzug der „Leipziger Teilung" starb 1486 Ernst von Sachsen. Sein Nachfolger wurde sein ältester Sohn Friedrich (1463–1525). Gleich zu Beginn seiner Regentschaft verlegte der erst 23-Jährige Hof und Regierungssitz von Weimar in das vermeintlich ungünstig im Nordosten des jungen Fürstentums gelegene Wittenberg. Neben Weimar schienen Gotha, Torgau oder Coburg als Residenz besser geeignet, gab es hier doch schon repräsentative Schlossbauten. Friedrich III. aber war ein Herrscher

Der Marien- und Heiligenkult war fester Bestandteil gelebter Frömmigkeit, nicht nur beim einfachen Volk. Maria, von Friedrich dem Weisen verehrt, Holzschnitt von Lucas Cranach d. Ä., um 1513.

neuen Typs am Beginn der Neuzeit: Im noch kulturell wenig geprägten Wittenberg konnte er seine Vorstellungen eines „modernen" Regierungssitzes durch zahlreiche repräsentative Neubauten viel besser verwirklichen. Außerdem lag Wittenberg im Zentrum des eigentlichen Kurlandes Sachsen-Wittenberg, das es gegen die Konkurrenten im Norden und Westen, dem Kurfürstentum Mark Brandenburg und dem Erzstift Magdeburg, abzusichern galt. Die beschauliche Stadt erlebte in den folgenden Jahrzehnten als Residenz- und Verwaltungssitz eine Blütezeit.

Nichts deutete darauf hin, dass die Residenzstadt zum Ausgangspunkt und Zen-

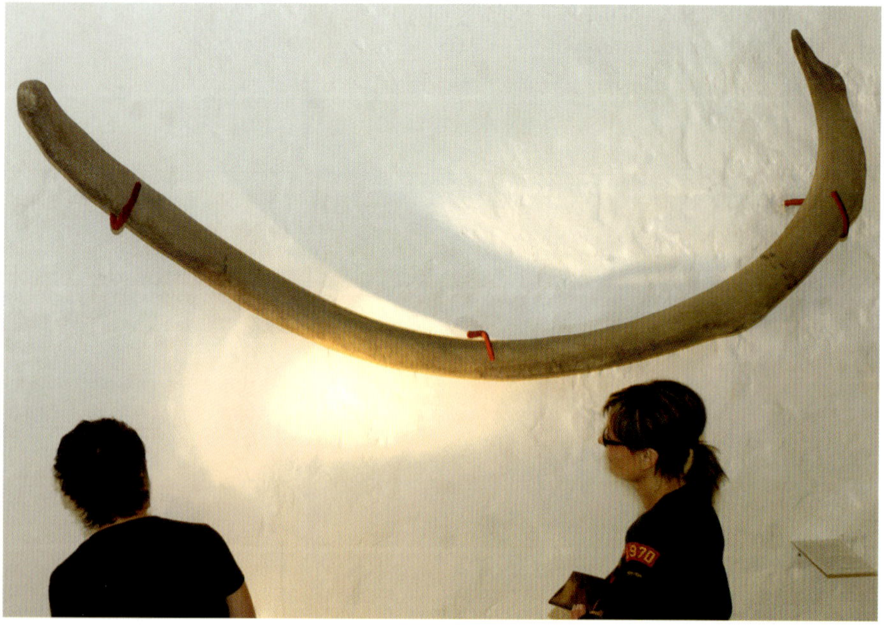

Diese „Riesenrippe" wurde einst in der Schlosskirche in Wittenberg als Knochen eines alttestamentlichen Riesen gezeigt. Die Rippe eines Wals gehört zu den wenigen erhaltenen Reliquien der aus mehr als 19.000 Stücken bestehenden „Heiltumssammlung" Friedrichs des Weisen.

trum der Reformation werden sollte. Friedrich III., später auch „der Weise" genannt, war einer der einflussreichsten Fürsten der Zeit und 1507/08 offizieller Generalstatthalter Kaiser Maximilians im Reich. Er war im Katholizismus verwurzelt, ein überaus frommer Mensch, der täglich die Messe besuchte und den zeittypischen Marien- und Heiligenkult mit seinem Wunderglauben zelebrierte. Auch das Ablasswesen war dem Fürsten alles andere als fremd. 1493 wallfahrte er ins Heilige Land, wo er in Jerusalem mit anderen deutschen Fürsten und Edelleuten zum „Ritter vom Heiligen Grab" geschlagen wurde. In Palästina legte er den Grundstock seiner Reliquiensammlung, die im Laufe der Zeit zu einer der größten ihrer Zeit anwuchs. Der leidenschaftliche Sammler besaß bald mehr als 19.000 Reliquien, die nach damaliger Vorstellung dem „Gegenwert" von nahezu 100.000 Jahren Ablass entsprachen.

Eigens zur Unterbringung seiner immensen Sammlung ließ Friedrich Anfang des 16. Jahrhunderts als Anbau zum neuen Schloss die Stifts- oder Schlosskirche errichten – die Kirche also, an deren Portal Martin Luther 1517 seine 95 Thesen gegen den Ablass plakatieren sollte. Der Ablasshandel war auch in Kursachsen zugelassen. Allerdings nur, wenn deren Gewinne neben dem Papst auch dem Kurfürsten zugutekamen. Friedrich investierte die Einnahmen in „fromme Werke" wie den Ausbau der 1502 gegründeten Universität, das „Allerheiligenstift" oder die Schlosskirche.

Schutzherr Luthers, Förderer der Reformation und gläubiger Katholik

Der Ablasshändler Johann Tetzel durfte in Kursachsen nicht praktizieren, denn seine Einnahmen flossen an Erzbischof Albrecht von Brandenburg. Zudem lehnte Friedrich III. die Praktiken Tetzels ab, in diesem Punkt war er sich mit seinem Un-

Die um 1500 von Conrad Pflüger erbaute Schlosskirche in Wittenberg, links die Thesentür, Holzschnitt, von Lucas Cranach d. Ä., 1509.

tertan Martin Luther einig, doch waren die Gründe des Herrschers andere als die des Reformators. Die theologischen Überlegungen Luthers waren dem Kurfürsten weitgehend fremd. Bei ihm standen eher politische Überlegungen im Vordergrund: Als ein „frühmoderner" Fürst war Friedrich Anhänger der Reichsreformpläne, die auf die Stärkung und Unabhängigkeit der Territorialfürsten abzielten. Eine Einmischung in die „inneren Angelegenheiten" seines Staates lehnte er entschieden ab. Das betraf die Politik des benachbarten Kirchen- und Landesfürsten Erzbischof Albrecht von Brandenburg, die Kirchen- und Machtpolitik der Römischen Kurie, aber auch die Herrschaftsambitionen der Kaiser aus dem Hause Habsburg.

Als sich die Ereignisse rund um den Ablassstreit nach 1517 zuspitzten und vom theologischen Streit zu einem politischen Konflikt wurden, schützte Friedrich III. sein Landeskind Martin Luther und demonstrierte damit gegenüber den anderen Fürsten, der Kirche und dem Kaiser seine Souveränität. Zunächst ließ er ihn gewähren und seine Thesen und Streitschriften veröffentlichen. Nach der Exkommunikation durch den Papst sorgte Friedrich dafür, dass Luther freies Geleit zum Reichstag nach Worms zugesichert wurde, und gewährte ihm nach Verhängung der Reichsacht Schutz auf der thüringischen Wartburg – ein Affront gegen den soeben erst gekrönten Kaiser Karl V. (1500–1558).

Kurfürst Friedrich III. hat sich selbst nie zur Reformation bekannt und blieb der römisch-katholischen Kirche zeitlebens treu. Neutral, aber wohlwollend duldete er die reformatorischen Aktivitäten an der Universität Wittenberg, sodass sich die Reformation von hier aus ungehindert im ganzen Reich ausbreiten konnte. Auch die wachsende Zahl der Anhänger des neuen Glaubens an seinem Hof, an dem eifrig alle Lutherschriften studiert wurden, ließ er gewähren. Sein Hofkaplan und Schreiber, der Theologe Georg Burkhardt Spalatin, war ein Freund Luthers und schuf eine ständige Verbindung zwischen den beiden Männern, die sich nie persönlich begegneten. Vor allem bot Friedrich III. Martin Luther Schutz vor Papst und Kaiser und gab dem Reformator damit überhaupt erst die Möglichkeit, sein Werk fortzuführen. Sicher ungeplant bereitete der wegen seiner Förderung von Wissenschaft und Kunst, aber auch seiner zurückhaltenden und dennoch eindeutigen Politik als „der Weise" geschätzte Kurfürst der Ausbreitung der Reformation so überhaupt erst den Weg. Deren weitere Entwicklung konnte er nicht voraussehen. Doch scheint sich Friedrich der Weise dem neuen Glauben am Ende seines Lebens angenähert zu haben. Wenige Wochen vor seinem Tod fand auf seinem Schloss bei Torgau erstmals der Gottesdienst nach Luthers Ordnung statt und zwei Wochen später empfing er das Abendmahl durch seinen Vertrauten Spalatin in beiderlei Gestalt.

Albrecht von Brandenburg, Erzbischof von Mainz und politischer Gegenspieler Friedrichs des Weisen, lebte nacheinander mit zwei Frauen in eheähnlichen Verhältnissen. Seine Lebensgefährtin Elisabeth „Leys" Schütz soll auf dem Gemälde Lucas Cranachs d. Ä. „Kardinal Albrecht von Brandenburg als Hl. Erasmus und die Hl. Ursula" von 1524 abgebildet sein.

Als „Junker Jörg" auf der Wartburg

Keine Geschichte rund um Martin Luther ist so bekannt und zugleich so legendär wie seine abenteuerliche Flucht vom Wormser Reichstag und sein Untertauchen auf der thüringischen Wartburg als „Junker Jörg".

Luther als Junker Jörg auf einem Gemälde von Lucas Cranach d. Ä., um 1521. Die Mönchstonsur verschwand, der Reformator fand inkognito auf Betreiben seines Landesherrn Unterschlupf auf der Wartburg bei Eisenach.

Nachdem Karl V. am 26. Mai 1521 die Reichsacht über ihn verhängt hatte, galt Martin Luther als rechtlos und vogelfrei. Im Grunde konnte ihn jeder festnehmen oder sogar töten. Luther war zum Zeitpunkt des Bannes aber längst in Sicherheit. Bereits Ende April/Anfang Mai hatte er Worms in Richtung Heimat verlassen – noch genoss er das vom Kaiser zugesicherte freie Geleit. Mit einem Tross von Anhängern zog er von Ort zu Ort, wo er vor wachsenden Menschenmengen predigte. Aber offenbar hatte er einen Plan, zumindest eine Ahnung, was auf ihn zukam: Seinem Freund Lucas Cranach schrieb er unterwegs aus Frankfurt am Main: „Ich laß mich eintun und verbergen, weiß selbst noch nicht wo". Nachdem er auch in Eisenach, jetzt auf „sicherem" kursächsischem Gebiet, gepredigt hatte, trennte er sich von seiner großen Reisegruppe, um Verwandte südöstlich von Eisenach zu besuchen.

Begleitet nur noch vom Kutscher, einem Augustinermönch und einem (vermutlich eingeweihten) landesherrlichen Beamten wurde die kleine Gruppe am Abend des 4. Mai auf der Höhe von Bad Liebenstein im Thüringer Wald von Reitern Friedrichs III. zum Halten gezwungen. Luther musste aussteigen, wurde zu Fuß davongetrieben und später per Pferd auf die rund 20 Kilometer entfernte kursächsische Wartburg gebracht. Die überraschten Begleiter – man glaubte an einen kaiserlich-katholischen Überfall (und der Beamte spielte mit) – wurden verscheucht. Luthers Ordensbruder berichtete sogleich von der schändlichen Entführung, mit fulminanter publizistischer Wirkung. Die gelehrte Öffentlichkeit war entrüstet ob des vermeintlichen kaiserlichen Rechtsbruchs. Albrecht Dürer notierte in sein Tagebuch, „dass man Martin Luther so verräterlich gefangen hätt. [...] Und lebt er noch oder haben sie ihn gemördert, das ich nit weiß".

Inwieweit Luther wirklich in die Aktion eingeweiht war, lässt sich nicht mehr rekonstruieren. Spätestens auf der Wartburg wird ihm aber klar geworden sein: Kurfürst Friedrich hatte die Entführung vorgetäuscht, um Luther der realen Gefahr einer Gefangennahme zu entziehen. Wenn sein Schützling einige Zeit aus dem öffentlichen Rampenlicht verschwinden würde, dachte der Kurfürst, würden sich die Wogen vielleicht etwas glätten. So blieb Luther vorläufig auf der Wartburg, inkognito als „Junker Jörg", die Mönchstonsur verschwand. Er litt sehr unter der Isolation und berichtete später, er sei häufig vom Teufel belästigt worden. Eines Nachts habe er den Teufel mit dem Wurf seines Tintenfasses vertrieben. Eine Legende war geboren: Der vermeintliche Tintenfleck in der Lutherstube auf der Wartburg wurde immer wieder nachgefärbt, wenn er zu verblassen drohte. Heute nimmt man an, Luther habe mit seiner Erzählung sagen wollen, er habe den Teufel und damit das „Böse" und Falsche mit der Tinte seiner Schriften vertrieben. Tatsächlich nutzte der Reformator auf Anraten seines Freunds Philipp Melanchthon die Zeit in „Schutzhaft", um das Neue Testament in ein neues, zeitgemäßes und verständliches Hochdeutsch zu übersetzen. Im März 1522 kehrte Luther trotz bestehender Reichsacht nach Wittenberg zurück. Die Reformation drohte ohne ordnende Hand aus den Fugen zu geraten.

Wittenberg und die „Leucorea“

Die am Beginn der Neuzeit entstehenden Regierungs- und Verwaltungssitze der aufstrebenden Territorialstaaten waren mit ihren zahlreichen und gut ausgebildeten Beamten sowie den vielfältigen politischen, wirtschaftlichen und kulturellen Einrichtungen Motoren der städtischen Entwicklung. Auch das im 12. Jahrhundert an einer Furt über die Elbe entstandene Wittenberg, eine mit rund 2.000 Einwohnern vergleichsweise kleine, wenn auch nicht unbedeutende Handelsstadt, profitierte von dem Wandel zur Residenz. Handel und Gewerbe blieben zwar wichtige Wirtschaftsfaktoren, aber mit dem Hof kamen zahlreiche Beamte und Adlige in die Stadt. Die Universität erhielt Professoren, Doktoren und Magister und zog wohlhabende Studenten an. Innerhalb weniger Jahre veränderte sich die Bevölkerungs- und Wirtschaftsstruktur grundlegend. Vor allem wuchs die Schicht des gebildeten Bürgertums. Für den Bau, die Ausstattung und den Unterhalt des prächtigen neuen Schlosses hatte Friedrich zudem eine ganze Armada berühmter Renaissancearchitekten, Künstler und Kunsthandwerker in Wittenberg versammelt. Viele von ihnen blieben dauerhaft, sodass bald nirgendwo im Reich der Anteil berühmter Kunstschaffender an der Bevölkerung so groß war wie im beschaulichen Wittenberg.

Das Lutherzimmer auf der Wartburg – in der Abgeschiedenheit und Isolation seiner „Schutzhaft“ übersetzte Martin Luther das Neue Testament in die deutsche Sprache.

Blick über den Turm am südlichen Flügel vom Schloss Wittenberg auf die Schlosskirche. Das Schloss ist Bestandteil des Unesco-Weltkulturerbes. Das Schlossensemble wird zum Reformationsjubiläum 2017 grundlegend umgestaltet.

Disputationskatheder im Lutherhaus zu Wittenberg. Das im Laufe der Reformation verwaiste Kloster überließ der Kurfürst 1524 Martin Luther und seiner Familie, die es bis zum Tode Luthers bewohnte.

Zu ihnen zählte auch Lucas Cranach der Ältere, der 1504 vom Kurfürsten zum Hofmaler ernannt wurde und 1505 vom Kaiserhof in Wien nach Wittenberg zog. Mit seiner erfolgreichen Malwerkstatt gehörte er bald zu den wohlhabendsten Bürgern der Residenzstadt.

Entscheidend für die Entwicklung der Stadt und der Reformation war die Gründung der Universität im Jahr 1502. Ihr Name, „Alma Mater Leucorea", leitete sich von der griechischen Bezeichnung „leukos oros", „weißer Berg", ab, in Anlehnung an den Namen Wittenberg. Friedrich III. hatte sie gegründet, weil er Fachleute für seine Verwaltung benötigte, vor allem Juristen, aber auch Theologen und Mediziner. Von Humanismus und Renaissance geprägt, wollte er Künste und Wissenschaften in seinem Land fördern. Die Universität galt dem selbstbewussten Territorialherrn als bestes Mittel, um seine Macht zu stärken und zu repräsentieren. Friedrich III. demonstrierte mit der Gründung der Leucorea sein Selbstbewusstsein als souveräner Herrscher. Denn im Reich war es eigentlich allein der Kirche bzw. dem Papst vorbehalten, Universitäten zu gründen. Friedrich III. wartete jedoch nicht auf die päpstliche Genehmigung. Nach Erteilung des kaiserlichen Privilegs durch Maximilian I. im Sommer 1502 eröffnete er die Wittenberger Universität am 18. Oktober 1502 feierlich. Sie war die erste landesherrliche Universitätsgründung im Reich überhaupt, der schon bald weitere folgen sollten. Unter ihrem ersten Dekan Martin Pollich von Mellerstadt (1455–1513), dem Leibarzt des Kurfürsten, wurden die ersten 412 Studenten in den Räumen des Wittenberger Augustiner- und des Franziskanerklosters unterrichtet. 1503/04 entstand im Renaissancestil das „Collegium Fridericianum" als erster und heute noch bestehender Universitätszweckbau. Als Rom im Jahr 1507 nachträglich die päpstliche Genehmigung erteilte, hatte die Leucorea bereits einen hervorragenden Ruf weit über die Landesgrenzen Kursachsens hinaus. Sie galt als fortschrittlich und rückte schnell zu einer der meistbesuchten Hochschulen des Reichs auf.

Entscheidend für den Erfolg der Universität war die Anstellung angesehener Professoren, zunächst in der juristischen Fakultät. Hieronymus Schurff (1481–1554), Jurist und Humanist, lehrte bereits seit Gründung im Herbst 1502 in Wittenberg, vor allem Kirchenrecht. Sein Kollege Christoph Scheurl (1481–1542), seit 1507 in Wittenberg, entwarf für die junge Universität neue Statuten nach Vorbild der humanistisch geprägten Universität von Bologna. Bald nach der Berufung Martin Luthers zum ordentlichen Professor im Jahr 1512 begann die Blütezeit der Wittenberger Universität und ihrer Theologischen Fakultät. Luthers Kollege und Freund Georg Spalatin, Theologe, Jurist und Humanist, war bereits seit 1514 Leiter der im Schloss untergebrachten Universitätsbibliothek und Beichtvater des Kurfürsten.

Durch den Ablassstreit wurden die Universität und ihr rebellischer Theologieprofessor im ganzen Reich berühmt. Das lockte nicht nur weitere kritische Studenten an, sondern auch andere Geistesgrößen der Zeit. Der bedeutendste unter ihnen war zweifellos der Altphilologe Philipp Melanchthon, seit 1518 an der Leucorea und bald engster Vertrauter Luthers. Andere humanistische Gelehrte Wittenbergs wandelten sich unter Einfluss ihrer Kollegen zu leidenschaftlichen Reformatoren. Am bedeutendsten war der Theologe Andreas Rudolf Bodenstein, nach seinem Geburtsort im Fränkischen „Karlstadt" genannt, der seit 1505 in Wittenberg lehrte. Er begleitete Luther 1518 zur „Leipziger Disputation", wo er zwischen Johannes Eck und seinem Wittenberger Kollegen zu vermitteln suchte. Nach dem päpstlichen Bann gegen Luther wandte er sich radikal von der Papstkirche ab und wurde der führende Kopf der „Wittenberger Bewegung", die Luthers Reformschriften in die Praxis umsetzen wollte.

Bildnis Karlstadts, eigentlich Andreas Bodenstein, rechts im Hintergrund ist der Bildersturm vom 6. Februar 1522 dargestellt, als dessen Initiator Karlstadt gilt, Kupferstich um 1700.

Der Nachbar als mächtiger Gegner: Albrecht von Brandenburg

Waren Kursachsen mit Wittenberg der „genius loci" der Reformation und Kurfürst Friedrich III. der Weise sozusagen deren Schutzherr, so prägten auch die Gegner den Geist des Ortes. Denn es waren auch politische und religiöse Gegensätze im mitteldeutschen Raum, die zur Entstehung und Ausbreitung der Reformation maßgeblich beitrugen. Der mächtigste Gegner unter den Nachbarn war Albrecht von Brandenburg (1490–1545), der nicht nur in Konkurrenz zu Friedrich III. stand, sondern auch unmittelbar von Luthers Kritik am Ablasshandel betroffen war. Albrecht war der Sohn Johann Ciceros von Brandenburg aus dem Hause Hohenzollern, das seit Beginn des 15. Jahrhunderts die Markgrafen von Brandenburg stellte. Als Kurfürsten gehörten die Hohenzollern damit zu den mächtigsten Adligen des Reichs und waren ähnlich wie die Wettiner eines der aufstrebenden Geschlechter in der Zeitenwende vom Mittelalter zur Neuzeit. Beide standen als Nachbarn in unmittelbarer Konkurrenz zueinander.

Durch kurfürstlichen Erlass und mit päpstlichem Segen wurde die Universität Viadrina in Frankfurt (Oder) gegründet – in Konkurrenz zur wenige Jahre zuvor gegründeten Wittenberger Universität und in klarer Abgrenzung zu deren Lehre.

Kurioser Schatz: Reliquienkalender des Kardinals Albrecht von Brandenburg. In seiner Form einzigartig, befinden sich auf seinen „Seiten“ die Tagesheiligen des Kirchenjahrs in Form kleiner Reliquienbeutelchen.

Albrecht machte eine bemerkenswerte politische und kirchliche Karriere: Bereits 1506 gründete er als 16-Jähriger gemeinsam mit seinem Bruder Joachim, dem späteren Kurfürsten von Brandenburg, die bis heute bestehende Universität Frankfurt an der Oder „Alma Mater Viadrina“ als erste Universität Brandenburgs. Ein klares Konkurrenzunternehmen zur wenige Jahre zuvor gegründeten, rund 160 Kilometer entfernten kursächsischen Wittenberger Universität. Nach Abschluss seines Theologiestudiums in Frankfurt wurde Albrecht bereits 1513 im Alter von 23 Jahren zum Erzbischof von Magdeburg berufen. Zum Erzbistum gehörten auch die im Herzogtum Sachsen liegenden Suffragan-Bistümer Meißen und Merseburg. Als Erzbischof von Magdeburg war Albrecht außerdem Administrator des Bistums Halberstadt und damit zugleich Landesfürst des wohlhabenden Erzstifts Magdeburg. Doch damit nicht genug: 1514 wählte ihn das Mainzer Domkapitel zum Erzbischof von Mainz. Damit hatte Albrecht und mit ihm das Haus Brandenburg eines der wichtigsten kirchlichen und politischen Ämter des Heiligen Römischen Reichs inne, war doch der Erzbischof von Mainz zugleich Kurfürst und Erzkanzler aller deutschen Territorien im Reich und verfügte über einen umfangreichen Territorialbesitz. Da Albrecht bereits Bischof von Magdeburg und Verwalter des Bistums Halberstadt war, war die Besetzung des Mainzer Bischofsstuhls äußerst umstritten, denn nach Kirchenrecht war es verboten, mehrere Bischofssitze zugleich innezuhaben.

Tatsächlich standen hinter der Berufung Albrechts zum Erzbischof von Mainz vor allem politische und finanzielle Gründe. Zum Mainzer Territorium gehörten auch weite Landstriche im Thüringischen, deren Status unter den Nachbarländern allerdings umstritten war. Friedrich III. von Sachsen erhob Ansprüche auf diese Gebiete und das Mainzer Domkapitel erhoffte sich, dass Albrechts Bruder, der Kurfürst von Branden-

Der alte Hader mit der „Simonie“

Der Begriff „Simonie“ leitet sich von einer Geschichte im Neuen Testament her (Apostelgeschichte 8, 18–24), nach der ein Zauberer namens Simon Magus den Apostel Simon Petrus bat, ihm göttliche Kräfte bzw. Gottes Gabe zu verkaufen. Daraus entwickelte sich die Bezeichnung „Simonie“ für alle Vorgänge, die mit dem Kauf oder dem Verkauf von kirchlichen Ämtern, Einnahmen (Pfründen), Reliquien oder Sakramenten zu tun hatten. Sie war ein Problem, das die Kirche seit der Spätantike beschäftigte und das sie nie wirklich in den Griff bekam.

Im Hoch- und Spätmittelalter war der Ämterkauf, gerade von höheren Ämtern bis hin zum Papstthron, gang und gäbe, wobei es meist unklar war, woher die Geldmittel kamen und wohin sie flossen. Zu sehr waren Politik und Kirche verstrickt. Nachweislich sind die Renaissancepäpste Innozenz VIII. (1432–1492, Papst 1484–1492) und Alexander VI. (1431–1503, Papst 1492–1503) nur aufgrund der Zahlung von Bestechungsgeldern an die Macht gekommen. Albrecht von Brandenburg wäre vermutlich nie Erzbischof von Mainz geworden, hätte er nicht selbst seine Investitur bezahlt. Letztendlich waren auch der Handel mit Reliquien und das Geschäft mit dem Ablass, der Verkauf von „Gnadenmitteln“ der Kirche und darüber hinaus die Zweckentfremdung dieser Einnahmen, klare Fälle von Simonie.

Im späten Mittelalter blühte der Pfründenhandel regelrecht. „Der Pfründensucher“, Holzschnitt von Hans Franck, 1516.

burg, den sächsischen Kurfürsten von einer Intervention gegen ihre Interessen abhalten würde. So waren Albrecht und Friedrich, das Haus Brandenburg und die Wettiner in vielen Dingen Konkurrenten und politische Kontrahenten. Finanziell war die Ernennung zum Bischof eine kostspielige Sache. Insgesamt musste das Mainzer Domkapitel dem Papst rund eine Million Silbermark zahlen, eine damals unvorstellbar große Summe. Albrecht aber hatte angeboten, diese Summe selbst aufzubringen, und war damit der perfekte Kandidat für die Mainzer. Dass er sich damit dem Vorwurf der „Simonie“, des kirchenrechtlich verbotenen Ämterkauf aussetzte, kümmerte Albrecht, aber auch die Kurie nur wenig. Der Hohenzoller borgte sich das Geld beim Bankhaus Fugger in Augsburg. Um seine Schulden tilgen zu können, vereinbarte Albrecht mit Papst Leo X. den bekannten „Deal“: Der Papst schrieb einen Ablass aus, den Albrecht in seinen Diözesen und in der Mark Brandenburg verkünden ließ. Die eine Hälfte der eingehenden Gelder floss nach Rom, die andere durfte der Erzbischof behalten. Was dann folgte, ging in die Geschichte ein, als Luther sich mit seinen 95 Thesen gegen den Ablasshandel im Allgemeinen und den des Erzbischofs im Besonderen wandte. Zwar trat Albrecht in den Anfangsjahren nicht als Gegner der Reformation hervor, auch nicht als er 1518 Kardinal wurde und in den engsten Kreis der Römischen Kurie aufrückte. Erst als sich die Reformation in der zweiten Hälfte der 1520er-Jahre radikalisierte, verbündete er sich mit anderen kirchentreuen Fürsten, ging aber lange Zeit pragmatisch mit den Protestanten in seinem Herrschaftsgebiet um.

Reformation in Bewegung

Während sich Luther auf der Wartburg versteckt hielt, handelten seine Mitstreiter. Mönche verließen ihre Klöster, Messen wurden abgeschafft, Priester heirateten – es waren die wilden Anfänge eines neuen Glaubens. Als es zu Bilderstürmen und Zerstörungen kam, kehrte Luther nach Wittenberg zurück und setzte ein System der behutsamen Reformen durch. Die reformatorische Bewegung verbreitete sich rasch und fasste vor allem in den Reichsstädten Fuß. In der Schweiz beschritt Zwingli einen ganz eigenen Weg der Reformation.

Nur eine Etappe auf dem heutigen Lutherweg und auch für den Reformator nur eine Zwischenstation: die Wartburg bei Eisenach. Der Lutherweg verbindet in mehreren Bundesländern wichtige Stätten des Reformators.

Die „Wittenberger Bewegung“

Martin Luthers Verurteilung auf dem Wormser Reichstag und sein spurloses Verschwinden stachelten den Unmut innerhalb der reformatorischen Bewegung an. Papst und Kaiser hatten klargemacht, dass sie nicht auf Luthers Kritik und Forderungen eingehen wollten. Wie sollte es nun weitergehen? Luther hatte in seinen drei Hauptschriften das Programm für eine Reform der Kirche vorgelegt, doch gab es keinen Plan zur Umsetzung. Das Haupt der Reformer saß auf der Wartburg fest, übersetzte das Neue Testament, arbeitete an einer neuen Gottesdienstordnung und schrieb Beispielpredigten in deutscher Sprache. Handeln konnte er jedoch nicht.

Andere übernahmen nun die Wortführerschaft in der reformatorischen Bewegung, zogen erste praktische Konsequenzen aus Luthers Schriften und vollzogen damit den Bruch mit Rom im kirchlich-religiösen Alltag. Der einflussreichste unter den Reformatoren war der bereits erwähnte Theologieprofessor Andreas Bodenstein, genannt Karlstadt, der auch als Priester in der Stadtkirche tätig war. Bodenstein fand einen Verbündeten in Gabriel Zwilling (1487–1558), einem Ordensbruder Martin Luthers im Wittenberger Augustinerkloster. Neben der Universität wurden so die Stadtkirche und das Augustinerkloster die Kraftzentren der „Wittenberger Bewegung“, die 1521/22 in und rund um Wittenberg zahlreiche Regeln und Rituale der katholischen Kirche aufhob und auf der Grundlage von Luthers Lehren neue Formen des religiösen Lebens praktizierte.

Die Büste Johannes Bugenhagens (1485–1558), des ersten evangelischen Pfarrers der Wittenberger Stadtkirche, vor dem Bugenhagenhaus in Wittenberg. Es ist das älteste evangelische Pfarrhaus der Welt.

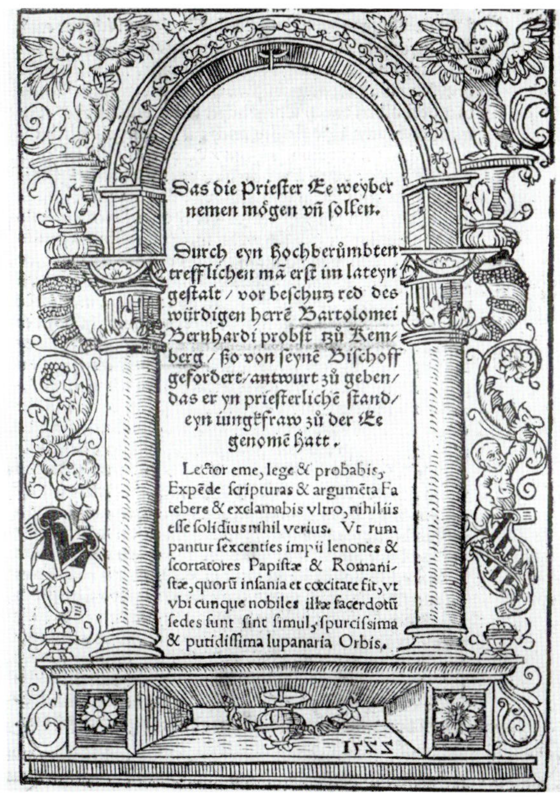

Das die Prieſter Ee weyber nemen mögen vñ ſollen.

Durch eyn hochberümbten trefflichen mã erſt im lateyn geſtalt / vor beſchutz red des würdigen herrẽ Bartolomei Bernhardi probſt zů Kemberg / ſo von ſeynẽ Biſchoff gefordert / antwurt zů geben / das er yn prieſterlichẽ ſtand / eyn iungkfraw zů der Ee genomẽ hatt.

Lector eme, lege & probabis, Expẽde ſcripturas & argumẽta Fatebere & exclamabis vltro, nihiliis eſſe ſolidius nihil verius. Vt rumpantur ſexcenties impii lenones & ſcortatores Papiſtæ & Romaniſtæ, quorũ inſania et cœcitate fit, vt vbi cunque nobiles illæ ſacerdotũ ſedes ſunt ſint ſimul, ſpurciſsima & putidiſſima lupanaria Orbis.

1522

Die Kritik am Zölibat fiel auf fruchtbaren Boden, bereits 1521 gab es die ersten Eheschließungen von Priestern. Titelholzschnitt der Flugschrift „Dass die Priester Ee weyber nemen moegen vn sollen“, 1522.

Die Abkehr von Zölibat und Ordensleben

Die ersten radikalen Änderungen betrafen die Geistlichen mit ihrer gegenüber den „Laien“ herausgehobenen Stellung. Luther hatte sich wiederholt sehr kritisch mit dem Stand der Kleriker (Diakone, Priester und Bischöfe) auseinandergesetzt, den er grundsätzlich für überflüssig und nicht mit der Bibel vereinbar hielt. Das galt besonders für den Zölibat, das Gelübde der Ehelosigkeit, das dem Wort der Bibel sogar entgegenstehe. Luthers Kritik fiel auf fruchtbaren Boden. Im Mai 1521 brach der Priester Bartholomäus Bernhardi (1487–1551) im 15 Kilometer südlich von Wittenberg gelegenen Kemberg sein Gelübde, heiratete eine Ortsansässige und gründete die erste evangelisch-lutherische Pfarrfamilie. Das führte zu einem regelrechten Dammbruch und in kurzer Zeit gingen deutschlandweit Dutzende von Priestern Ehen ein. Karlstadt und Zwilling förderten diese Entwicklung mit allen Kräften, indem sie ab Juni 1521 in ihren Predigten den Zölibat scharf kritisierten. Karlstadt selber heiratete, als erster der führenden Reformatoren, im Januar 1522. Über viele Jahrhunderte sollte das protestantische Pfarrhaus zu einem Zentrum des evangelischen Glaubens und humanistischer Bildung werden und großen Einfluss auf die Entwicklung der deutschen Kultur nehmen. Die Abkehr vom Zölibat

Dem planlosen Voranschreiten der Reformation und der willkürlichen Umsetzung seiner eigenen Ideen versuchte Luther mit weiteren Schriften entgegenzutreten. Titelholzschnitt mit Einsiedler und Nonne zum Traktat zu den Ordensgelübden, Lucas Cranach d. Ä., 1522.

trennt bis heute die protestantische von der katholischen Kirche.

Wenn das Gelübde des Zölibats nichtig war, musste das auch für das Ordensgelübde gelten – schlussfolgerten zumindest Karlstadt und Zwilling und beriefen sich dabei auf Luther. Wie schon andere Mönche vor ihm trat Zwilling Anfang November 1521 zusammen mit 13 seiner rund 40 Mitbrüder aus dem Wittenberger Augustinerkonvent aus. Er blieb Prediger und wirkte später in Torgau an der Elbe. Die meisten anderen der mit ihm ausgetretenen Ordensbrüder wählten ein völlig anderes Leben: Sie gründeten Familien, wurden Handwerker oder verdienten sich mit anderen Arbeiten außerhalb der Kirche ihren Lebensunterhalt. Der Austritt der Wittenberger Augustiner hatte Signalwirkung, immer mehr Mönche, aber auch Nonnen verließen ihre Klöster und machten sich auf die Suche nach einem neuen Leben. Das war nicht immer leicht. Besonders die Frauen fanden nur schwer einen Ort in der „zivilen" Gesellschaft.

Die Reformation veränderte nicht nur das religiöse Leben, sondern hatte erhebliche soziale Folgen für ihre Anhänger, das erkannte Luther schnell: Er hatte zwar Bartholomäus Bernhardi herzlich zu dessen Hochzeit gratuliert. Aber der Bruch des Zölibats musste zwangsläufig zur Amtsenthebung des Priesters führen. Er würde bald nicht nur an einem, sondern „an zwei Mägen darben und an allen Mägen, die daraus hervorgehen können", schrieb Luther voller Sorge Ende Mai 1521 an seinen Freund Spalatin. Ihm war klar: Je größer der Erfolg der Reformation, desto stärker die wirtschaftlichen und sozialen Verwerfungen. Eine „neue Kirche" würde mittelfristig auch eine neue, das Sozialleben gestaltende und schützende Ordnung brauchen.

Von gottgefälligen Gelübden und evangelischer Freiheit

Die zunehmenden Klosteraustritte und Eheschließungen von Klerikern irritierten Martin Luther. Auch wenn sie im Sinne seiner Theologie waren, ging ihm vieles zu schnell, zu planlos und zu wenig theologisch fundiert. Letzteres betraf insbesondere die Begründung für die Aufhebung der Gelübde: Karlstadt, Zwilling, und auch Luthers Freund Melanchthon, hatten argumentiert, alle Gelübde, die der Mensch aufgrund seiner menschlichen Schwäche nicht halten kann, seien ungültig und nichtig. Das war Luther zu simpel. An Melanchthon schrieb er: Wenn es richtig wäre, dass „ein Gelübde aufgehoben werden [müsse], weil man es nicht halten kann", dann gälte dies auch für die „von Gott gewollten Gelübde". Um eine theologisch haltbare Grundlage zu schaffen und steuernd in den Wildwuchs der Reformen einzugreifen, arbeitete Luther auf der Wartburg zwei Schriften aus: im September 1521 die „Themata de votis", eine an die reformwilligen Geistlichen gerichtete

„Mein Herr Käthe" – Katharina Luther

Katharina von Bora wurde 1499 als Tochter Johanns von Bora und seiner Frau Margarete vermutlich auf Gut Lippendorf in der Nähe von Leipzig geboren. Die Familie entstammte dem sächsischen Landadel. 1504 schickte ihr Vater die gerade Fünfjährige zur Erziehung ins Augustiner-Frauenstift Brehna. Spätestens 1509 wechselte sie, vermutlich weil ihre Tante Margarethe von Haubitz dort Äbtissin war, ins Zisterziensenrinnenkloster Marienthron in Nimbschen bei Grimma. Offenbar hatten ihre Eltern für Katharina eine „Karriere" als Nonne vorgesehen, was damals durchaus üblich war, wenn die Eltern für ihre Tochter keine Heirat planten.

Im Kloster lernte Katharina lesen und schreiben, Handarbeiten, vermutlich auch Latein und Grundkenntnisse der Landwirtschaft. Bereits 1515, also mit 16 Jahren, legte Katharina ihr Gelübde als Nonne ab. Offensichtlich lebte man im Zisterzienserkloster nicht völlig abgeschottet, denn die Ereignisse der Welt und vor allem in Wittenberg wurden hier durchaus diskutiert. Sicher haben Katharina und ihre Mitschwestern die Schriften Luthers gelesen, die sich kritisch mit den Gelübden und dem Klosterleben auseinandersetzten. So reifte bald der Plan, aus dem Kloster zu fliehen. Katharina bat Luther persönlich in einem Brief um Hilfe, und der organisierte eine abenteuerliche Flucht: Unter Mithilfe des Torgauer Ratsherrn Leonhard Koppe schickte Luther zu Ostern 1523 einen Wagen nach Nimbschen. Katharina und rund zehn weitere Nonnen versteckten sich darauf zwischen Heringsfässern und gelangten so unbemerkt nach Wittenberg. Luther brachte sie bei Freunden unter und versuchte, ihnen „ehrenwerte" Ehemänner und Ernährer zu vermitteln.

Katharina kam bald bei Luthers Freund Lucas Cranach dem Älteren und seiner Frau unter, die zeitlebens eine enge Freundschaft mit Katharina verband. Bis es aber zwischen Martin Luther und Katharina „funkte", sollte es noch dauern. Es war eine Liebe mit Hindernissen: Katharina hatte zunächst andere Kandidaten im Blick, und auch Luther favorisierte eine andere. Doch im Laufe der Jahre fanden die beiden zueinander und wurden am 13. Juni 1525 von Johannes Bugenhagen im Schwarzen Kloster, dem ehemaligen Augustinerkloster, getraut. Dort bezog das Ehepaar auch seine Wohnung. Katharina kümmerte sich nicht nur um den Haushalt, sondern auch um die umfangreichen, zum Kloster gehörenden Ländereien, braute Bier, kümmerte sich um das Vieh und die Beherbergung der Studenten und zahlreichen Gäste des Reformators. Von ihrem Mann nur noch „mein Herr Käthe" genannt, wurde die tatkräftige Katharina zum Vorbild einer protestantischen Pfarrersfrau, die zu arbeiten und zu wirtschaften wusste. Das Ehepaar hatte sechs Kinder, von denen nur die Söhne Hans (1526–1575), Martin (1531–1565), Paul (1533–1593) und die Tochter Margarethe (1534–1570) das Erwachsenenalter erreichten. Nach Luthers Tod 1546 musste Katharina jahrelang um ihr Erbe kämpfen. Von Krieg, Krankheit und Flucht geschwächt starb sie 1552 im Alter von 53 Jahren.

Vorbild einer protestantischen Pfarrersfrau: Katharina von Bora. Rechter Flügel eines Bildnisdiptychons, Gegenstück zum Porträt ihres Ehemannes Martin Luther, Gemälde von Lucas Cranach d. Ä., 1529.

Nach ihrer Flucht aus dem Zisterzienserkloster in Nimbschen 1523 und der Unterbringung bei Lucas Cranach nahm Martin Luther Katharina von Bora im Juni 1525 zu seiner Frau. Originaler Trauring Katharinas, Stadtgeschichtliches Museum Leipzig.

Thesensammlung zu den religiösen Gelübden; und im November zum selben Thema, aber mehr persönlich, das Traktat „De votis monasticis iudicium Martini Lutheri sententia“. Luther unterschied in diesen Schriften zwischen gottgefälligen Gelübden, die aus einem „freien und evangelischen Herzen“ geleistet würden, und den von Menschen erfundenen, papstkirchlichen Mönchs-, Nonnen- und Priestergelübden. Letztere würden nur abgelegt, um damit das Heil zu verdienen. Das Heil und die Gerechtigkeit seien aber nur durch den Glauben zu erlangen, nicht durch fromme Werke. Schlimmer noch: „alles was nicht aus Glauben ist, ist Sünde“.

Anders als seine Wittenberger Kollegen begründete Luther seine Ablehnung von Mönch- und Nonnentum und Zölibat positiv mit der gottgewollten evangelischen Freiheit. Das gab der reformatorischen Bewegung zusätzliche Legitimität, Plausibilität und weitere Impulse. Johannes Bugenhagen (1485–1558), ein Kollege, Freund und Weggefährte Luthers und später Stadtpfarrer in Wittenberg, erklärte gegenüber Melanchthon, die „Themata de votis“ seien „der wahre Anfang der Befreiung von Mönchen und Nonnen“. Was sein eigenes Mönchtum betraf, blieb Luther selbst lange unentschlossen. Als er Anfang März 1522 nach Wittenberg zurückkehrte und das erste Mal wieder öffentlich auftrat, trug er zwar wieder seine alte Mönchskutte, vermutlich aber nicht die Tonsur. Erst im Oktober 1524 verließ er den Augustinerorden und gab wenig später auch den Zölibat auf: Ende Juni 1525 heiratete Martin Luther Katharina von Bora (1499–1552) – eine ehemalige Nonne.

Die rechte Form des Gottesdienstes und Abendmahls

Wichtige Fragen, die bei der praktischen Umsetzung der Reformation zu beantworten waren, betrafen die Beichte, die Messe und die Gestaltung des Abendmahls. In einer Ende Mai 1521 auf der Wartburg verfassten Abhandlung hatte Luther zur Beichte geschrieben: Der Sünder solle weiterhin die Möglichkeit haben, gegenüber dem Pfarrer eine Ohrenbeichte abzulegen. Die Beichte solle aber freiwillig sein. Auf keinen Fall sei sie ein Sakrament. Für Luther war der Pfarrer ein in den Schrif-

Das Abendmahl unter beiderlei Gestalt – Luther und Bugenhagen reichen Brot und Wein, Radierung von 1847.

ten geschulter Seelsorger und Prediger, kein hervorgehobener Priester mehr, der zwischen Sünder und Gott vermittelte und den Beichtenden von seiner Sünde lossprechen konnte. Zu Messe und Abendmahl fanden sich Luthers zentrale Überlegungen bereits in seiner Reformationsschrift von der „babylonischen Gefangenschaft". Vor allem lehnte er das Verständnis der Messe als Opfer ab, mit dem das Opfer Christi in Gestalt der Eucharistie vergegenwärtigt und im übertragenen Sinne wiederholt wird, um Gnade für die Sünden der Menschen zu erwirken. Für ihn war das Abendmahl ein Akt des Gedächtnisses an den Kreuzestod Jesu Christi. Allein durch die Teilnahme am gemeinsamen Abendmahl werde dem Gläubigen Christi Gnade zuteil.

Auf diesen theologischen Grundlagen aufbauend begannen Karlstadt und Zwilling mit den Neuerungen in Wittenberg. Heftig wetterten sie gegen die sogenannten „Privatmessen", von Priestern ohne Gemeinde zelebrierte Gottesdienste, von denen sich die Auftraggeber den Gewinn zusätzlichen Seelenheils versprachen. Im Oktober 1521 wurden aufgrund von Zwillings Predigten im Augustinerkloster und später auch in der Stadtkirche alle Gottesdienste ohne Messopfer gefeiert und das Abendmahl in beiden Gestalten (Brot und Wein) gereicht. Zwilling selbst wurde evangelischer Pastor im Laienstand, legte seine Mönchskutte ab und predigte in „weltlicher" Alltagskleidung. Karlstadt hatte bereits im Sommer erklärt, dass jeder Christ, der während der Messe nur das Brot empfange, sündige. Damit griff er erstmals die einfachen Christen an und verschob die „Schuldfrage" vom katholischen Klerus auf die Laien.

Diese Argumentation lehnte Martin Luther als zu radikal und im Ansatz falsch ab. Um auf die Reformatoren in Wittenberg Einfluss zu nehmen, verfasste er im Späterbst 1521 auf der Wartburg zwei Schriften, in denen er sich mit der Messliturgie und dem Gottesdienst auseinandersetzte: „De abroganda missa privata" („Über die Abschaffung der Privatmesse") sowie „Vom Missbrauch der Messe". Bei der Ablehnung der Privatmessen war er sich mit den Wittenberger Reformern einig. Auch forderte er das Abendmahl in beiderlei Gestalt, lehnte es jedoch ab, wie Karlstadt Täter und Opfer zu verwechseln. Stattdessen gab er dem evangelischen Abendmahlgottesdienst eine neue Grundlage: Christus habe bei seinem Fortgang aus der Welt das Priesteramt allen Christen unabhängig von kirchlichen Weihen übertragen. Deswegen bedürfte es auch keines geweihten Priesters, um es zu feiern. Wie schon in der Gelübde- und Zölibatsfrage ging es Luther auch bei der Erneuerung des Gottesdienstes und des Abendmahls um die Freiheit des Christenmenschen und um einen Zugang zum Glauben für alle. Die Zeit der geistlichen Privilegien und Sonderexistenzen war vorbei.

Zur Weihnachtszeit 1521 konnte Karlstadt die ersten Gottesdienste mit Einverständnis Luthers „evangelisch" gestalten. „Deudsche Messe vnd ordnung Gottisdienst", abschließende Schrift Luthers zu der 1523 begonnenen Neuordnung der Gottesdienstordnung in Wittenberg, Titelholzschnitt von Lucas Cranach d. Ä.

„Du sollst dir kein Bildnis machen“ – Bilderstürmer plündern eine Kirche, Holzschnitt von Erhard Schön, 1530.

Bildersturm und falsche Propheten

Am 3. Dezember 1521 drangen Studenten und Handwerksgesellen in die Wittenberger Stadtkirche ein, störten die dort zelebrierten Privatmessen, entrissen den Priestern ihre Messbücher und vertrieben sie von den Altären. Ähnliches geschah auch im Franziskaner- und Antoniterkloster, wo die Mönche von Studenten verspottet wurden. Luther reiste daraufhin inkognito nach Wittenberg, um sich ein Bild von der Lage zu machen. Aber offenbar handelte es sich nur um spontane Protestaktionen, die ebenso schnell wieder abebbten. Jedenfalls kehrte Luther schon bald wieder beruhigt auf die Wartburg zurück. An Spalatin schrieb er: „Was ich sehe und höre, gefällt mir außerordentlich.“ Mit seiner Zustimmung konnte Karlstadt nun die Weihnachtszeit erstmals „evangelisch“ gestalten. Am Ersten Weihnachtstag feierte er öffentlich in der Stadtkirche einen Festgottesdienst, mit einer Predigt in deutscher Sprache, in Alltagskleidern, mit entschlackter Liturgie und dem Abendmahl in beiderlei Gestalt.

Zu Beginn des neuen Jahres spitzten sich die Ereignisse aber wieder zu. In seinem Anfang 1522 veröffentlichten Traktat „Von der Abthuung der Bilder“ forderte Karlstadt die Entfernung von Bildern, Statuen und Altären aus den Kirchen, denn solche Götzenbilder verstießen gegen das erste der Zehn Gebote. Manche verstanden dies als Aufruf zum Bildersturm. Als Erste kehrten am 10. Januar 1522 die ehemaligen Augustinermönche in ihr Kloster zurück, schleppten Statuen, Altäre und Bilder heraus und verbrannten alles auf dem Hof. Kurz darauf soll es auch in der Wittenberger Stadtkirche zu ähnlichen Übergriffen gekommen sein. Angestachelt wurden die Tumulte noch durch die von Luther spöttisch so genannten „Zwickauer Propheten“ um den Tuchweber und Laienprediger Nikolaus Storch (1500–1536). Storch war Ende 1521 mit seinen Gefährten Thomas Drechsel und Markus Stübner aus Zwickau vertrieben worden, ging nach Wittenberg und sorgte dort mit seinen Endzeitvisionen und der Behauptung, vom Heiligen Geist geleitet zu sein, für einige Unruhe. Die Eingebungen des Heiligen Geistes seien bedeutender als die Heilige Schrift, erklärten die Zwickauer Propheten, die auch die Kindestaufe ablehnten. Selbst ein Intellektueller wie Philipp Melanchthon war beeindruckt und schrieb an den Kurfürsten, es gebe zahlreiche Hinweise, dass die Zwickauer „von irgendwelchen Geistern ergriffen [seien]; aber dies kann nur Martin sicher beurteilen".

Der Rat der Stadt erließ Ende Januar 1522 eine erste „evangelische" Reformordnung, die die bisherigen Reformen festschrieb: Alle Bilder sollten aus den Kirchen entfernt und die vereinfachte Messe mit dem Abendmahl in beiderlei Gestalt gefeiert werden. Eine sozialpolitische Neuerung war die Einrichtung des „Gemeinen Kastens", eine Art Sozialkasse für bedürftige Gemeindemitglieder, wie sie Luther bereits in seiner „Adelsschrift" gefordert hatte. Gefüllt werden sollte der „Kasten" mit den Einnahmen aus Pfründen ehemaliger Priester und durch die Überführung von Kirchen- und Klosterbesitz in Gemeineigentum. Die Ereignisse in Wittenberg blieben nicht unbemerkt und nicht ohne Widerspruch. Dass die Kirche protestierte, lag auf der Hand. Der Bischof von Meißen kündigte eine baldige Visitationsreise nach Wittenberg an und erwartete die Wiederherstellung der alten Zustände. Auch das in Nürnberg tagende Reichsregiment, das Kaiser Karl V. vertrat, forderte Kurfürst Friedrich III. auf, die Reformen in Wittenberg und anderenorts in Sachsen wieder rückgängig zu machen. Und nicht zuletzt waren viele Menschen verunsichert ob der zahlreichen grundlegenden Veränderungen.

Luther sorgt für geordnete Verhältnisse

Martin Luther hatte bereits in seiner im Januar 1522 verbreiteten Flugschrift „Eine treue Vermahnung an alle Christen, sich zu hüten vor Aufruhr und Empörung" nachdrücklich erklärt, dass die Umgestaltung der Kirche niemals auf Gewalt und Aufstand gegründet sein dürfe, weder im Religiösen noch im Politischen. Da diese Intervention aber offensichtlich nicht fruchtete und Angehörige der Universität und gemäßigte Ratsmitglieder Luther um Hilfe baten, entschloss sich dieser zu handeln. Anfang März 1522 gab Luther sein Inkognito auf und kehrte nach Wittenberg zurück. Seinem Landesherrn, der ihn ausdrücklich gebeten hatte, in seinem Versteck zu bleiben, schrieb er, er vertraue ganz auf Gott und seinen Glauben: „Dieser Sachen soll noch kann kein Schwert raten oder helfen. Gott muss hie allein schaffen, ohn alles menschlich Sorgen und Zutun."

Auch das gesellschaftliche Zusammenleben sollte reformiert werden. Eiserne Truhe im Lutherhaus in Wittenberg, die als „Gemeiner Kasten" der Stadt bekannt ist. Die nur mit mindestens drei Männern zu bewegende Truhe war auf Anraten Martin Luthers als Gemeindekasse zur Unterstützung Bedürftiger angeschafft worden.

In Wittenberg bezog Luther wieder seine alte Wohnung im Augustinerkloster – eine deutliche Demonstration gegen die allzu hastigen Klosteraustritte und Reformen der vorangegangenen Monate. Am 9. März 1522, dem Sonntag Invokavit, begann Luther in der Stadtkirche mit einer Reihe von Predigten. In diesen „Invokavitpredigten" nahm er zu dem Abendmahl, der Messe, den Gelübden und all den anderen Änderungen der Reformation Stellung. Luther bejahte fast alle Neuerungen in der

Vor allem durch die Arbeiten der Cranach-Werkstatt entwickelte sich ein neuer, reformatorischer Bildtyp. Der Ratsvorsitzende der Evangelischen Kirche in Deutschland, Heinrich Bedford-Strohm, vor dem Reformationsaltar in der Stadtkirche St. Marien in Wittenberg. Begonnen von Lucas Cranach d. Ä., wurde der Altar von Lucas Cranach d. J. vollendet.

Sache, kritisierte aber den dahinterstehenden Zwang. Ein gutes Beispiel für seine Haltung ist der Umgang mit der Messe: „Ich verwerfe, dass die Messen für Opfer und gute Werke gehalten werden. Aber ich will nicht mit Hand anlegen oder die, die das nicht wollen, mit Gewalt daran hindern."

Martin Luther war von einem spontanen und freien Wachstum der „neuen" christlichen Gemeinden überzeugt. Die Menschen sollten aus freiem Herzen und Glauben entscheiden und nicht dazu gezwungen werden, etwa das Abendmahl in beiderlei Gestalt einzunehmen oder ein aus freiem Glauben und Willen abgelegtes Gelübde zu brechen. Am deutlichsten war der Unterschied zu den radikalen Reformen in der Frage des Bilderverbots: Das alte Testament untersage nicht generell Bilder, sondern nur deren Verehrung, argumentierte Luther. Aufgrund dieser Intervention blieben nicht nur viele ältere Bilder in den Kirchen erhalten, sondern es entstand auch ein vor allem durch Lucas Cranach geprägter eigener Stil reformatorischer Bildtypen. Die Beibehaltung einer kirchlichen Bilderwelt wurde typisch für die lutherische Reformation im Unterschied zu anderen protestantischen Strömungen.

Durch sein Auftreten und mit seinen Predigten beruhigte Luther rasch die Gemüter. Stillschweigend nahm man die neue Kirchenordnung und alle einschneidenden Neuerungen zurück. Die Zwickauer Propheten verloren an Anziehungskraft und verließen bald Wittenberg, vermutlich schlossen sie sich wie viele andere Schwärmer den Kreisen um Thomas Müntzer an. Während sich Zwilling und Luther wieder annäherten, kam Luther mit seinem ehemaligen Kollegen und Mitstreiter Andreas Bodenstein persönlich und sachlich nicht mehr überein. Karlstadt durfte nicht mehr in Wittenberg predigen, er wurde der Universität verwiesen und ließ sich als Pfarrer in Thüringen nieder. Melanchthon konnte bereits am 30. März 1522 an Spalatin melden, in Wittenberg seien „alle Dinge gut wiederhergestellt durch Doktor Martinus". Auch das Reichsregiment zeigte sich zufrieden, zumal es mittlerweile eine stillschweigende Absprache gab, dass Reichsacht und Kirchenbann Luthers in Kursachsen keine Gültigkeit haben und Luther nicht verfolgt werden sollte. So konnte Luther in Wittenberg und im übrigen Kursachsen weiter wirken und die Reformation behutsam fortführen. Im Zentrum seiner Reformen stand der Gottesdienst, dessen Liturgie er nach und nach von opfertheologischen Elementen befreite. Mit deutscher Predigt, dem Abendmahl in beiderlei Gestalt, aber auch

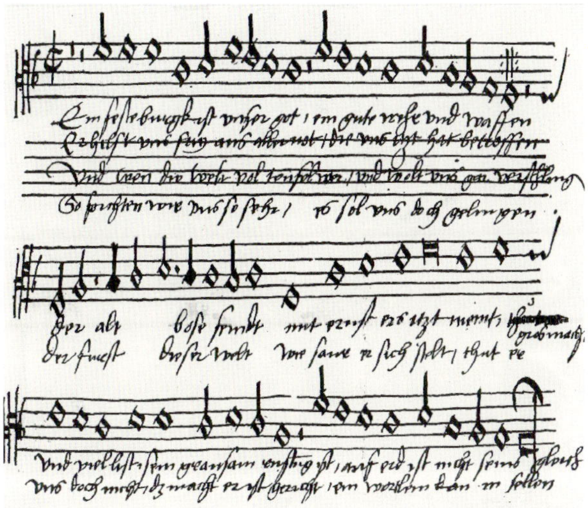

Eine wahre „Hymne der Reformation", die selbst zu DDR-Zeiten zum Bildungskanon gehörte: „Ein feste Burg ist unser Gott", geschrieben von Martin Luther. Eigenhändige Niederschrift des „protestantischen Urkantors" und Komponisten Johann Walter.

Antikatholisches Flugblatt nach dem biblischen Gleichnis vom Schafstall Christi (Joh. 10,1–16): Papst und Geistliche dringen als Räuber in den Schafstall ein und halten die Gläubigen an, den falschen Weg über das Dach zu nehmen und nicht durch Christus als Tür in die Kirche zu gehen, Holzschnitt, nach 1524.

vielen vertrauten „römischen" Elementen feierte er im Herbst 1525 in Wittenberg die erste deutsche Messe mit neuer Gottesdienstordnung. Sie wurde Vorbild für zahllose andere Gemeinden und im Jahr 1526 als „Deutsche Messe" mit eigens komponierten Liedern in ganz Kursachsen eingeführt.

Die Reformation in den Reichsstädten

Mitte der 1520er-Jahre war die reformatorische Bewegung längst nicht mehr auf Wittenberg und Kursachsen beschränkt. Der durch den Krieg mit Frankreich gebundene Kaiser und der weit entfernte Papst konnten damals nicht wirksam gegen Luther und seine Anhänger vorgehen, während die Reichsstände in der „Causa Lutheri" nach dem Wormser Reichstag gespalten waren. So breitete sich die Reformation ungehindert auf immer mehr Gemeinden in Nord- und Ostdeutschland aus. Auch in vielen Reichsstädten Süd- und Südwestdeutschlands fand der neue Glaube schnell Anhänger. Im Süden und Westen

Parteinahme für Luthers Lehre: „Die Wittenbergisch Nachtigall", Spruchgedicht von 1523 von Hans Sachs, Titelblattholzschnitt der Nürnberger Erstausgabe.

des Reichs hingegen hatten Reformatoren kaum Erfolg und trafen auch auf politische Widerstände.

Es ist nicht verwunderlich, dass die Reformation anfangs vor allem in der bürgerlichen Bevölkerung der größeren Städte ihre Anhängerschaft fand, wo humanisti-

Die älteste Pfarrkirche Nürnbergs und seit 1525 evangelisch: Außenansicht von Südosten und Maria mit Kind im überraschend reich ausgestatteten Innenraum der Sebalduskirche.

sche Bildung sich mit politischem Selbstbewusstsein verbunden hatte. Ein Muster dieser Entwicklung war die Reformation in Nürnberg. Die bedeutende Reichsstadt bekannte sich als erste zur lutherischen Lehre. Ihr berühmtester Sohn, der Künstler Albrecht Dürer, hatte sich schon im Rahmen des Ablassstreits auf Luthers Seite gestellt, ihm folgte bald der Nürnberger Schuhmachermeister, Schriftsteller und „Meistersinger" Hans Sachs (1494–1576). Mit seinen populären Versen lobte er 1523 Luther, die Wittenbergische „Nachtigall": „Wacht auff, es nahet gen dem Tag, ich hör singen im grünen Hag, ein wunigkliche Nachtigall". In Reimen, die Jahrhunderte später Richard Wagner in den „Meistersingern von Nürnberg" verewigen sollte, wetterte Sachs gegen die zahllosen hohlen Riten der alten Kirche, gegen „fasten, wachen, langen bet [Gebeten], mit gerten-hauen, creutzweis-liegen, mit knien, neygen, bucken, biegen [Formen der Selbstkasteiung], mit reuchern und mit glockentauffen, mit lampen-schüren, gnad-verkauffen, mit kirchen-, saltz-, wasser-weyen".

Doch nicht nur prominente Künstler unterstützten die Reformation in Nürnberg, es war ein Kreis angesehener Bürger, Ratsherren und Humanisten, die Luthers Ideen unters Volk und auf die Kirchenkanzeln brachten. Der Patrizier und Humanist Willibald Pirckheimer (1470–1530) etwa, zeitweise Berater Kaiser Maximilians I., hatte Luther bereits nach dessen Disputation mit Johannes Eck unterstützt und eine Satire über Eck veröffentlicht. Großen Einfluss hatte auch der Stadtschreiber Lazarus Spengler (1479–1534), der selbst durch seine Schriften in Konflikt mit der Kirche geraten war. Dieser Kreis von „Lutheranern" sorgte mit dafür, dass der Rat 1522 die frei werdenden Predigerstellen an den Stadtkirchen Sankt Sebald und Sankt Lorenz mit Anhängern der Reformation besetzte. Pfarrer in Sankt Lorenz wurde der Reformator Andreas Osiander (1498–1552), der entschlossen war, die Kirche im Sinne Luthers zu reformieren. Zu Ostern 1523

Albrecht Dürer war begeistert von Luthers Ideen. Er schuf 1523 einen Holzschnitt mit dem Abendmahl, das auf die üblichen Opferelemente verzichtete.

wurde zunächst im Augustinerkloster das Abendmahl in beiderlei Gestalt gereicht. Albrecht Dürer schuf im selben Jahr einen Holzschnitt, auf dem das Abendmahl ohne Opferelemente wie das Lamm zu sehen war – eine Art Propagandabild für den neuen Ritus. 1525 führte der Nürnberger Rat die Reformation mit der von Osiander entworfenen „Evangelischen Messe" offiziell in der ganzen Stadt ein.

Nürnberg wurde rasch zum Vorbild. Nach und nach schlossen sich im Laufe der 1520er-Jahre immer weitere Städte der Reformation an. Zeitweise waren 80 von 85 Freien und Reichsstädten in Süd- und Südwestdeutschland protestantisch. Am alten Glauben hielten nur wenige fest, darunter Köln im Westen, schon damals ein Bollwerk des Katholizismus. Auch in der Mitte und im Norden des Reichs fielen viele bedeutende Städte vom alten Glauben ab, darunter Frankfurt am Main, Hamburg, Bremen, Lübeck und auch Magdeburg – eine empfindliche Niederlage für den Erzbischof Albrecht von Brandenburg. Von einer einheitlichen Ausrichtung der Reformation konnte aber in dieser Zeit keine Rede sein. Luther wirkte vor allem in Wittenberg und Umgebung. Eine einheitliche Interpretation von Luthers Schriften gab es nicht, sodass es an vielen Orten voneinander abweichende „Reformationen" gab. Noch bevor Luther seine Deutsche Messe ausgearbeitet hatte, gaben sich Gemeinden wie Nürnberg eigene Gottesdienstordnungen. So arbeitete Kaspar Kantz (1483–1544) bereits 1522 eine Messe für Nördlingen aus, die kurzzeitig in der dortigen Klosterkirche praktiziert wurde. Der Humanist, Theologe und Reformator des Elsass Martin Bucer entwarf 1524 eine Deutsche Messe für die Reichsstadt Straßburg. Thomas Müntzer (1489–1525), Theologe und Reformator, arbeitete im selben Jahr 1524 eine Deutsche Messe für den kursächsisch-thüringischen Ort Allstedt aus, wo er bereits 1523 in deutscher Sprache gepredigt hatte. Müntzer sollte wenig später ein erbitterter Gegner Luthers werden.

Ulrich Zwingli – Reformator in Zürich

Überhaupt blieb die Deutungshoheit über den „rechten“ Glauben nicht lange bei Martin Luther. In der Schweiz, damals noch Teil des Heiligen Römischen Reiches Deutscher Nation, nahm sie theologisch wie politisch einen anderen Verlauf. Zentrale Gestalt war der am 1. Januar 1484 in Wildhaus im Toggenburg, heute Kanton Sankt Gallen, als Sohn einer wohlhabenden Bauernfamilie geborene Ulrich Zwingli, der seinen Vornamen erst später, wie unter Humanisten üblich, in Huldrych oder Huldreich ändern sollte. Nach Schulausbildung und Studium in Wien und Basel wurde Zwingli 1506 zum Priester geweiht und auf die Pfarrstelle in Glarus berufen. In seinen ersten Jahren als Geistlicher deutete nichts auf eine besondere kirchen- oder papstkritische Haltung hin. Noch 1512 bat er zum Beispiel Papst Julius II. in einem persönlichen Schreiben um Ablass für seine Gemeinde. Als Feld-

Ulrich Zwingli, der Reformator der deutschen Schweiz, auf einem Gemälde von Hans Asper (1499–1571).

Die Schweizer Eidgenossen

Dass die Reformation in der Schweiz eigene Wege ging, hing nicht nur mit Zwingli und seinen Nachfolgern zusammen, sondern auch mit der besonderen Geschichte und Struktur der Schweiz. Das Kerngebiet der späteren Schweiz hatte sich bereits im Hochmittelalter während der Auseinandersetzungen zwischen Kaiser und Papst immer mehr verselbstständigt. Bereits im „Bundesbrief“ von 1291 hatten die drei „Waldtstätte“ Uri, Schwyz und Unterwalden die „Alte Eidgenossenschaft“ gebildet, die von König Heinrich VII. (1278/79–1313) 1309 als reichsunmittelbar erklärt wurde. Sie erhielt damit einige Privilegien und eine gewisse Selbstständigkeit. Dieser Eidgenossenschaft schlossen sich immer mehr bedeutende Städte und Reichsstädte samt ihren Ländereien an, darunter Zürich und Bern.

Nach den Siegen in den Burgunderkriegen (1474–1477) war die Eidgenossenschaft zu einer wichtigen politischen Kraft im süddeutschen Raum aufgestiegen. Die Kriegsführung mit gut ausgebildeten Söldnerheeren machte die Schweiz zu einer bedeutenden Militärmacht, das sogenannte „Reislaufen“, der Kriegsdienst von Schweizern in fremdem Sold, wurde zudem ein wichtiger Wirtschaftsfaktor. Den Eidgenossen schlossen sich immer mehr Städte und Kantone an. Und nach ihrem Sieg im sogenannten Schwabenkrieg 1499 musste Kaiser Maximilian I. die faktische politische Unabhängigkeit der Schweiz anerkennen – auch wenn die Schweiz bis zum Westfälischen Frieden

Kloster Einsiedeln im Kanton Schwyz, wo Ulrich Zwingli gegen die Auswüchse der Wallfahrten und das Geschäft mit den Pilgern predigte. Der Kanton Schwyz, noch heute überwiegend römisch-katholisch, gehörte zu den fünf inneren katholischen Berg-Kantonen, die an den zwei Kappeler Kriegen teilnahmen.

geistlicher begleitete Zwingli zwischen 1512 und 1515 die Söldnerheere des Kantons Glarus auf ihren Feldzügen nach Oberitalien, wo die Schweizer Eidgenossen aufseiten des Papstes gegen Frankreich kämpften. Die traumatischen Kriegserfahrungen veränderten Zwinglis Denken tiefgreifend: Er wandte sich dem Pazifismus zu und entwickelte einen kritischen Blick auf die Kirche seiner Zeit, die solche Kriege nicht nur zuließ und guthieß, sondern auch selbst führte. Auch wandte er sich entschieden gegen das sogenannte „Reislaufen“ der Schweizer, wie man das damals in der Schweiz verbreitete Söldnerwesen nannte.

Während seiner Zeit als ortsansässiger Priester (Leutpriester) in Einsiedeln, wo er ab Frühjahr 1516 tätig war, verstärkte sich Zwinglis Kirchenkritik auch auf theologischer Ebene. Seine Haltung ähnelte der Luthers, dessen Aktivitäten und Schriften er schon damals wahrnahm. Einsiedeln war schon damals ein beliebter Wallfahrtsort und wichtige Station auf dem „Jakobsweg“, an dem extreme Ausformungen der Volksfrömmigkeit gang und gäbe waren. Die Pilger verehrten vor allem die Statue der „Schwarzen Madonna“, von der sie sich Heilung und Wundertaten erhofften.

1648 Mitglied des Heiligen Römischen Reichs Deutscher Nation blieb. 1513 trat mit Appenzell der 13. Kanton der Eidgenossenschaft bei, deren räumliche Ausdehnung damit abgeschlossen war.

Alle Kantone waren durch ein kompliziertes Bündnissystem miteinander verflochten, zugleich besaßen die einzelnen Kantone jedoch große politische Selbstständigkeit. Kennzeichnend für dieses besondere Staatsgebilde war, dass die Bürger, die Eidgenossen, ein erhebliches Mitspracherecht bei allen Entscheidungen hatten. Das sollte auch die schweizerische Reformation prägen, die anders als im restlichen Reich nicht auf der Wahl des jeweiligen Landesfürsten beruhte, sondern auf Mehrheitsentscheidungen der Bürger.

Außerdem versprach der Kauf von „Pilgerzeichen“ den Käufern Ablass und verschaffte dem Kloster reiche Einnahmen. Zwingli verurteilte diese Form der Marienverehrung als Götzendienst und Aberglaube, wetterte gegen den Pilgerzeichenverkauf und predigte allgemein gegen Wallfahrten und andere Missbräuche. Außerdem wandte er sich scharf gegen den seit 1518 in der Schweiz tätigen päpstlichen Ablassprediger Bernhardin Sanson, der, wie Tetzel in Mitteldeutschland, Ablassbriefe für den Bau des Petersdoms verkaufte. Zugleich verfeinerte Zwingli die Kunst der deutschsprachigen Predigt, die er in den Mittelpunkt der Gottesdienste stellte: Wie Martin Luther, mit dem er sich nun intensiver beschäftigte, sah auch Zwingli einzig die Bibel und das Evangelium als Richtschnur des Glaubens. 1519 wurde er auf die einflussreiche Stelle des Leutpriesters am Großmünsterstift in Zürich, einer Kantonshauptstadt der Schweizer Eidgenossenschaft, berufen.

Zwingli-Denkmal an der Wasserkirche in Zürich.

Die Geburt der reformierten Kirche

In Zürich erarbeitete Zwingli in den Jahren 1522 bis 1524 die eigentlichen Grundlagen der „reformierten Kirche“, wie diese Variante der Reformation später genannt wurde. 1522 erschien sein wichtiges Werk „Vom Erkiesen und Freiheit der Speisen“, in dem er sich gegen die katholischen Fastengebote und ähnliche Vorschriften wandte. Er heiratete in diesem Jahr heimlich Anna Reinhardt und bat in einem Schreiben an den zuständigen Bischof von Konstanz um Aufhebung des Zölibats für alle Geistlichen. Nachdem ihn die Zürcher Dominikaner der Ketzerei beschuldigt hatten, lud der Rat zahlreiche Theologen zu einem Streitgespräch nach Zürich ein, bei dem sich Zwingli den Vorwürfen stellen sollte. Bei dieser „Ersten Zürcher Disputation“ Ende Januar 1523 gelang es den Theologen nicht, Zwingli anhand der Bibel zu widerlegen. Auf einer „Zweiten Zürcher Disputation“ vor rund 900 Zeugen aus der ganzen Eidgenossenschaft rechtfertigte Zwingli sich für seine Predigten gegen die Bildverehrung und die darauffolgenden Bilderstürme in und um Zürich. Zwingli konnte überzeugen, sodass es bei dem Bilderverbot in Kirchen blieb: damit wurde ein wesentlicher Unterschied der lutherischen und der schweizerischen reformierten Kirche festgeschrieben, die deutlich radikaler war. Auf der „Dritten Zürcher Disputation“ im Januar 1524 wurde auch die Messe beseitigt, Gesang und Musik verschwanden aus den Kirchen. 1525 hatte sich die Reformation in Zürich und zahlreichen weiteren Schweizer Orten durchgesetzt. Klöster und Kirchenbesitz wurden enteignet, die Einkünfte für die Armenfürsorge und die Ausbildung von Theologen genutzt.

Es war aber nicht nur die Radikalität in der Frage von Bildern und Kirchenmusik, die die schweizerische Variante der Refor-

Der „Calvinismus", die Ideen der reformierten Kirche, breitete sich von der Schweiz schon bald in der ganzen Welt aus. Mittelgruppe des Reformationsdenkmals auf der Promenade des Bastions in Genf, die Reformatoren (v. l. n. r.) Guillaume Farel, Johannes Calvin, Théodore de Bèze und John Knox.

mation von der deutschen unterschied. Zwingli und Luther trennte auch ein wesentlicher theologischer Punkt, die Bedeutung des Abendmahls. Dieses war für beide neben der Taufe das einzige Sakrament. Luther hatte inzwischen einen klaren Standpunkt entwickelt und war überzeugt, dass mit dem Brot und Wein der „wahre" Leib und das „wahre" Blut Christi empfangen würden, aber nur in dem im Glauben vollzogenen Moment des Empfangs des Abendmahls. Die katholische Lehre der „Transsubstantiation", nach der sich Brot und Wein tatsächlich und dauerhaft in Christi Fleisch und Blut verwandelten, lehnte Luther weiter ab. Zwingli hingegen verstand das Abendmahl als symbolische Handlung, mit der an den Auferstandenen erinnert werden sollte. 1529 trafen sich beide Reformatoren auf Einladung und Vermittlung des Landgrafen Philipp I. von Hessen (1504–1567) zum „Marburger Religionsgespräch": In vielem waren sie sich einig, nicht aber in der Abendmahlsfrage. Der Streit um das richtige Verständnis dieses Sakraments sollte die lutherisch-evangelische und die reformierte Kirche bis in die zweite Hälfte des 20. Jahrhunderts tief spalten.

Die Reformation spaltete die Schweiz. Nur mit Mühe konnte 1529 eine kriegerische Auseinandersetzung der katholisch gebliebenen Kantone, darunter Luzern, Uri und Schwyz, mit Zürich und dem ebenfalls reformierten Bern verhindert werden. Im sogenannten „Zweiten Kappeler Krieg" von 1531 kam es aber zu blutigen Auseinandersetzungen, bei denen der Pazifist Zwingli den Tod fand. Sein Erbe trat der Theologe Heinrich Bullinger (1504–1575) an. In den 1540er-Jahren entwickelte der französischstämmige Johannes Calvin (1509–1564) die reformierte Kirche in Genf weiter. Von hier aus breitete sich der „Calvinismus" bald in ganz Westeuropa aus und erreichte über England auch Nordamerika.

Die wilden Jahre: Ritterkrieg und Bauernaufstände

Zwinglis Wirken in Zürich und die vielfältigen Reformbewegungen im Reich zeigen: Es gab nie nur eine Reformation, sondern von Anfang an mehrere. Doch nicht nur theologisch nahm der neue Glaube unterschiedliche Gestalten an, auch politisch wirkte er anders, als von Luther intendiert. Denn der Wittenberger Reformator wollte nur die Kirche ändern, nicht die Herrschaftsverhältnisse im Reich. Doch viele Menschen, die mit ihrer Situation unzufrieden waren, begriffen die Reformation auch als Kritik an den politischen, wirtschaftlichen und sozialen Missständen der Zeit. So wollte Franz von Sickingen die Bedeutung der Reichsritter wiederherstellen. Die Bauern und der radikale Reformator Thomas Müntzer versuchten im „Großen Bauernkrieg", die Lage der Landbevölkerung zu verbessern. Luthers scharfe Kritik an diesem Aufstand machte den lutherischen Protestantismus zu einer staatstragenden Religion.

Denkmal für den Bauernführer Thomas Müntzer in seinem Geburtsort Stolberg im Südharz. Sein Name steht vor allem für die gewaltsame Befreiung der Bauern und den Kampf gegen die ständisch geprägte weltliche Ordnung.

Das Aufbegehren der Reichsritter

Die „Wittenberger Bewegung", das Wirken der „Zwickauer Propheten", die Reformation in den Reichsstädten und Zwinglis Reformen in Zürich zeigen: Luthers Lehren verbreiteten sich schnell, doch oftmals anders, als vom Wittenberger Reformator beabsichtigt. Von Anfang an gab es nicht nur einen, sondern mehrere reformatorische Ansätze und unterschiedliche konkrete Ausgestaltungen und so sollte es bleiben – bis heute ist der Protestantismus im Unterschied zum Katholizismus eine vielgestaltige Religion mit zahlreichen Kirchen. Ganz eigene Wege ging die politische Wahrnehmung des neuen Glaubens. Luthers Angriff auf eine der Säulen der mittelalterlichen Gesellschaft, das Papsttum und die römisch-katholische Kirche, öffnete nicht nur theologische Schleusen. Viele Menschen, die mit ihrer Situation oder den politischen, wirtschaftlichen und sozialen Zuständen im Reich nicht zufrieden waren, verstanden die Reformation als Infragestellung der Gegebenheiten. Sie fragten, ob die Missstände, die sie bedrückten, denn gottgewollt sein konnten. Die konservative Haltung der von Luther infrage gestellten katholischen Kirche überzeugte sie nicht mehr. Sie forderten Veränderungen.

Zu den ersten Anhängern der Reformation gehörten nicht zufällig die Reichsritter. Gehörte ihr Stand im Mittelalter zu den Säulen des Reiches, verlor er im 15. Jahrhundert erheblich an Bedeutung. Auf den Reichstagen besaßen die Reichsritter anders als die anderen Reichsstände kein politisches Mitspracherecht und in Zeiten beweglicher Söldnerheere spielten sie militärisch kaum noch eine Rolle. Die Fürsten hingegen wurden seit dem Spätmittelalter immer mächtiger und weiteten ihren Landbesitz beständig aus. Die erstarkenden Städte entwickelten sich zudem zu immer schärferen wirtschaftlichen Konkurrenten der Ritter, die meist nur über einen kleinen Territorialbesitz verfügten. All dies förderte den politischen, sozialen und wirtschaftlichen Abstieg des Rittertums. In Süd- und Südwestdeutschland schlossen sich die Reichsritter zu Bünden zusammen, um ihre Interessen besser vertreten zu können. Dennoch verarmten viele und gerieten in immer stärkere Abhängigkeit von ihren Landesfürsten. Andere hielten sich mit Kleinkriegen, Raubzügen und Schutzgelderpressungen, den sogenannten Fehden, vor allem gegen Städte und geistliche Territorien über Wasser. Zwar hatte der Reichstag zu Worms 1495 den „Ewigen Landfrieden“ verkündet und damit das Fehdewesen verboten, doch waren weder der König noch die Fürsten in der Lage, dieses Verbot durchzusetzen.

Als Luther gegen die Verweltlichung der Papstkirche wetterte, die Kirchenhierarchie ablehnte und dem Klerikerstand seine Legitimation absprach, hofften die Ritter, dass bei einer Auflösung der alten

„Ich hab's gewagt“ – im Kampf gegen die römische Kirche ging der streitbare Reichsritter und Humanist Ulrich von Hutten ein hohes Risiko ein. Holzstich mit Huttens Wahlspruch nach einer Zeichnung von Bernhard Mörlins.

Kirche ein Teil der Ländereien und Güter der Klöster und Bischöfe in ihren Besitz übergingen. Dadurch würde nicht nur ihre wirtschaftliche Not behoben, sondern auch ihr Einfluss im Reich wieder wachsen. Einer der ersten aus dem Stand der Reichsritter, der publizistisch gegen die Kirche mobilisierte, war der Humanist und Schriftsteller Ulrich von Hutten. Er kritisierte bereits ab 1514 die Verweltlichung der Kirche und des Klerus. Später radikalisierte er seine Angriffe, sprach der Kirche und dem Papst jegliches Recht auf weltliche Macht ab und rief in Flugschriften alle Stände zur Befreiung des Reiches von römischer Herrschaft und zur Erneuerung der Kirche an Haupt und Gliedern auf. In vielem stimmte er mit Luther überein, auch wenn sich Hutten für theologische Detailfragen wenig interessierte.

Blick auf die Burg Ebernburg bei Bad Münster am Stein-Ebernburg im Naheland. Anfang des 13. Jahrhunderts erbaut, fiel sie 1505 an den Reichsritter Franz von Sickingen. Ab 1520 wurde die Burg als „Herberge der Gerechtigkeit" zu einem Zentrum der reformatorischen Bewegung.

Franz von Sickingens „Herberge der Gerechtigkeit"

Hutten lernte 1519 den badischen Reichsritter Franz von Sickingen kennen, eine schicksalhafte Begegnung. Von Sickingen gehörte neben seinem Stammsitz Ebernburg östlich von Karlsruhe Streubesitz zwischen Kraichgau, Unterelsass und Nahe. Er gehörte zu den wohlhabenderen und einflussreichsten Reichsrittern seiner Zeit. Er hatte zunächst erfolgreich aufseiten des Kaisers gekämpft, geriet aber wegen seiner zahlreichen Fehden im südwestdeutschen Raum zunehmend in Konflikt mit ihm. Als er sich 1515 mit der Reichsstadt Worms anlegte, verhängte Kaiser Maximilian I. die Reichsacht über ihn, die er allerdings nicht durchsetzen konnte. Der Ritter suchte sich einen anderen „Dienstherrn" und fand ihn im französischen König Franz I. (1494–1547), dem schärfsten Gegner Maximilians I. Mit der Eroberung der Reichsstadt Metz für Frankreich und weiteren erfolgreichen Feldzügen und Fehden unter anderem gegen Frankfurt am Main gelangte von Sickingen zu beträchtlichem Reichtum und großem Einfluss. Kaiser Maximilian I. zog ihn deswegen 1519 wieder auf seine Seite.

Der berühmte und gefürchtete Heerführer Franz von Sickingen war sofort begeistert von Huttens Ideen und der Reformation. Er glaubte an die Rückkehr des Rittertums zu altem Glanz und förderte die reformatorische Bewegung mit aller Kraft. Sein Stammsitz Ebernburg wurde ein Zentrum der Bewegung. Der Reichsritter bot sie Martin Luther nach dessen Flucht aus Worms höchstpersönlich als Asyl an. Anfang der 1520er-Jahre versammelten sich in der „Herberge der Gerechtigkeit", wie die Ebernburg bald von Anhängern genannt wurde, viele namhafte Reformatoren. Gemeinsam diskutierte man über theologische und politische Fragen, predigte den Gottesdienst in Deutsch und reichte das Abendmahl in beiderlei Gestalt.

Zu den Gästen des Ritters gehörten neben Ulrich von Hutten unter anderem Martin Bucer, der Reformator des Elsass und Straßburgs, Johann Schwebel (1490–1540), Autor der evangelischen Kirchenordnung für das Herzogtum Pfalz-Zweibrücken, Kaspar Hedio (1494–1552), später erster evangelischer Pfarrer Straßburgs, und Johannes Oekolampad (1482–1531), der Reformator Basels.

Der Aufstand des „letzten Ritters“

Damals, zu Beginn der 1520er-Jahre, war Franz von Sickingen auf dem Höhepunkt seiner Macht und das Idol der Reichsritter. Im Sommer 1522 wählten ihn die rund 600 Ritter der rheinisch-schwäbischen Ritterschaft in Landau zu ihrem Bundeshauptmann. Von Sickingen führte seine Fehdezüge weiter, geriet aber zunehmend in Geldnot, zumal allein der Kaiser ihm die beträchtliche Summe von fast 100.000 Gulden geschuldet haben soll. Der Ritter sah nur einen Ausweg aus seiner misslichen Lage: die von der Reformation geforderte Säkularisation, d. h. die Enteignung des großen Besitzes von Kirchen und Klöstern. So verfolgte Franz von Sickingen seine Interessen und die der Reichsritterschaft im Namen der „gottgerechten Sache“ der Reformation – keine ungewöhnliche Verbindung von Religion und Politik in diesen Zeiten. Der schärfste Gegner des Reichsritters war schon lange der Erzbischof von Trier, Kurfürst Richard von Greiffenklau zu Vollrads (1467–1531). Im Sommer 1522 nutzte von Sickingen einen Vorwand, angeblich schuldeten ihm Trierer Bürger eine Summe Geldes, und griff das Erzbistum an. Er eroberte St. Wendel und Blieskastel und belagerte im September die Stadt Trier.

Von der päpstlichen Partei verfolgt, findet Ulrich von Hutten im Herbst 1520 Zuflucht bei Franz von Sickingen auf der Ebernburg, Holzstich um 1860.

Im Namen der „gottgerechten Sache" der Reformation ging es der Ritterschaft wesentlich um Machtgewinn und das Wiedererlangen ihres politischen Einflusses. Krieg der oberrheinischen Ritterschaft unter Franz von Sickingen gegen Kurtrier, Kurpfalz und die Landgrafschaft Hessen, Plünderung eines Schlosses.

Doch obwohl er Hunderte Ritter und rund 7.000 Fußknechte aufbringen konnte, scheiterte die Belagerung noch im September 1522 am Widerstand der Trierer. Von Sickingen hatte auf mehr Unterstützung gebaut und gehofft, dass sein Angriff auf den Kurfürsten das Fanal einer reichsweiten Empörung der Ritterschaft werden würde. Aber der niedere Adel zögerte, vermutlich weil er erst den Ausgang des Waffengangs abwarten wollte. Anders der Erzbischof, der das Reichsregiment in Nürnberg, den Kurfürsten Ludwig V. von der Pfalz (1478–1544), den mächtigen Landgrafen Philipp I. von Hessen (1504–1567) und damit eine gewaltige Streitmacht mobilisieren konnte. Im Frühling 1523 holten die Fürsten zum Gegenschlag aus. Von Sickingen musste sich Ende April 1523 auf seine Burg Nanstein bei Landstuhl zurückziehen. Die Fürstenallianz setzte ihm nach und verhinderte, dass andere Ritter und Adlige sich mit dem ins Abseits geratenen von Sickingen verbündeten. Über die Anhänger des Aufständischen wurde die Reichsacht verhängt. Anfang Mai 1523 wurde Burg Nanstein belagert und massiv beschossen. Zwar soll der revoltierende Ritter, von einem herabfallenden Steinbrocken schwer verletzt, noch ausgerufen haben: „Wiewohl mich die Stein ein wenig geschlagen haben, schadt es mir doch nichts!" Aber der Aufstand im Namen des Evangeliums war gescheitert. Von Sickingen und seine Anhänger gaben auf, der Reichsritter selbst erlag am 7. Mai 1523 seinen Verletzungen. Die Versammlung der Reformatoren auf der Ebernburg hatte sich zuvor schon in alle Winde zerstreut, der ebenfalls der Reichsacht verfallene Ulrich von Hutten floh zu Ulrich Zwingli in die Schweiz, wo er Ende August 1523 verstarb.

Mit der Niederlage und dem Tod Franz von Sickingens, der von der Nachwelt wie vor ihm schon Kaiser Maximilian I. als „letzter Ritter" gerühmt wurde, war der Versuch der Reichsritterschaft, ihren alten Einfluss wiederherzustellen, endgültig gescheitert. Im Gegenteil verschlechterte der Ritterkrieg ihre Situation, denn künftig spielten die Ritter gegenüber den stärker werdenden Landesfürsten politisch keine Rolle mehr. Die Reformation und Säkularisation des Erzbistums Trier war gescheitert, aber sie wurde nicht zurückgedrängt in den Gebieten, wo sie sich bereits durchgesetzt hatte. Philipp I. von Hessen förderte nur ein Jahr später selbst die Verbreitung der Reformation in seinem Land, allerdings völlig unabhängig vom Ritteraufstand. Für die weitere Entwicklung der Reformation hatte der Feldzug Franz von Sickingens nur wenig Bedeutung. Er zeigte jedoch, dass das religiöse Anliegen Luthers, Zwinglis und Co. schnell politisch verstanden wurde und dadurch eine ganz neue Dynamik entfaltete. Noch klarer als im Fall des Ritteraufstands zeigte sich das im „Großen Bauernkrieg", wie eine Reihe bäuerlicher Aufstandsbewegungen Mitte der 1520er-Jahre genannt wurde.

Bauern in Not

Die großen Veränderungen und Umbrüche am Übergang vom Mittelalter zur Frühen Neuzeit trafen vor allem die ärmeren und sozial schwächeren Schichten, deren Anteil bei stark wachsender Bevölkerung immer größer wurde. Besonders die Menschen auf dem Lande, wo rund vier Fünftel der Reichsbevölkerung lebten und arbeiteten, waren davon betroffen. Ihre prekäre Situation verschärfte sich durch das bäuerliche Erbrecht, das in der Regel eine Teilung der Höfe unter den Söhnen vorsah und bei immer größeren Familien zu immer kleineren Parzellen führte. Deren Erträge reichten oftmals kaum zum Überleben. Diese sogenannte „Realteilung" war vor allem in Südwestdeutschland, Franken, Hessen und zum Teil Thüringen verbreitet: den Kerngebieten des späteren „Bauernkriegs".

Nicht viel besser war die „Erbleihe", bei der nur wenige oder ein Nachkomme erbberechtigt waren, sodass die leer ausgehenden Familienmitglieder meist sozial absanken. Die Zahl landarmer und landloser Tagelöhner, Dorfhandwerker, „Häusler" oder „Gärtner" stieg und mit ihr wurden die sogenannten „unterbäuerlichen Schichten" immer größer. Das Überangebot an Arbeitskräften drückte die Löhne, während die Lebensmittelpreise aufgrund von Bevölkerungswachstum und Missernten stark anstiegen. Dagegen sank der Anteil wohlhabender oder mittelständischer Bauern, die Überschüsse und damit für den Markt produzieren konnten, immer mehr. So wuchsen die sozialen Spannungen auch innerhalb der Dörfer und in zahlreichen kleinen Städten, in denen viele Menschen als „Ackerbürger" hauptsächlich von der Landwirtschaft lebten.

Die Landbevölkerung hatte nicht nur unter Steuern und der Abgabe des „Zehnt" zu leiden, Frondienste gehörten ebenso zum Alltag. Ablieferung des Zehnten durch einen Bauern, Holzschnitt um 1520.

Zehntscheunen dokumentieren durch ihre Bauweise auch den Anspruch und die Wirtschaftskraft ihrer Bauherren. Diese imposante Zehntscheune von 1568 aus Trendelburg in Nordhessen ist heute im Freilichtmuseum Hessenpark zu bewundern.

Die Belastungen der Bauern waren hoch, vor allem durch die Abgaben an ihre weltlichen und geistlichen Herren. Die wichtigste war der jährlich in Naturalien zu leistende „Grundzins“, der je nach Region bis zu 40 Prozent des Ertrages erreichte. Überschüsse waren so kaum zu erwirtschaften. Hinzu kam der sogenannte „Zehnt“, also der zehnte Teil des vom Bauern erwirtschafteten Ertrages, der an die Kirche abzutreten war. Ganz neu war der „Handlohn“, der bei Besitzveränderungen fällig wurde. Eine weitere wirtschaftliche Belastung war die immer stärkere Beschneidung der sogenannten Allmenderechte durch die Grundherren: Die bäuerlichen Gemeinden besaßen Gemeinbesitz, Allmenden, die sie gemeinsam nutzten. Dazu zählten Weide-, Holzschlag-, Fischerei- und Jagdrechte, die mitunter schon seit Jahrhunderten bestanden.

Die Lage spitzte sich zu, als um 1500 die mächtiger werdenden Landesfürsten ihren wachsenden Geldbedarf für Expansionen und Prunk mit immer neuen Steuern zu decken suchten. Zudem verpflichteten die Grundherren ihre „Untertanen“ immer öfter zu sogenannten „Frondiensten“. Sie reichten von landwirtschaftlichen Tätigkeiten aller Art über Transport- und Spanndienste sowie die Pflicht zur Beherbergung adliger Jagdgesellschaften bis zu gewerblichen Arbeiten wie Spinnen, Weben oder Brauen. Mitunter hatte es den Anschein, als wollten manche Adlige die Bauern durch besondere Grausamkeit oder auch Gedankenlosigkeit zusätzlich reizen: Die Landgräfin von Stühlingen im Oberrheingebiet zum Beispiel zwang ihre Bauern mitten in der Erntezeit dazu, Schneckenhäuser zum Aufwickeln von Garn zu sammeln. Immer wieder waren diese Dienste wie auch die „dinglichen“ Lasten Gegenstand lokaler Beschwerden der Bauern an die Obrigkeiten – ohne Erfolg.

Gegen das Unrecht

Die Bauern forderten die Wiederherstellung ihrer „alten Rechte“. Doch der Trend ging in eine andere Richtung: Die Fürsten bauten zentrale Verfassungs-, Gerichts- und Steuerorganisationen auf und beschnitten dabei die autonomen Organe

Die Bauernaufstände der Bundschuh-Bewegung am Oberrhein begannen bereits 1493. Narrenschiff vom Bundschuh, Titelholzschnitt von Urs Graf, Basel 1514.

bäuerlicher und dörflicher Selbstverwaltung oder schafften sie ganz ab. Diese Maßnahmen trafen vor allem die wohlhabenderen Bauern, die früher die Dorfämter innehatten, jetzt aber durch landfremde Amtsleute, Vögte und Schultheißen ersetzt wurden. Ähnliches geschah mit den kleineren Städten. Den selbst gewählten städtischen Organen wurden landesherrliche Amtsleute vorgesetzt, die städtische Gerichtsbarkeit wurde erheblich eingeschränkt. Diese Eingriffe der Territorialfürsten in die städtische Autonomie sollten gerade die Ackerbürgerstädte vor allem in Thüringen und Franken ins Lager der aufständischen Bauern treiben.

Da Appelle und Beschwerden nichts fruchteten, kam es bald zu ersten Unruhen und Aufständen von Bauern und Ackerbürgern. Die vor allem im Elsass, am Oberrhein und im Schwarzwald aktive „Bundschuh-Bewegung“ hatte ihre Wurzeln bereits im Jahr 1493, als es in Schlettstadt zu ersten Aufstandsversuchen gegen Obrigkeit und Kirche kam. Die rund 100 Aufständischen wählten als Fahnenbild und Symbol eine typisch bäuerliche Fußbekleidung, den Bundschuh. Sie wollten Klöster enteignen und später den Aufstand ins ganze Elsass tragen. Die Empörung wurde rasch niedergeschlagen und die Rädelsführer hingerichtet, ähnlich wie bei den folgenden Aufstandsversuchen. Der im Breisgau und am Oberrhein aktive Bundschuh-„Aktivist“ Joß Fritz (1470–1525) formulierte 1513 Forderungen, die zum Teil schon an reformatorische Ideen erinnerten, unter anderem die drastische Beschränkung der Einnahmen der Kirche und die Umverteilung des Kirchengutes. Erfolg hatte auch er nicht. Ähnlich erging es einer anderen, in Württemberg aktiven aufständischen Bewegung, die sich „Armer Konrad“ nannte – eine damals übliche Bezeichnung für den „gemeinen“, d.h. einfachen Mann.

Alle diese Aufstandsbewegungen hatten ähnliche Ziele: die Senkung der hohen Lasten und die Wiederherstellung „alten Rechts“. Auch hatten sie mit ihrer Forderung nach Einziehung oder Beschränkung von Kirchen- und Klosterbesitz mehr oder weniger alle eine antikirchliche Ausrichtung, war doch der Unmut über kirchliche Missstände weitverbreitet. Aber die Aufstände waren immer lokal begrenzt, auch hinsichtlich ihrer Zielrichtung, und vor allem fehlte ihnen eine überzeugende gemeinsame Begründung. Das „alte Recht“ war von Region zu Region verschieden und in der Regel nicht schriftlich fixiert, sodass nicht immer klar war, was darunter zu verstehen war. Dies änderte sich mit der Reformation, die den Klagen und Forderungen der Bauern und Bürger eine neue, religiös-rechtliche Legitimation gab. Vor allem Luthers Schrift „Von der Freiheit eines Christenmenschen“ hatte großen Eindruck auf die Menschen gemacht. Sie glaubten, das dort postulierte Prinzip der „evangelischen Freiheit“ jedes Christen sei übertragbar auf Gesellschaft und Politik. Das, was in der Bibel steht („sola scriptura“), müsse Grundlage für die weltliche Ordnung sein.

Revolutionäre Forderungen

Die Ereignisse, die später „Großer Bauernkrieg“ genannt wurden, begannen im Mai 1524. Anfangs schienen sie sich nicht von den Protestaktionen vorangegangener Jahre zu unterscheiden: Am Oberrhein und vereinzelt in Franken häuften sich Zehnt- und Dienstverweigerungen von Bauern, immer wieder wurden herrschaftliche Gehölze und Gewässer trotz bestehender Verbote genutzt. Hin und wieder wurden Amtsleute vertrieben und es kam vereinzelt zu Plünderungen. Doch blieb Gewalt die Ausnahme. Neu war, dass sich die Forderungen nach Wiederherstellung des „alten Rechts“ mit reformatorischen Gedanken verbanden. Bauern und Bürger vereinigten sich hinter charismatischen Anführern, wie die Bauern der Landgrafschaft Stühlingen mit den reformatorisch gesinnten Waldshutern. Man wollte über Änderungen verhandeln. Aber die Untätigkeit der Herrschaften und die Verschleppungstaktik der angerufenen Gerichte sorgten für eine Ausbreitung der Proteste.

Titelholzschnitt der Memminger „Bundesordnung", der militärischen Verfassung der oberschwäbischen „Haufen" unter Sebastian Lotzer und Ulrich Schmid, 1525.

Die „Zwölf Artikel der Bauernschaft", zusammengefasst 1525 von Sebastian Lotzer, gaben den Bauernaufständen schließlich einen programmatischen Rahmen und eine scheinbar durch die Ideen der Reformation getragene Legitimation.

Die Bauern begannen, sich zu organisieren. Anfang März 1525 beschloss ein „Bauernparlament" im oberschwäbischen Memmingen den Zusammenschluss der drei großen bewaffneten Bauernbünde Baltringer, Bodensee- und Allgäuer Haufen zur „Christlichen Vereinigung". Das Bündnis sollte die Position der Bauern gegenüber den im Schwäbischen Bund zusammengeschlossenen gegnerischen Reichsständen stärken. Die Christliche Vereinigung gab sich eine „Bundesordnung" und entwarf mit den „Zwölf Artikeln" eine Grundlage für die Verhandlungen mit dem Schwäbischen Bund. Nun ging es nicht mehr um die Wiederherstellung des „alten Rechts", sondern um eine im Kern revolutionäre Umgestaltung der Herrschafts- und Gesellschaftsordnung, die sich auf die Bibel berief und auf das „göttliche Recht".

Vor allem die „Zwölf Artikel" waren Beschwerdeschrift, Reformprogramm und revolutionäres Manifest in einem. Das wohl bedeutendste Dokument des Bauernkriegs erschien erstmals am 20. März 1525 in Augsburg und fand innerhalb von nur zwei Monaten mit 25 Auflagen und mindestens 25.000 Exemplaren eine ungeheure Verbreitung. Sein Verfasser war vermutlich der Kürschnergeselle Sebastian Lotzer (um 1490–um 1525). Im Einzelnen forderte die Christliche Vereinigung: das Recht zur freien Wahl und Absetzung der Pfarrer durch die Gemeinde (Artikel 1); die Verwendung des „Großzehnts" zur Bezahlung des Pfarrers, Überschüsse sollten der Armenfürsorge und der Landesverteidigung zugutekommen (Artikel 2); die Aufhebung der Leibeigenschaft, da „uns Christus alle mit seinem kostbarlichen Blutvergießen erlöst und erkauft hat, den Hirten gleich wie den Höchsten" (Artikel 3); die Freigabe von Fischerei, Jagd und Waldnutzung (Artikel 4 und 5); die Reduzierung der Frondienste

und Einhaltung der in den Lehnsbriefen festgesetzten Bestimmungen (Artikel 6 und 7); die Reduzierung und Neufestsetzung der Abgaben, „damit der Bauer seine Arbeit nicht umsonst tue" (Artikel 8); die Abstellung von Willkür in der Rechtsprechung (Artikel 9); die Rückgabe unrechtmäßig eingezogener oder eingeschränkter Allmenden (Artikel 10) und die Abschaffung der sogenannten „Todfallabgaben", die bei einem Erbfall bei der Herrschaft üblich waren (Artikel 11).

Entscheidend war der zwölfte Artikel, der die Legitimation aller Forderungen lieferte: „Wenn einer oder mehr Artikel allhier aufgestellt sein sollten, die dem Worte Gottes nicht gemäß: dieselbigen Artikel wolle man uns auf Grund des Wortes Gottes als ungebührlich erweisen, so wollten wir davon abstehen, wenn man uns den Nachweis mit Begründung aus der Schrift führt." Der Bezug auf Martin Luther und dessen letzte Worte vor dem Wormser Reichstag 1521 war offenkundig für die zahlreichen Leser der Flugschrift, ebenso die Aufnahme des evangelischen Gemeindegedankens. Die zersplitterten bäuerlichen Proteste erhielten mit den „Zwölf Artikeln" einen gemeinsamen Nenner und programmatischen Rahmen, der die Sache der aufständischen Bauern mit der der Reformation zu verbinden schien.

Der „Große Bauernkrieg" und Martin Luther

Da die Gegenseite auf die Forderungen der Bauern nicht einging, brannten in Oberschwaben bald die ersten Schlösser, Burgen und Klöster. Auch wenn die Aufständischen bereits Mitte April 1525 aufgaben („Weingartener Vertrag"), bildeten sich in anderen Gegenden schnell weitere „Bauernheere". Die Kämpfe nahmen zu und mit ihnen die Brutalität auf beiden Seiten. In Württemberg eroberten die Bauern im April 1525 Stuttgart, Böblingen und andere

Durch die plastische Wirkung der Malerei wird die Zeit des Bauernkriegs nahezu erfahrbar. Monumentalgemälde „Frühbürgerliche Revolution in Deutschland" des Malers Werner Tübke im Panorama Museum in Bad Frankenhausen. Mit einer Fläche von 1.722 m² zählt es zu den größten Tafelbildern der Welt.

Städte. In Hohenlohe und im Odenwald nahm der „Neckartal-Odenwälder Haufen“ unter Führung des Reichsritters Götz von Berlichingen (1480–1562) zahlreiche Burgen, Schlösser und Städte ein. Nahezu 12.000 Mann, jetzt „Schwarzer Haufen“ genannt, soll der von Goethe verewigte Ritter zeitweise befehligt haben, als er die Bistümer Würzburg und Mainz sowie die Pfalz angriff.

Die ehemalige Klosterkirche St. Crucis im thüringischen Mühlhausen beherbergt das Bauernkriegsmuseum Kornmarktkirche. Im Jubiläumsjahr 2017 lädt die Sonderausstellung „Luthers ungeliebte Brüder – Alternative Reformationskonzepte in Thüringen“ an den Ort, wo sich während der Bauernkriegsereignisse die Aufständischen sammelten und die Geschütze für ihren Kampf gossen.

Die Aufständischen gingen teilweise brutal vor, beispielhaft bei der Tötung des Grafen von Helffenstein und seiner Begleiter Ostersonntag 1525 in Weinsberg („Weinsberger Bluttat“). Odenwalder, Hohenloher und Neckartäler Bauern hatten zunächst die Weinsberger Burg im Sturm genommen, den Burgkaplan erstochen und die Gräfin von Helffenstein mit ihrem dreijährigen Sohn gefangen genommen. Dann berannten sie die nur schwach vom Grafen Ludwig von Helffenstein und 60 Landsknechten und Reitern geschützte Stadt Weinsberg, die sie rasch eroberten. Die Truppen Helffensteins wurden hinter der Johanneskirche ermordet, Stadt und Kirche geplündert. Von Helffenstein und rund ein Dutzend weitere überlebende Adlige wurden zum Tode verurteilt und durch Spießrutenlaufen, eine besonders herabwürdigende und grausame Strafe, hingerichtet. Nur die Gräfin und ihr Sohn überlebten. Durch die Gewalt und Grausamkeit solcher Taten verloren die Bauern viel Sympathie und Unterstützung. Zudem zeigte sich, dass die Söldnertruppen des Schwäbischen Bundes den bäuerlichen „Amateuren“ in Ausbildung, Bewaffnung und Motivation überlegen waren. So wendete sich bald das Blatt.

Martin Luther ging auf den Bauernkrieg erstmals im April 1525 in seiner Flugschrift „Ermahnung zum Frieden auf die zwölf Artikel der Bauernschaft in Schwaben“ ein. Die Bauern hatten ihn als Richter angerufen. Der Wittenberger Reformator versuchte, zwischen beiden Seiten zu vermitteln: Die Fürsten und Herren trügen Mitschuld am Aufruhr, schrieb er, wenn sie die Bauern schindeten und das Evangelium unterdrückten. Von den Forderungen der Bauern in ihren Artikeln seien „etliche so billich und recht“, dass man darüber eigentlich nicht streiten müsse. Doch machte Luther auch klar, dass es den Bauern nicht erlaubt sei, ein christliches Recht für sich zu beanspruchen, Selbstjustiz zu üben und sich gegen ihre rechtmäßige Obrigkeit aufzulehnen.

Als sich die Kämpfe Ende April 1525 ausweiteten und sich in Thüringen Bauern mit Städtern und benachteiligten Bergarbeitern zu einer breiten Volksbewegung zusammenschlossen, verschärfte Luther seine Kritik an den Aufständischen. Zum einen wollte er seinem „innerprotestantischen“ Kontrahenten Thomas Müntzer, der in Thüringen eine führende Rolle spielte, entgegentreten, zum anderen seinen neuen Landesherrn beraten. Denn Friedrich III., der seine schützende Hand über die Aufständischen gehalten hatte, war am 5. Mai 1525 gestorben. Ihm folgte sein Bruder Johann der Beständige (1468–1532). Bereits Anfang Mai 1525 ergänzte Luther seine Bauernkriegsschrift durch einen neuen Anhang, der auch als eigenständiger Druck veröffentlicht wurde. Der Titel „Wider die räuberischen und mörderischen Rotten der Bauern" sagte schon alles.

und sich gegen ihre Herren erhoben. Dies sei gegen Gottes Gebot, die gottgewollte weltliche Ordnung. „Gebt dem Kaiser, was des Kaisers ist", forderte Luther. Zum anderen richteten die Bauern Aufruhr an, „rauben und plundern mit Frevel Kloster und Schlosser, die nicht ihr sind, damit sie als die offentlichen Straßenräuber und Morder alleine wohl zwiefältig den Tod an Leib und Seele verschulden". Die schlimmste

Ereignisort der Bauernkriege und somit auch der Reformation: die Marienkirche von Mühlhausen. Die gotische Marienkirche, in der der Revolutionsführer Thomas Müntzer als Pfarrer wirkte, ist nach dem Erfurter Dom die zweitgrößte Kirche Thüringens.

Luther warf den Bauern vor, sie seien nicht bereit, sich aus der Bibel belehren zu lassen. Stattdessen „fahren sie furt und greifen mit der Faust drein mit Vergessen ihrs Erbietens, rauben und toben und tun wie die rasenden Hunde". Gleich dreierlei „greuliche Sunden wider Gott und Menschen" begingen die Aufständischen, „daran sie den Tod verdienet haben an Leibe und Seele mannigfältiglich": Zum einen hätten sie ihrer rechtmäßigen Obrigkeit die Treue geschworen, diese aber gebrochen

Todsünde aber sei, dass sie ihre Untaten „mit dem Evangelio decken", sich „christliche Bruder" nennten und andere Menschen zwängen, solche Untaten mit ihnen zu begehen. Damit seien sie „die allergroßten Gotteslästerer und Schänder seines heiligen Namens" und dienten „dem Teufel unter dem Schein des Evangelii". Am Ende ruft Luther jedermann zu gnadenloser Justiz gegenüber den Aufständischen auf: „Steche, schlahe [schlage], würge hie [sie], wer da kann! Bleibst du druber tot, wohl

Blick auf das Harzstädtchen Stolberg mit seinem einmalig erhaltenen historischen Stadtkern mit Fachwerkhäusern im Renaissancestil. Bekanntester Sohn der Historischen Europastadt ist der Bauernführer Thomas Müntzer.

Thomas Müntzer – Theologe und Revolutionär

„Wer den Müntzer gesehen hat, der kann sagen, er habe den Teufel leibhaftig gesehen in seinem höchsten Grimm", soll Martin Luther über Thomas Müntzer gesagt haben, der sich von einem glühenden Anhänger des Wittenberger Reformators zu seinem schärfsten Gegenspieler entwickelt hatte. Müntzer, geboren um das Jahr 1489 in Stolberg im Südharz, studierte Theologie in Leipzig und in Frankfurt an der Oder. 1513 wurde er in Halberstadt zum Priester geweiht und erhielt eine erste Anstellung als Pfarrer in der Michaeliskirche zu Braunschweig. Danach war er Präfekt im Kanonissenstift Frose bei Aschersleben, wo er zugleich eine kleine Privatschule betrieb. 1519 vertrat er einen Priester in Jüterbog und war später Beichtvater der Zisterzienserinnen im Kloster Beudlitz bei Weißenfels. In den Jahren 1517 bis 1519 besuchte Müntzer immer wieder Wittenberg und erlebte Luther hautnah. Er begeisterte sich sogleich für die Sache der Reformation und nahm 1519 an der Leipziger Disputation zwischen Luther und Johannes Eck teil.

Aber bereits ein Jahr später, als er auf Empfehlung Luthers eine Pfarrstelle in Zwickau vertrat, radikalisierte sich Thomas Müntzer durch den Kontakt mit den „Zwickauer Propheten". Mit diesen aus Zwickau vertrieben, ging Müntzer 1521 für ein Jahr ins Exil nach Prag, wo er mit dem „Prager Manifest" die Grundlagen seiner fundamentalistischen Theologie niederschrieb. Neben einer scharfen Kirchenkritik war sie durchdrungen von starker Mystik, Spiritualität und Endzeiterwartungen („Apokalyptik"). Im Unterschied zu Luther lehnte Müntzer nicht nur die Kindstaufe ab, sondern schmälerte auch den Wert des geschriebenen Wortes Gottes in der Bibel: Man bedürfe nicht unbedingt dieses „äußeren Worts", um den wahren Glauben zu erlangen. Gott offenbare sich auch in Träumen und Visionen. Damit war praktisch der Bruch mit Luther vollzogen. Müntzer musste wegen seiner Radikalität Ende 1521 auch Prag verlassen. Nach einer Zeit unsteter Wanderschaft mit Stationen in Jena, Erfurt, Weimar und Glaucha gelangte der „Botenläufer Gottes", wie Müntzer sich selbst nannte, ins kursächsische Allstedt. Dort übernahm er Ostern 1523 eine Pastorenstelle und reformierte Messe und Liturgie. Müntzer gab seiner Theologie eine radikale sozialrevolutionäre Ausrichtung und kam zu der Überzeugung, dass die Mächtigen gestürzt werden müssten, weil sie dem wahren Glauben im Weg stünden. Als er im Sommer 1524 von den süddeutschen Bauernaufständen hörte, sah er sich in seiner Überzeugung bestätigt, dass das Ende der Welt bevorstehe. Im Juli 1525 verfasste er seine „Fürstenpredigt", in der er die Herrschenden zu radikaler Umkehr aufforderte und die sozialen Missstände anprangerte. Müntzer geriet in Konflikt mit seinem Landesherrn, floh im August 1524 zunächst ins thüringische Mühlhausen und schloss sich dann im Südschwarzwald den aufständischen Bauern an. Hier kam es

Stadtmauer mit Rabenturm und Thomas-Müntzer-Denkmal vor dem Frauentor in Mühlhausen. Die Bauernaufstände waren das erste große Aufbegehren des „einfachen Volkes“ im deutschen Raum.

auch zum Kontakt mit Züricher Reformatoren, die allerdings Müntzers Weg der Gewalt rundherum ablehnten.

Anfang 1525 kehrte Müntzer nach Thüringen zurück und stellte sich hier an die Spitze der Aufständischen. Im April 1525 rief er unter der Regenbogenfahne im Eichsfeld bewaffnete Männer zum Kampf: „Lasset euer Schwert nit kalt werden von Blut!“ Am 15. Mai 1525 kam es bei Frankenhausen am Fuße des Kyffhäuser zur Entscheidungsschlacht. Zwar konnten die Aufständischen rund 6.000 Mann aufbringen, aber sie waren den Fürstensöldnern nicht gewachsen. Müntzer selbst, den Martin in seiner Bauernschrift als den „Erzteufel, der zu Möhlhusen regiert und nichts denn Raub, Mord, Blutvergießen anricht“ im wahrsten Sinne des Wortes verteufelte, wurde gefangen genommen, gefoltert und

Vom Aufrührer zum Revolutionär: Mitglieder des DDR-Jugendverbandes während einer Zeremonie im Ferienlager „Thomas Müntzer“ am Kyffhäuser in Thüringen. Im Hintergrund ein großes Porträt des evangelischen Theologen und Reformators.

am 27. Mai 1525 vor den Toren Mühlhausens enthauptet. In der Folgezeit wurden Luther und seine Vertrauten nicht müde, Thomas Müntzer weiter zu diskreditieren, auch um sich von diesem „Aufrührer“ möglichst klar zu distanzieren. Erst Jahrhunderte später, während der bürgerlichen Revolution von 1848, gerieten Müntzers sozialrevolutionäre Ansichten, die jedem Menschen ein Widerstandsrecht zusprachen und die „gottgewollte“ ständische Ordnung ablehnten, wieder ins Bewusstsein und wurden positiv gedeutet. Angelehnt an Friedrich Engels Lob Thomas Müntzers machte die DDR aus ihm den ersten Repräsentanten „echten revolutionären Denkens“.

Luthers neuer Landesherr nach dem Tod Friedrichs III.: Johann der Beständige. Im Hintergrund des Porträts ist die Schlacht von Frankenhausen am 15. Mai 1525 dargestellt.

dir! Seliglichern Tod kannst du nimmermehr uberkommen, denn du stirbst in Gehorsam göttlichs Worts und Befehls (Röm. am 13.) und im Dienst der Liebe, deinen Nähisten zu retten aus der Hellen und Teufels Banden. So bitte ich nu: Fliehe von den Bauren, wer da kann, als vom Teufel selbs! Die aber nicht fliehen, bitte ich, Gott wöllte sie erleuchten und bekehren. Wilche aber nicht zu bekehren sind, da gebe Gott, daß sie kein Gluck noch Gelingen haben mussen. Hie spreche ein iglicher frummer Christ Amen."

Die Reformation, das „gemeine Volk" und die Fürsten

Luthers harte Worte hatten vermutlich kaum Einfluss auf den weiteren Verlauf des Bauernkriegs. Bevor der Text allgemein bekannt war, hatten die Fürsten begonnen, einen „Bauernhaufen" nach dem anderen blutig niederzuschlagen. Am 15. Mai 1525 besiegte das vereinigte hessisch-braunschweigische und sächsische Heer die Aufständischen in Frankenhausen. Thomas Müntzer wurde gefangen genommen und zwölf Tage später bei Mühlhausen hingerichtet. Ebenfalls im Mai wurden die Bauernheere in Süddeutschland, im Juni im Allgäu vernichtend geschlagen. Im Juli 1525 war der „Große Bauernkrieg" in seinen Hauptgebieten beendet. Einzig in Tirol, Salzburg und Graubünden kam es hier und da noch zu Aufständen, die sich bis in den Sommer 1526 hinzogen. Die Bilanz des Krieges war verheerend: Schätzungsweise 75.000 Menschen, überwiegend aufseiten der Aufständischen, fanden den Tod. Ergriffene Anführer und Hauptleute wurden meist ohne Gerichtsurteil zu Tode gefoltert oder sofort hingerichtet. Die Masse der Aufständischen musste Bußgelder zahlen oder Wiedergutmachungen leisten für die wirtschaftlichen Schäden, für zerstörte Burgen, Klöster, Schlösser usw. Effektiv hat manche Herrschaft durch die Entschädigungen seiner Untertanen sogar Gewinn gemacht.

Rückblickend waren die Bauernaufstände das erste große Aufbegehren des „einfachen Volks" gegen die Obrigkeit in Deutschland mit Forderungen nach einem selbstbestimmten Leben, die erst die demokratischen Revolutionen des 18. und

19. Jahrhunderts einlösen sollten. Die Aufständischen hatten ihre Ziele nicht erreicht, aber grundsätzlich schlechtergestellt war die Mehrzahl der Bauern und kleinen Bürger nach dem Aufstand auch nicht. Der Reichstag von Speyer 1526 stärkte sogar das Klagerecht der einfachen Menschen, was eine Zunahme bäuerlicher Prozesse vor dem Reichskammergericht nach sich zog. „Gewinner" dieses blutigen Konflikts gab es nicht. Doch die Territorialherren konnten ihre Macht weiter festigen.

Die lutherische Reformation aber verlor an Ansehen. Selbst Freunde und Anhänger Martin Luthers waren nach dessen Schrift gegen die Bauern konsterniert. Viele Menschen, die mit den reformatorischen Ideen einen politischen und sozialen Umbau der „Gesellschaft" verbanden, waren enttäuscht. Einige Landesfürsten jedoch erkannten, dass sie mit der Reformation ihre Stellung stärken konnten. War die Reformation anfangs eine Reformbewegung von unten, so wurde sie nun eine Angelegenheit der hohen Politik. Die Herrscher entschieden, welcher Glaube in ihrem Land der rechtmäßige war. Auf dem Reichstag zu Speyer 1530 sollten sich sieben Reichsfürsten und sechs Reichsstädte verbindlich zum lutherischen Bekenntnis, der „Confessio Augustana", bekennen – und mit ihnen zwangsweise auch ihre Untertanen und Bürger. Von der „Freiheit des Christenmenschen" konnte keine Rede sein.

Weder Bauern noch Ritterschaft konnten ihre Ziele erreichen. Blick auf Burg Hornberg, die Burg des Götz von Berlichingen, in Neckarzimmern in Baden Württemberg. Als freier Ritter kämpfte Götz von Berlichingen auf verschiedenen Seiten. Im Bauernkrieg stand er auf der Seite der Bauern aus dem Neckartal und dem Odenwald. Um 1540 zog er zusammen mit dem Kaiser gegen die Türken in den Kampf, etwas später auch gegen die Franzosen. Seine letzten Lebensjahre verbrachte der einst gefürchtete Ritter auf Burg Hornberg.

Die protestantischen Stände und ihr katholischer Kaiser

Die schnelle Ausbreitung der Reformation war nur möglich, weil sie sich mit den Interessen mächtiger Landesfürsten verband. Der Papst war weit weg in Rom und der junge Kaiser führte Krieg gegen Frankreich. Nach der Rückkehr von seinen Feldzügen bemühte sich Karl V. zwar um Ausgleich zwischen Protestanten und Katholiken, scheiterte jedoch an den verhärteten Fronten. Mächtige Landesfürsten machten sich die Religionsfrage zu eigen und den Konflikt zwischen der alten Kirche und dem neuen Glauben damit zum Politikum. Die protestantischen Stände legten auf dem Reichstag zu Augsburg 1530 ihr Bekenntnis vor, die „Confessio Augustana". Von nun an zog sich ein Graben durch Kirche und Reich.

Denkmal des Reformators Philipp Melanchthon vor der Stiftskirche in Bretten. Die von Melanchthon verfasste „Confessio Augustana" (Augsburger Glaubensbekenntnis) wurde auf dem Reichstag in Augsburg am 25. Juni 1530 verlesen.

Wer hat die Macht im Reich?

Theologen und Gelehrte, die für den „wahren Glauben" ihr Leben riskieren; Reichsritter als Vorkämpfer der Reformation; Reichsstädte als frühe Hochburgen; Fürsten, die Luther unterstützen oder aber die reformatorische Bewegung scharf bekämpfen; der „gemeine Mann", der an eine bessere Zukunft glaubt: In der Frage des rechten Glaubens, der rechten „Konfession", wie man bald sagen sollte, war das Reich bereits in den 1520er-Jahren tief gespalten. Gegner und Befürworter trennten dabei nicht nur theologische, sondern auch politische und soziale Fragen. Nach der blutigen Niederschlagung der Bauernaufstände übernahmen die regierenden Fürsten, die kleineren oder größeren „Reichsstände", das Zepter. Zwar blieb die Mehrheit von ihnen „katholisch", aber viele wechselten den Glauben, sei es aus religiöser Überzeugung oder aus politischem Kalkül.

Die politische und territoriale Zersplitterung des Reichs, die nur schwach ausgeprägte Zentralgewalt des Kaisers und das

Streben der Territorialherren nach mehr Macht begünstigten die Verbreitung der Reformation. Während der Kaiser im Reich eher symbolische als tatsächliche Macht ausübte, bestimmten die Fürsten, Herzöge, Grafen und kirchlichen Herren immer stärker die Politik. Hinzu kam die Schwäche der Päpste, die im Mittelalter zusammen mit dem Kaiser die geistliche und weltliche Macht im Reich repräsentierten. Ihre konfliktreiche, aber mächtige Verbindung wurde immer lockerer. Das „Heilige Römische Reich Deutscher Nation" befand sich in einem grundlegenden Wandel. Dazu gehörte auch ein erwachendes Nationalbewusstsein, auch wenn das Reich kein Nationalstaat war. Der Zusatz „Deutscher Nation" beschrieb die Nationalität der Bevölkerungsmehrheit. Denn neben Deutschen gehörten auch Italiener, Wallonen, Niederländer und andere Nationalitäten zum Reich.

In dieser Gemengelage wuchs nicht nur die Macht der Kurfürsten und anderer Territorialherren: Auch die Habsburger bauten ihre Stellung aus und nutzten dabei die Kaiserwürde. Während der Herrschaft Kaiser Maximilians I., vor allem aber seines Enkels Karl V. löste sich das Kaisertum von der Kirche und strebte die Vorherrschaft im Reich und in Europa an. Der mächtige Habsburger, der auch spanischer König war, verfolgte seine eigenen politischen Ziele und ordnete ihnen die Wünsche der Kirche und des Papstes unter. Karls Streben nach einer Universalmonarchie, die Europa beherrschte, führte zur Konfrontation mit Frankreich, das den Habsburgern die Vorherrschaft streitig machte.

Die Rüstung wirkt wie ein Sinnbild für den Niedergang einer ganzen Gesellschaftsschicht und auch das Ende einer Epoche: der Reiterharnisch Maximilians I. Die Rüstung besteht aus blankem Eisen, Messing und Lederstücken und stammt aus der Zeit um 1480.

Herrscher eines Reiches, in dem die Sonne nie unterging: Karl V., römisch-deutscher Kaiser und König von Spanien, auf einem Gemälde von 1532, von Jakob Seisenegger.

Karl V. kämpft gegen Franz I., nicht gegen Luther

Kaiser Karl V. war neben dem Papst der Hauptgegner Martin Luthers und der reformatorischen Bewegung. Ein Angriff auf die römische Kirche war ein Angriff auf das Heilige Römische Reich, die seit dem 10. Jahrhundert eine Einheit aus geistlicher und weltlicher Macht bildeten. Daran änderte auch die seit dem 15. Jahrhundert gewachsene Distanz zwischen Kaiser und Papst nichts. Zudem war Karl V. streng katholisch, seine Großeltern mütterlicherseits waren die „katholischen Könige" Ferdinand II. von Aragon und Isabella I. von Kastilien. Für den Habsburger war Luther ein exkommunizierter Häretiker, den er ohne Zögern auf dem Reichstag zu Worms 1521 ächtete. Allerdings musste er auf die Reichsstände Rücksicht nehmen, von denen einige mit Luther sympathisierten. Der

Kaiser brauchte vor allem Ruhe im Reich, denn sein ganzes Augenmerk galt den äußeren Bedrohungen seiner Macht.

Karl V. war der erste Habsburger, unter dessen Regentschaft alle Besitzungen der Familie in Europa und in Übersee vereint wurden. Als Kind hatte er 1506 nach dem Tod seines Vaters Philipp der Schöne (1478–1506) die Herrschaft über das Herzogtum Burgund geerbt, das neben der französischen Picardie die Gebiete des heutigen Belgiens und der Niederlande umfasste. Burgund war damals einer der modernsten und wirtschaftskräftigsten Staaten Europas. Karl wuchs bei seiner Tante in Mecheln und Brüssel auf, sprach Französisch und erhielt seine religiöse Erziehung von dem späteren Papst Hadrian VI. (1459–1523). 1516 wurde er spanischer König. Doch sein Ehrgeiz ging weiter. Er wollte deutscher König und Kaiser werden. Bei der Königswahl 1519 setzte Karl sich gegen mächtige Mitbewerber durch: Luthers Landesherrn Friedrich III. von Sachsen, den französischen König Franz I. und den englischen König Heinrich VIII. 1520 nahm Karl den Kaisertitel an. Damit hatten die Habsburger ihre größten Konkurrenten um die Vorherrschaft in Europa, das in Frankreich herrschende Geschlecht der Valois, praktisch eingekreist: im Norden und Westen durch Burgund und das bis nach Italien reichende Heilige Römische Reich, im Süden durch Spanien, dem auch große Teile Süditaliens gehörten. Das machte den französischen König Franz I. zum erbitterten Feind Karls V. In Norditalien eskalierte der Konflikt und es begann ein viele Jahre andauernder Krieg zwischen den beiden Kontrahenten.

Unmittelbar nach dem Reichstag zu Worms schloss Karl V. im Mai 1521 ein militärisches Offensivbündnis mit Papst Leo X. Mailand war in die Hand Frankreichs gefallen, das von hier aus mit den Söldnertruppen der reichen Stadtrepubliken Genua, Ferrara und Venedig das habsburgische Neapel angreifen wollte. Zwar gelang es Truppen des Reichs und Spaniens Ende 1521, Mailand zurückzuerobern, doch ging Mailand im Herbst 1523 wieder verloren. Franz I. drängte die kaiserlich-spanische Armee immer weiter zurück, die 1524 nur noch einige wenige Festungen in Norditalien hielt. Karl V. drohte den Krieg zu verlieren, als der damalige Papst Clemens VII. (1478–1534) im Dezember 1524 auf die Seite des französischen Königs wechselte. Dem Kirchenoberhaupt aus der einflussreichen und reichen Florentiner Familie der Medici ging es um die Macht des Kirchenstaates, nicht um das Heil des Christentums.

Der Sieg über die französischen Truppen bei Pavia bedeutete eine überraschende Wende zugunsten Karls V. Die Schweizer Söldner Franz' I. fliehen über den Ticino, Ausschnitt aus einem Bildteppich, Brüssel um 1528/31.

Der „Sacco di Roma" – eine Fügung Gottes?

Doch wendete sich das Kriegsglück zugunsten Karls V.: Ende Februar 1525 gelang den kaiserlichen Truppen ein überraschender Sieg über die bei Pavia belagernden französischen Truppen, bei dem König Franz I. in Gefangenschaft geriet. Im Frieden von Madrid musste der Franzose im Januar 1526 auf alle Ansprüche auf Mailand, Genua und Burgund verzichten. Karl V. wähnte sich am Ziel. Doch mit der Macht des Kaisers wuchs auch wieder die antihabsburgische Opposition. Franz I. brach den Frieden mit dem Argument, er sei ihm in der Gefangenschaft aufgezwungen worden. In Cognac schloss er im Mai 1526 mit Papst Clemens VII., Venedig, Florenz und dem Herzog von Mailand die „Heilige Liga", die in Italien den Krieg gegen Karl V. fortsetzte. Karls Söldnerheere waren der Allianz zwar militärisch überlegen, doch gab es andere Probleme: Schon seit Monaten hatten die kaiserlichen Landsknechte keinen Sold mehr erhalten. Die Unruhe in der Truppe wuchs. Von den Reichsständen waren auch keine zusätzlichen Gelder zu erwarten. Sie hatten gerade erst die Entsendung von 24.000 Soldaten beschlossen, die Ungarn gegen die anstürmenden Türken unterstützen sollten.

Im Frühjahr 1527 spitzte sich die Lage zu, die spanischen, deutschen und italienischen Söldner rebellierten. Zunächst zogen sie gegen das zur „Heiligen Liga" gehörende Florenz, das die Angriffe aber abwehren konnte. Von ihren Offizieren und protestantischen Flugschriften gegen den Papst aufgehetzt griffen die Söldner daraufhin am 6. Mai 1527 Rom an. Sie stießen dort nur auf geringen Widerstand, weil Clemens VII. kurz zuvor aus finanziellen Gründen viele seiner Soldaten entlassen hatte. Ein Großteil der Schweizer Garde, der Armee des Vatikans, wurde von den Landsknechten auf dem Petersplatz niedergemetzelt. Der Papst floh mit wenigen Bewachern in die Engelsburg. Da es keinen von allen Söldnern anerkannten Anführer gab, gerieten die damals in Kriegen durchaus üblichen dreitägigen Plünderungen rasch außer Kontrolle: Die Horden zogen wahllos raubend, vergewaltigend, folternd und mordend durch die Stadt, plünderten und zerstörten Kirchen, Krankenhäuser, Paläste und Kunstschätze. Der Vatikan wurde in Brand gesetzt. Clemens VII. kapitulierte nach einigen Wochen und floh nach Orvieto. Rom und weite Gebiete des Kirchenstaats waren in kaiserlicher Hand. Karl V. soll in diesen Ereignissen, die als „Sacco di Roma" in die Geschichte eingingen, eine Fügung Gottes gesehen haben.

Unterdessen ging der Krieg mit Frankreich weiter, wobei Karl V. jetzt militärisch entscheidende Vorteile hatte. Im Sommer 1528 wechselte Genua mit seiner mächtigen Flotte unter Admiral Andrea Doria (1466–1560) auf die Seite des Habsburgers. Damit erlangte Karl V. die maritime Oberhand im westlichen Mittelmeer und einen

Kaiserkrönung Karls V. durch Papst Clemens VII. in Bologna am 24. Februar 1530, zeitgenössische Fayence-Schale, Bologna.

Für den Habsburger ein Sieg auf ganzer Linie: Feierlicher Aufzug Kaiser Karls V. und Papst Clemens' VII. in Bologna nach der Kaiserkrönung, zeitgenössische Radierung von Nikolaus Hogenberg.

sicheren Nachschubweg von Spanien nach Italien. Franz I. sah sich gezwungen, die Belagerung Neapels aufzugeben und auch seine Truppen aus der Lombardei zurückzuziehen. Ein Jahr später gab sich Franz I. endgültig geschlagen und schloss mit Karl V. im August 1529 den Frieden von Cambrai. Frankreich verzichtete auf alle Ansprüche auf Neapel, Genua und Mailand sowie die Souveränitätsrechte im Artois und in Flandern. Mit dem Papst schließlich schloss Karl V. Ende Juni 1529 den Frieden von Barcelona: Clemens VII. erhielt den Papstthron zurück, außerdem gingen unter anderem Ravenna, Modena und Reggio wieder an den Kirchenstaat. Im Gegenzug anerkannte der Papst endgültig die Hegemonie des Habsburgers in Italien und Europa an. Karl V. und auch sein in den Friedensvertrag einbezogener Bruder Ferdinand I. (1503–1564) versicherten, im Reich gegen die Reformation vorzugehen. Damit war auch der Weg zur Kaiserkrönung durch den Papst Ende Februar 1530 in Bologna geebnet. Karl V. hatte auf ganzer Linie gesiegt. Jetzt konnte er sich den anderen drängenden Problemen zuwenden: der Abwehr der Türken im Südosten und endlich auch der Religionsfrage im Reich.

Starke, aber uneinige Reichsstände

Karls Streben nach Vorherrschaft in Europa nutzten die Reichsstände für ihre Interessen, denn der Kaiser war auf ihre Unterstützung angewiesen. Schon die umstrittene Wahl Karls zum König 1519 hatte ihnen Vorteile gebracht: Der Habsburger musste für die Stimmen der Kurfürsten große Summen zahlen, die er sich bei den Fuggern lieh. Vor allem aber nötigten die Reichsstände Karl eine „Wahlkapitulation" ab, in der er ihnen weitgehende Zugeständnisse machte. Unter anderem wurden ihnen alle „Regalien, Oberkait [Obrigkeit] Freiheiten, Privilegien, Phandschaften [Pfandschaften] und Gerechtigkeiten, auch Gebrauch und guete Gewonheiten, so sie bisheer gehebt oder in Ubung gewesen sein, zu Wasser und zu Lande in guter bestendiger Form on all Waigerung confirmirt [bekräftigt]". Die Wahlkapitulation wurde zur Grundlage aller künftigen Königswahlen und war so etwas wie eine Reichsverfassung.

Auf dem Reichstag zu Worms 1521 setzten die Reichsstände eine weitere alte Forderung durch: die Einrichtung eines „Reichsregiments" in Nürnberg. Dieser „Reichsregierung" gehörten 22 Vertreter aus den Reihen der „Churfürsten, Fürsten, Graven, freien Herren und Stende" an sowie ein vom Kaiser eingesetzter Statthalter, der volle „Gewalt, Macht und Befelich" des Kaisers besaß. Karl V., der in Worms seinem Bruder die Herrschaft über die österreichischen Erblande übertrug und ihn

Um seinen Machtanspruch zu halten, musste Karl V. den Reichsständen einige Zugeständnisse machen. Allegorie auf das Reich unter Kaiser Karl V. – der Kaiser flankiert von seinen Gegnern, Franz I., Papst Clemens VII., Süleyman II. (links) und den protestantischen Territorialfürsten.

zu seinem Statthalter im Reich erklärte, verlangte im Gegenzug von den Reichsständen auch einiges: Mit der sogenannten „Reichsmatrikelordnung" wurden alle Stände verpflichtet, den Kaiser finanziell und je nach Leistungsfähigkeit mit Truppen im Kampf gegen die Türken zu unterstützen. Trotz des Machtgewinns der Reichsstände gelang es Karl V. während seiner Feldzüge in Italien, die Zügel in der Hand zu halten. Denn die Reichsstände waren nicht einig und konnten gegeneinander ausgespielt werden.

Die Reformation und die protestantischen Stände

In Religionsfragen hielt sich der Kaiser zurück. Er wollte sich die Unterstützer Luthers im Reich nicht zu Gegnern machen, denn er brauchte ihre Unterstützung, solange er Krieg führte. Die konziliante Religionspolitik Karls V. spiegelte sich in den Beschlüssen der Reichstage, den sogenannten „Reichabschieden", wider. Gut ein Jahr nach Abreise des Kaisers traten die Reichsstände im Winter 1522/1523 in Nürnberg erneut zusammen. Der neue Papst Hadrian VI. (1459–1523) mahnte mit Nachdruck, das Wormser Edikt zu befolgen – und gab sich zugleich selbstkritisch und reformbereit: Er versprach, „dass wir allen Fleiß anwenden wollen, damit zuerst der römische Hof, von welchem vielleicht all diese Übel ihren Anfang genommen, gebessert werde, dann wird, wie von hier die Krankheit ausgegangen ist, auch von hier die Gesundung beginnen". Den Ständen wurde die Ausrichtung eines „freien christlichen Konzils" zugesagt. Ein Jahr später erhielten sie auf dem Reichstag von 1524

Das durch die Auflösung von Klöstern und Stiften zur Verfügung stehende Kirchengut gab den reformatorischen Landesherren neue Gestaltungsspielräume. So gründete Philipp der Großmütige 1527 die Universität Marburg, die erste protestantische Universität der Welt. Blick über die Lahn auf den neogotischen Bau der Alten Universität in Marburg.

das Recht, eine „Allgemeine Versammlung Teutscher Nation" einzuberufen, die den Glaubensstreit in Deutschland lösen sollte. Auf dem Reichstag zu Speyer im Sommer 1526 brauchte Ferdinand die Unterstützung der reformatorischen Reichsstände im Krieg gegen die vordringenden Türken und schloss mit ihnen eine Vereinbarung, die einer Aufhebung des Wormser Edikts gleichkam. Im Reichsabschied vom 27. August 1526 versprachen die Reichsstände bis zur Einberufung eines Nationalkonzils „für sich also zu leben, zu regieren und zu halten, wie ein jeder solches gegen Gott, und Käyserl. Majestät hoffet und vertraut zu verantworten". Damit wurde das Entscheidungsrecht in Glaubensfragen faktisch auf die einzelnen Reichsstände übertragen.

Diese Vereinbarung gab der Reformation weiteren Auftrieb. Dass die Frage des wahren Glaubens nun Sache der Obrigkeiten wurde, war durchaus im Sinne Martin Luthers. Er hatte seit dem blutigen Ausgang des Bauernkriegs seine ursprüngliche Idee aufgegeben, die Kirche „von unten", „aus der Gemeinde" heraus zu erneuern. Jetzt setzte er ganz auf die Legitimation der Gemeinden durch eine von den regierenden Fürsten getragene Kirchenordnung. Die weltlichen Fürsten gewannen dadurch nicht nur Einfluss in religiösen Dingen, die in der Frühen Neuzeit immer auch politisch waren, sondern auch wirtschaftliche Gestaltungsmöglichkeiten. So konnten sie Klöster auflösen und deren zum Teil sehr große Besitzungen übernehmen. Landgraf Philipp I. von Hessen zum Beispiel, der 1526 die Reformation in seinem Territorium einführte, nutzte die Säkularisation von Kirchengut 1527 zur Gründung der Universität Marburg, der ersten protestantischen Universität der Welt.

Die Reichsstände, die die Reformation unterstützten, rückten nun enger zusammen. Ende Februar 1526 schlossen Hessen und Sachsen den „Torgauer Bund", in dem sie sich gegenseitigen Beistand im Falle eines gegnerischen Angriffs zusicherten und die Erhaltung und Verbreitung der „neuen" Kirche in ihren Ländern unterstützten. Philipp von Hessen und Johann von Sachsen reagierten damit auf den zeitgleich gegründeten „Dessauer Bund“ katholischer Fürsten. In kurzer Zeit schlossen sich dem ersten Beistandsbündnis der Reformation weitere Landesherren des besonders luthertreuen deutschen Nordens und Nordostens an: Herzog Philipp I. von Braunschweig-Gubenhagen (1476 –1551), die Herzöge Ernst I. „der Bekenner“ (1497–1546) und sein Bruder Franz von Braunschweig-Lüneburg (1508–1549), Herzog Heinrich V. von Mecklenburg „der Friedfertige“ (1479–1552), Herzog Albrecht von Preußen (1490–1568), Fürst Wolfgang von Anhalt-Köthen (1492–1566), Graf Albrecht VII. von Mansfeld (1480–1560) sowie die Stadt Magdeburg, die massiv von ihrem Erzbischof Albrecht von Brandenburg (1490–1545) bedroht wurde.

Das Entscheidungsrecht der einzelnen Reichsstände in Glaubensfragen gab der Reformation enormen Auftrieb. Luther-Denkmal im Heylshofpark in Worms, im Vordergrund die Statue Philipps des Großmütigen, Landgraf von Hessen.

Die „Protestanten“ geraten in Streit und in die Defensive

Die günstigen Bedingungen für die Ausbreitung der Reformation waren nur von kurzer Dauer. Auf dem Reichstag von 1529 beschloss die katholische Mehrheit der rund 300 stimmberechtigten Reichsstände mit Unterstützung Ferdinands, den Kompromiss von 1526 aufzukündigen und das Wormser Edikt mit aller Konsequenz wieder in Kraft zu setzen. Der Statthalter des Kaisers hatte damit den zurückhaltenden Kurs seines Bruders Karl aufgegeben, weil er offenbar eine weitere Ausbreitung der Reformation befürchtete. Gegen diesen Reichsabschied legte eine Reihe von Reichsständen, darunter der Kurfürst Johann von Sachsen, der Landgraf Philipp von Hessen und die 14 Reichsstädte Straßburg, Nürnberg, Ulm, Costnitz, Lindau, Memmingen, Kempten, Nördlingen, Heilbronn, Reutlingen, Isny, Sankt Gallen, Weißenburg und Windsheim Protest ein. Sie verwahrten sich dagegen, in Glaubens- und Gewissensfragen Mehrheitsbeschlüsse des Reichstags akzeptieren zu müssen: „in Sachen Gottes Ehre und der Seelen Seligkeit belangend [müsse] ein jeglicher Stand für sich selbst vor Gott stehen und Recht geben“. Seit diesem Tag wurden die Anhänger der Reformation „Protestanten“ genannt.

Bei einem anderen Beschluss des Reichstags von 1529 zeigten Katholiken und Protestanten aber eine überraschende Einigkeit: dem scharfen Gesetz bzw. „Mandat“ gegen die sogenannten „Wiedertäufer“. In der radikalen Phase der Reformation hatten sich Mitte der 1520er-Jahre sogenannte „Täuferbewegungen“ gebildet, die sich in vielen Orten Süddeutschlands, Österreichs, der Schweiz, aber auch in Norddeutschland und den späteren Niederlanden ausbreiteten. Bei allen Unterschieden innerhalb der Bewegung hatten sie mit den Anhängern

Die Täufer und das „Neue Jerusalem"

Die Anfänge der Täuferbewegung lagen im Gebiet von Zürich und standen im Zusammenhang mit Zwinglis Reformation. Einigen Predigern waren die Reformen Zwinglis nicht radikal genug. Sie strebten nach einer Gesellschaft ohne kirchliche und weltliche Obrigkeiten und nach einer Wiederherstellung des biblischen Urchristentums. Und sie verweigerten die Säuglingstaufe. Zwingli lehnte die Auffassungen der Täufer ab, zu denen auch seine ehemaligen Weggefährten Konrad Grebel (1498–1526) und Felix Manz (1498–1527) gehörten. Der Zürcher Stadtrat stellte die Agitation der Täufer unter schwere Strafe. Trotzdem setzten die Anhänger ihre gemeinsamen Treffen und Bibelstunden fort. Die Taufe Grebels, Manz' und anderer durch den ehemaligen katholischen Priester Jörg Blaurock (1492–1529) am 21. Januar 1525 war ein mutiges Zeichen und gilt bis heute als Gründungsakt der Täuferbewegung. Da die Täufer trotz Verbots ihre Missionstätigkeit fortsetzten, wurden ihre Anführer verhaftet. Einige wurden ausgewiesen, anderen gelang die Flucht. Felix Manz wurde Anfang 1527 durch Ertränken in Zürich hingerichtet, Jörg Blaurock nach seiner Flucht und weiterer Missionstätigkeit im September bei Klausen verbrannt.

Die Religionsgemeinschaft der Mennoniten ging aus der Täuferbewegung hervor, der sich 1536 der Geistliche Menno Simons anschloss. Sie sind heute weltweit verbreitet. In Belize zum Beispiel machen heute die Mennoniten insgesamt vier Prozent der rund 300.000 Einwohner aus.

Ausgehend von der Schweiz breiteten sich die sehr unterschiedlichen Täuferbewegungen seit 1525, vor dem Hintergrund der gesellschaftlichen Umbrüche und Unruhen der frühen Reformationszeit, ungemein schnell in ganz Mitteleuropa aus. Die „Schweizer Brüder" gründeten nach Vorbild der Zürcher Urgemeinde Gemeinschaften in der Schweiz, am Oberrhein, im Kraichgau und Elsass. Sie lebten in Erwartung des Weltendes und der Wiederkehr Christi sehr zurückgezogen, asketisch und lehnten alle weltliche Autorität ab. Die entstehenden Täufergemeinden in Hessen, Thüringen und Österreich waren stark missionierend tätig. Typisch für die süddeutschen Gemeinden in Schwaben, Bayern und Franken war außerdem, dass sie alle Ehen auflösten und ihre Mitglieder neu verheirateten. In Mähren lebten die Hutterer (nach Jakob Hutter, 1500–1536) auf Brüderhöfen in Gütergemeinschaften nach dem Vorbild der Jerusalemer Urgemeinde. Nachfahren der Hutterer leben bis heute in zahlreichen Gemeinschaften in den USA. Weitere Gruppen waren die „Niederdeutschen Täufer" in Ostfriesland und den Niederlanden, nach ihrem Gründer Melchior Hofmann (um 1495–1543) auch „Melchioriten" genannt und später

„Mennoniten“ nach dem einflussreichen pazifistischen Theologen Menno Simons (1496–1561). Unter diesem Namen wurden später auch andere Täufergruppen vereint, die wegen des hohen Verfolgungsdrucks in alle Welt zogen.

Eine besonders bizarre Ausprägung des Täufertums war das „Königreich“ der Wiedertäufer im westfälischen Münster. Die Stadt war 1533 evangelisch geworden, zunächst im lutherischen Sinne. Doch schon bald gewannen radikale Täufer vom Niederrhein und aus den Niederlanden an Einfluss. Der Anfang 1534 aus Haarlem zugewanderte Prediger Jan Matthijs oder Matthis (1500–1534) eroberte die Mehrheit im Stadtrat und erklärte Münster zum „Neuen Jerusalem“: Alle, die nicht zur Wiedertaufe bereit waren, ein Großteil der Bevölkerung einschließlich des Bischofs Franz von Waldeck (1491–1553), mussten die Stadt verlassen; ihr Besitz und ihre Häuser wurden beschlagnahmt. Matthijs kündigte für Ostern 1534 das Erscheinen Christi in Münster an und begann mit dem radikalen Umbau der Stadt. So wurde unter anderem aller Besitz in eine Gütergemeinschaft umgewandelt. Währenddessen belagerten katholische und protestantische Truppen die Stadt. Als die Wiederkehr des Herrn ausblieb, verließ Matthijs Münster und wurde von den Belagerern getötet.

Nach ihm übernahm Jan van Leiden (1509–1536) die Herrschaft, die immer bizarrere Züge annahm. Unter anderem wurde, wegen des hohen Frauenüberschusses in Münster, die Polygamie eingeführt. Van Leiden selbst soll 16 Ehefrauen gehabt haben. Kritiker in den eigenen Reihen wurden gefoltert und hingerichtet, teils von van Leidens eigener Hand, und das obwohl die Täufer eigentlich für Gewaltlosigkeit eintraten. Nachdem aber Münster im September 1535 einen Angriff der Belagerer abwehren konnte, ernannten die Münsteraner Jan van Leiden zum „König Johannes I.“. Aber die Lage in der von Hungersnot geplagten Stadt wurde immer auswegloser. Ende Juni 1536 stürmten die Belagerer Münster und richteten ein Blutbad an: Rund 650 Wiedertäufer fielen bei der Verteidigung der Stadt, ein Teil der Frauen wurde vertrieben. In den folgenden Wochen richteten die Sieger alle verbliebenen Täufer. Die Anführer Jan van Leiden, Bernd Krechting (1500–1536) und Bernd Knipperdolling (1495–1536) wurden am 22. Januar 1536 zu Füßen der Münsteraner Lambertikirche mit glühenden Zangen zu Tode gefoltert. Ihre Leichen stellte man in drei am Turm der Lambertikirche aufgehängten Eisenkörben zur Schau. Dort, hoch über dem Münsteraner Prinzipalmarkt, sind die Körbe heute noch zu sehen.

Noch heute sind die drei Eisenkörbe an der Lambertikirche in Münster zu sehen, in denen die Leichen der hingerichteten Anführer der Münsteraner Wiedertäufer zur Schau gestellt wurden.

Noch Jahrhunderte später sind Konfession und Kirchenbau eng mit einem Machtanspruch verknüpft. Die Gedächtniskirche der Protestation (l.) wurde in den Jahren 1893 bis 1904 zur Erinnerung an die im Jahre 1529 auf dem Reichstag zu Speyer erfolgte Protestation zu Speyer errichtet. Ihr Turm ist mit 100 m der höchste Kirchturm der Pfalz. Die 1914 geweihte katholische Pfarrkirche St. Joseph (r.) wurde als Reaktion auf die protestantische Gedächtniskirche zu Speyer erbaut. Baulich wurden hier – im Gegensatz zur „protestantisch strengen", einheitlichen Gedächtniskirche – Elemente der Gotik, des Barocks und des Jugendstils vereint.

Luthers und Zwinglis gemein, dass sie einzig die Heilige Schrift als Glaubensgrundlage akzeptierten. Allerdings legten sie diese viel radikaler aus. Sie lehnten die Kindstaufe ab und praktizierten die Erwachsenentaufe als Glaubensbekenntnis, was sowohl Luther, Zwingli als natürlich auch die katholische Kirche ablehnten. Das für die staatliche Ordnung Gefährliche an den Täuferbewegungen war, dass sie Eide, den Wehrdienst und jegliche Form von Obrigkeit ablehnten. Damit waren sie eine Gefahr für die weltliche Ordnung, die von den katholischen wie protestantischen Reichsständen gleichermaßen gestützt wurde.

Zürich, Bern und Sankt Gallen gingen bereits ab 1526 mit der Zustimmung Zwinglis brutal gegen die Täufergemeinden vor. In den österreichischen Erblanden wurden diese ab 1527 vehement verfolgt. Das neue Reichsmandat erklärte die Täufer für vogelfrei: alle „Widertaeuffer und Widergetauffte, Mann- und Weibs-Personen, verstaendigs Alters" sollten nach Ergreifung „vom natürlichen Leben zum Tod, mit Feuer, Schwerdt, oder dergleichen, nach Gelegenheit der Personen, ohn vorhergehend der geistlichen Richter Inquisition [ohne Inquisitionsurteil], gericht[et] und gebracht werden". Die geschätzten 12.000 Anhänger dieser radikalen Ausprägung der Reformation wurden in den folgenden Jahren massiv verfolgt und rund 700 Täufer hingerichtet.

So kämpften die Protestanten an verschiedenen Fronten: mit den katholischen Reichsständen und dem Kaiser gegen die radikalen Wiedertäufer, gemeinsam gegen die Wiederaufnahme des Wormser Edikts und untereinander um den rechten Glauben. Denn das im Oktober 1529 in Marburg geführte Religionsgespräch zwischen Zwingli und Luther machte die Differenzen der beiden Oberhäupter ihrer Glaubensrichtung deutlich. Eine Vereinigung der Lutheraner und Zwinglianer scheiterte an der unterschiedlichen Auffassung von der Gestaltung des Abendmahls. Die protestantische und die reformierte Kirche gingen getrennte Wege. Eine Entwicklung, die die Reformation schwächte und in die Defensive drängte.

„Windsheimer Konfessionsbild" – die Übergabe der Confessio Augustana an Kaiser Karl V. am 25. Juni 1530 und Darstellung der gottesdienstlichen Handlungen der evangelischen Kirche, Gemälde von 1601, von Andreas Herneisen.

Die „Confessio Augustana"

Als Karl V. Anfang 1530 ins Reich zurückkehrte, strebte er einen Ausgleich mit den protestantischen Ständen an. Er sei bereit, erklärte der Kaiser unmittelbar vor dem Reichstag zu Augsburg, „eines jeglichen Gutbedünken, Opinion und Meinung [...] in Liebe und Gütigkeit zu hören, zu verstehen und zu erwägen, diese zu einer christlichen Wahrheit zu bringen und zu vergleichen". Kurfürst Johann von Sachsen beauftragte daraufhin Philipp Melanchthon, die sogenannte „Confessio Augustana" in deutscher und lateinischer Schrift auszuarbeiten. Die Bekenntnisschrift basierte auf den von Luther gegen Zwingli verfassten „Schwabacher Artikeln" und den „Torgauer Artikeln". In 28 Artikeln legte die „Augsburger Konfession" in vergleichsweise versöhnlichem Ton die wesentlichen Grundlagen des lutherischen Glaubensverständnisses und Kirchenbegriffs dar. Sie wurde am 25. Juni 1530 auf dem Reichstag verlesen und dem Kaiser von den sechs führenden protestantischen Fürsten (Kurfürst Johann von Sachsen, Markgraf Georg von Brandenburg, die Herzöge Ernst und Franz von Braunschweig-Lüneburg, Landgraf Philipp von Hessen und Fürst Wolfgang von Anhalt) und den sechs Reichsstädten Nürnberg, Reutlingen, Kempten, Heilbronn, Windsheim und Weißenburg überreicht. Sie gehört bis heute zu den wichtigsten Bekenntnisschriften der lutherischen und, in einer erweiterten Fassung von 1540, auch der reformierten Kirchen. Melanchthon und die Mitverfasser, unter anderem Georg Spalatin und Johannes Agricola, nahmen das Verständigungsangebot des Kaisers durchaus ernst, betonten die Übereinstimmungen mit der kirchlichen Tradition und lehnten jede Form von Radikalität ab.

Dem Reichstag wurden noch zwei weitere Bekenntnisschriften vorgelegt: Die vier oberdeutschen Reichsstädte Lindau, Konstanz, Memmingen und Straßburg vertraten in der „Confessio Tetrapolitana" in der Abendmahlsfrage eher Positionen Zwinglis. Und auch der Schweizer Reformator verfasste eine an den Kaiser gerichtete Denkschrift, die „Fidei ratio". Beide

Das Augsburger Bekenntnis

Der Reichstag zu Augsburg 1530 war für Luther und seine Anhänger eine Gelegenheit, die theologischen Grundlagen ihres Glaubens zu formulieren. Sie taten dies in Form eines Bekenntnisses, der „Confessio Augustana“. Sie umfasste 28 Artikel, ihr Hauptautor war Philipp Melanchthon. Im ersten Teil, der aus 21 Artikeln besteht, geht es unter dem Titel „Glauben und Lehre“ vor allem um die Übereinstimmungen der lutherischen Lehre mit der Schrift und der Tradition der Kirche. So stimmt man mit der Vorstellung eines „dreieinigen Gottes“ (Vater, Sohn und Heiliger Geist) überein (Artikel 1), mit der Existenz der „Erbsünde“ (Artikel 2), der Menschwerdung Gottes in Jesus Christus und seiner Auferstehung (Artikel 3) und vielen anderen zentralen Aspekten des Glaubens. Überhaupt argumentiert Melanchthon, die Lutheraner wollten keine Kirchenspaltung. Vielmehr werde gelehrt, „daß allezeit eine heilige, christliche Kirche sein und bleiben muß, die die Versammlung aller Gläubigen ist, bei denen das Evangelium rein gepredigt und die heiligen Sakramente laut dem Evangelium gereicht werden“. Für die wahre Einheit der Kirche sei es nicht erforderlich, dass überall die gleichen, „von den Menschen eingesetzten Zeremonien eingehalten werden“.

Die wesentlichen Abweichungen von der Lehre der katholischen Kirche werden in den Artikeln 22 bis 28 zusammengefasst und betreffen die Riten und Bräuche, die sich nach Auffassung der Lutheraner nicht aus der Schrift belegen lassen: Man feiere das Abendmahl in beiderlei Gestalt, da sich die Verweigerung des Laienkelches nicht in der Schrift belegen lasse (Artikel 22). Das Gleiche gelte für den Zölibat für Priester, zumal Gottes Schöpfungsordnung die Ehe für alle Menschen vorsehe (Artikel 23), und für die ebenso unrechtmäßigen Klostergelübde (Artikel 27). Ferner werden alle Messopfer und Privatmessen abgelehnt (Artikel 24). Im Artikel 25 wird dargelegt, dass die Beichte kein Sakrament und nur von der Kirche eingesetzt sei. Der „Von der Unterscheidung der Speisen“ überschriebene Artikel 26 behandelt nicht nur Fastenregeln und Speisevorschriften, sondern Askese und andere Riten der katholischen Kirche: Sie werden grundsätzlich bejaht, aber es wird betont, dass man sich dadurch alleine nicht das Heil erwerben könne. Schließlich wird festgehalten, dass das Amt des Bischofs rechtens sei, die Amtsträger sich aber ausschließlich um geistliche Dinge kümmern dürften (Artikel 28).

Die Superintendentur in Torgau: In diesem Haus verfasste Martin Luther mit Melanchthon, Jonas und Bugenhagen im Jahr 1530 die „Torgauer Artikel“, die Grundlage des Augsburger Bekenntnisses.

fanden kaum Beachtung und wurden vom Kaiser nicht angenommen.

Der katholischen Seite ging es von vornherein nicht um die Darstellung ihrer Glaubenslehre. Sie antwortete auf die Confessio Augustana Anfang August mit der „Confutatio“ (Widerlegung), ausgearbeitet von einer altgläubigen Theologenkommission unter Vorsitz von Martin Luthers altbekanntem Widersacher Johannes Eck. Dieser widerlegte in 440 Artikeln das protestantische Glaubensbekenntnis und brandmarkte es als häretisch. Damit war der Weg einer Verständigung verbaut. Im November 1530 wurden die Religionsverhandlungen abgebrochen, der Reichstagsabschied vom 19. November 1530 setzte das Wormser Edikt wieder in Kraft. Das bedeutete, dass jedwede reformatorische Veränderung als Landfriedensbruch galt und mit scharfen Sanktionen bis hin zum Krieg bestraft werden konnte. Martin Luther begriff die „Confutatio“ sofort als Kampfansage und schrieb dem Wittenberger Kollegen und Mitautor der „Confessio Augustana“ Justus Jonas (1493–1555): „Ich berste fast vor Zorn und Entrüstung. Ich will, dass Ihr die Verhandlungen abbrecht und zurückkehrt. […] Wird ein Krieg draus, so werde daraus: wir haben genug gebetet und getan!“ Noch war es nicht so weit, doch Luthers Welt drohte aus den Fugen zu geraten.

Deckenwappen der Gedächtnishalle des Melanchthonhauses in Bretten. Die Schlusssteine der sechs Gewölbejoche und der des Chores in der Gedächtnishalle zeigen die Wappen der sieben evangelischen Reichsstände, die als erste das Augsburger Bekenntnis unterschrieben.

Ein altbekannter Widersacher Luthers: Johannes Eck, eigentlich Maier aus Egg, Hauptgegner der Reformation. Epitaph des Dr. Johannes Eck, Bronze, nach 1543, im Liebfrauenmünster in Ingolstadt. Eck galt als herausragender Rhetoriker und verfügte über eine für die Verhältnisse seiner Zeit außergewöhnliche Bildung.

Luthers Welt

Martin Luther lebte in der Sprache. Er predigte, dozierte, schrieb und redete mit einer Kraft, die seine Zuhörer und Leser mitriss. Seine zahllosen Veröffentlichungen zu religiösen und alltäglichen Fragen waren Bestseller, seine Gottesdienste voll. Mit seiner Übersetzung der Bibel ins Deutsche schuf er eine Grundlage für unsere heutige Sprache. Luthers Liebe zur Musik verdanken wir zahlreiche auch heute noch populäre Lieder. Seine Stellungnahmen zu Ehe und Körperlichkeit waren fortschrittlich. Kind seiner Zeit blieb Luther allerdings in seinem konservativen Frauenbild, ebenso in seinem Hexen- und Aberglauben. Sein Verhältnis zum Judentum ist bis heute umstritten, denn es wandelte sich von einem freundlichen Beginn zu teilweise hasserfüllten Tiraden am Ende seines Lebens.

Die Türme der Stadtkirche St. Marien in der Altstadt der Lutherstadt Wittenberg. St. Marien war die Predigtkirche von Martin Luther und von Johannes Bugenhagen, des ersten lutherischen Pfarrers von Wittenberg – von hier aus verbreiteten sich Luthers Worte in alle Welt.

Die Ausstellung „Luther und die deutsche Sprache“ brachte 2016 den Besuchern der Wartburg das Wirken des Reformators näher. In der Schaubibliothek wurden Luther-Zitate, Übersetzungsbeispiele und alte Bibel-Ausgaben gezeigt.

Erfolgsautor und Sprachgestalter

Luther war kein Politiker, auch wenn sein Kampf für eine Reform der Kirche große politische Folgen hatte. Die Schachzüge der protestantischen Fürsten in ihrem Kampf gegen den Kaiser interessierten ihn nur am Rande. Luthers Welt waren der Glaube und die Gemeinde. In Wittenberg führte der Theologe im Kreis seiner Familie, Freunde und Glaubensbrüder ein einfaches, frommes und bürgerliches Leben. Und dennoch wirkte er von hier aus weit über die Grenzen der Stadt und des Landes hinaus und veränderte das Reich und Europa. Möglich war dies durch den noch jungen Buchdruck. Die Drucker im Reich erkannten schnell das Potenzial von Luthers Schriften, die sie in großer Zahl und vielfachen Auflagen verbreiteten und so aus dem unbekannten Augustinermönch innerhalb weniger Jahre einen Medienstar machten. Kein anderer Autor hatte zuvor eine solche öffentliche Aufmerksamkeit in allen Teilen der Bevölkerung erreicht. Luther war zu Lebzeiten der am meisten gelesene und umstrittenste Autor in Europa.

Und er war einer der fleißigsten Publizisten des 16. Jahrhunderts. Neben seinen größeren Abhandlungen verfasste er zahlreiche kleine und preiswerte Flugschriften von weniger als 48 Seiten und einseitige Flugblätter, die oft mit plakativen Bildern versehen waren. Schon früh nutzte er die Möglichkeiten des Buchdrucks gezielt. Allein in den ersten beiden Jahren nach der Veröffentlichung seiner 95 Thesen, die zu seinem ersten Bestseller wurden, publizierte Luther 45 Schriften. Diese erzielten im Durchschnitt sechs Auflagen und erreichten eine Gesamtauflage von schätzungsweise 250.000 bis 300.000 Exemplaren. Seine erfolgreichste Schrift war der im Frühjahr 1518 veröffentlichte „Sermon von Ablaß und Glauben", der es auf insgesamt 22 Ausgaben brachte und Luther zum Erfolgsautor machte, dessen Werke reißenden Absatz fanden. Man schätzt, dass bis zu Luthers Tod 1546 mehrere Tausend Einzeldrucke und erste Sammelausgaben seiner Schriften mit einer Gesamtauflage von etwa vier Millionen Exemplaren den noch jungen Buchmarkt regelrecht überschwemmten. Zu den rein reformatorischen Texten traten Predigten, Vorlesungen, Disputationen und theologische Schriften aller Art, außerdem Luthers unerschöpflicher Briefwechsel, den der Reformator in Teilen noch selbst veröffentlichte.

Luthers Erfolg beruhte wesentlich auf seiner Sprachgewalt. Schrieb er anfangs vor allem in der Gelehrtensprache Latein, so

Flugblätter waren erschwinglich und dank der Illustrationen auch für das einfache Volk verständlich. Der Papstesel war Titel einer 1523 in Wittenberg von Luther und Melanchthon herausgegebenen satirischen Flugschrift. Holzschnitt aus der Werkstatt von Lucas Cranach d. Ä., gedruckt bei Grunenberg, Wittenberg 1523.

ging Luther ab 1518 dazu über, populäre Schriften in deutscher Sprache zu verfassen. Die Volkssprache war für den gebildeten Theologen Neuland. Außer ihm schrieb in den ersten Jahren der Reformation nur sein Kollege Karlstadt auf Deutsch – eine in vielen Dialekten gesprochene Sprache.

Eine einheitliche Schriftsprache gab es noch nicht, auch kein Hochdeutsch. Luther musste erst seinen eigenen Stil entwickeln und oft schuf er die Sprache, die seine Gedanken richtig ausdrückte, selbst. Luthers große Wirkung als sprachmächtiger Reformator prägte das Deutsche und trug zur Entwicklung einer einheitlichen deutschen Sprache bei.

Luther verfasste seine populären Schriften bewusst in einer einfachen Sprache und setzte gezielt plakative Bilder ein, sodass auch das „gemeine Volk" sie verstehen konnte – und kaufte! Denn die Preise der Flugblätter und -schriften waren niedrig. Auf diese Weise erreichten Luther und ihm folgend zahlreiche andere Reformatoren ein breites Publikum, das oft aus Zuschauern und Zuhörern bestand. Denn zu Beginn des 16. Jahrhunderts konnten nur die wenigsten Menschen lesen. Sie schauten sich die oftmals von Lucas Cranach gestalteten Bilder an, die wichtige Botschaften veranschaulichten. Und sie hörten anderen zu, die aus den Schriften vorlasen – in den Familien, dem Freundeskreis oder den Gemeinden. Eine damals weitverbreitete Form des kollektiven Lesens.

Das größte Verdienst Luthers ist nicht die einfache Übersetzung der Bibel, sondern die Sprache der Heiligen Schrift verständlich in die Sprache der Menschen seiner Zeit zu übertragen. „Luther als Evangelist", Titelholzschnitt zu: Das new Testament Deütsch, Nürnberg 1524.

Eine ganz eigene Textgattung schuf Luther mit den sogenannten „Tischreden" – eine etwas irreführende Bezeichnung, denn um Reden oder Ansprachen im eigentlichen Sinne handelte es sich nicht. Luther führte viele Gespräche „am Tisch" in seiner Wohnung, aber auch auf seinen Reisen. Themen waren nicht nur religiöse und kirchliche Fragen, sondern auch Alltagsprobleme. Geredet wurde über „Gott und die Welt". Luthers Ausführungen dienten der Erbauung, Belehrung, Erinnerung und Anregung seiner Gesprächspartner und Zuhörer. Das Wort des Reformators war so bedeutsam für seine Anhänger, dass diese viele Gespräche aufschrieben und weitergaben – mal mit, mal ohne Erlaubnis Luthers. Überliefert sind rund 7.000 „Tischreden". Sie waren weitverbreitet und viele Aussagen, die Luther zugeschrieben wurden, fanden Eingang in die Alltagskultur, wie zum Beispiel das Sprichwort „Ein Herz voll Freude sieht alles fröhlich an, eine Herz voll Trübsal alles trübe". Andere Redewendungen, wie etwa das vom Apfelbäumchen, das er, würde die Welt auch morgen untergehen, noch heute pflanzen würde, wurden dem Reformator nachweislich in den Mund gelegt.

Eine Bibel für alle

Viele Schriften Luthers entfalteten große Wirkung: Die 95 Thesen veränderten die Weltgeschichte, seine drei Abhandlungen aus dem Jahr 1521 begründeten eine neue Kirche, viele Wendungen aus den „Tischreden" waren im Alltag gegenwärtig. Doch das auf lange Sicht bedeutendste und bis heute wirkungsmächtigste Werk Luthers war seine Übersetzung der Bibel ins Deutsche. Die sogenannte „Lutherbibel" prägte alle späteren deutschsprachigen Bibelausgaben und bildet bis heute die Grundlage der in der evangelisch-lutherischen Kirche benutzten Heiligen Schrift – auch wenn sie im Laufe der Jahrhunderte immer wieder überarbeitet wurde.

Luther übersetzte das Neue Testament während seiner Zeit auf der Wartburg. „Das Newe Testament Deutzsch" erschien im September 1522 und wurde von Luther in den folgenden Jahren immer wieder überarbeitet. Bei der Übersetzung des Alten Testaments wurde Luther von Fachleuten unterstützt. Die Arbeiten waren 1533 im Wesentlichen abgeschlossen. Zur Michaelismesse erschien im Oktober 1534 eine erste Gesamtausgabe beider Testamente. Doch erst 1544 erschien eine vollständige, mit allen Texten versehene „Biblia. Das ist Die gantze heilige Schrifft Deudsch". Kurz vor seinem Tod korrigierte Luther „seine" Bibel ein letztes Mal. Alle Bibelübersetzungen Luthers wurden noch zu seinen Lebzeiten mehrfach aufgelegt und waren Bestseller.

Keinem seiner Werke hat Luther mehr Zeit gewidmet als der Bibelübersetzung. Sein Grundanliegen war klar: Die Bibel war für Luther die oberste Instanz in Glaubensfragen („sola scriptura"). Jeder Christ sollte sie lesen und verstehen können. Weil der Text heilig war, wollte Luther die Urtexte möglichst genau wiedergeben. Beim Neuen Testament griff er auf die „Vulgata" zurück, die seit der Spätantike gebräuchliche lateinische Bibel, und nutzte zudem die griechische Fassung des Humanisten Erasmus von Rotterdam aus dem Jahr 1516. Die Übersetzung ging ihm aufgrund seiner sehr guten Latein- und Griechischkenntnisse leicht von der Hand. Die Übertragung des Alten Testaments, für die er die hebräischen Urtexte heranzog, fiel ihm hingegen schwer. Hier brauchte er die Unterstützung seiner Wittenberger Kollegen, vor allem des Spezialisten Philipp Melanchthon. So kam es zu einem aufwendigen Übersetzungsverfahren, bei dem Textteile von Luthers Mitarbeitern vorübersetzt, von Luther überarbeitet und dann wieder in die Runde gegeben wurden.

Kolorierter Holzschnitt im ersten Teil der dreiteiligen Prachtausgabe der Dessauer Cranach-Bibel. Das Fürstenexemplar wurde auf Pergament gedruckt und mit illuminierten Holzschnitten von Lucas Cranach ausgestattet.

Die große Leistung Luthers lag allerdings nicht in der wortwörtlichen Übersetzung der hebräischen, griechischen und lateinischen Urtexte, sondern in der Sprachschöpfung. Ihm gelang es, die manchmal schwerfälligen und schwer verständlichen Bibeltexte in ein der gesprochenen Sprache nahekommendes, bildhaftes Deutsch zu übertragen und weitgehend auf Fremdwörter zu verzichten. Sein Verfahren erklärte Luther 1530 in „Ein Sendbrief vom Dolmetschen": Man dürfe nicht „die buchstaben inn der lateinischen sprachen fragen, wie man sol Deutsch reden, wie diese esel thun, sondern, man mus die mutter jhm hause, die kinder auff der gassen, den gemeinen man auff dem marckt drumb fragen, und den selbigen auff das maul sehen, wie sie reden, und darnach dolmetzschen, so verstehen sie es den und mercken, das man Deutsch mit jn redet".

Doch nur dem Volk „auf das Maul sehen" reichte nicht. Denn am Beginn des 16. Jahrhunderts fehlte nicht nur eine entwickelte deutsche Schriftsprache: Es gab auch kein einheitliches gesprochenes Deutsch. Luther selbst sprach den ostmitteldeutschen Dialekt. Um die Verständ-

Ausschnitt aus der Predella des Reformationsaltars in der Wittenberger Stadtkirche St. Marien von Lucas Cranach d. Ä. Für Luther war die Predigt fester und elementarer Bestandteil eines Gottesdienstes.

lichkeit seiner Schriften zu erhöhen, orientierte er sich beim Schreiben stark an oberdeutschen Dialekten, die sich in der Schriftsprache damals durchzusetzen begannen. Nord- und westdeutsche Dialekte berücksichtigte er nicht. Die weite Verbreitung der Lutherbibel förderte die Vereinheitlichung der deutschen Schriftsprache zu einem ober- und mitteldeutsch geprägten „Neuhochdeutsch" mit geregelter Groß- und Kleinschreibung, der Grundlage unserer heutigen Sprache. Viele von Luthers Redewendungen und Sprachschöpfungen gingen in die Alltagssprache über und sind uns noch heute vertraut: Wir rennen von „Pontius zu Pilatus", „tragen jemanden auf Händen" oder aber verpassen ihm einen „Denkzettel", arbeiten „im Schweiße unseres Angesichts" und hüten etwas „wie unseren Augapfel".

Predigt und Katechismus

Die Heilige Schrift war für Luther und seine Anhänger der entscheidende Zugang zum rechten Glauben. Sie bildete auch die Grundlage des protestantischen Gottesdienstes, der anfangs anders als der katholische keine starre Ordnung hatte. Luther war es wichtig, dass die Predigt, das Evangelium, das Glaubensbekenntnis und das Abendmahl in beiderlei Gestalt eine zentrale Rolle spielten. Ganz besonderen Wert legte Luther auf die Predigt. „Ir wisset, das der grossest Gottes dienst ist die predigt, und nicht allein der grosseste Gottes dienst, sondern auch unser bestes, das wir haben kannen jnn allen fellen, sonderlich aber jnn solchen hohen betrubten sachen", tröstete Luther die Trauergäste bei der Beisetzung des sächsischen Kurfürsten Johann der Beständige im Sommer 1532. Für Luther war die Predigt im Gottesdienst unverzichtbar, auch wenn sie nicht die Bedeutung des Abendmahls hat. Bis heute unterscheidet dies die evangelisch-lutherische Kirche von der reformierten.

Der gelernte Priester Martin Luther predigte seit 1511 regelmäßig im Wittenberger Augustinerkloster, später auch in der Stadtkirche und in der Schlosskirche vor der kurfürstlichen Familie sowie auf seinen Reisen. Insgesamt sind weit über 2.000

Von der Kanzel aus den christlichen Glauben vermitteln: Die Landesbischöfin der Evangelischen Kirche in Mitteldeutschland (EKM), Ilse Junkermann, predigt in der Stadtkirche St. Marien. Das Wittenberger Gotteshaus war 2014 nach einer aufwendigen Sanierung wieder eingeweiht worden.

Predigten aus der Feder Luthers überliefert, von denen der Reformator vielleicht zwei Drittel selbst gehalten hat. Viele dieser Predigten spielen in der evangelisch-lutherischen Kirche als Vorbilder heute noch eine große Rolle.

Neben den von ihm selbst gehaltenen Predigten hat Martin Luther auch eine Vielzahl „Musterpredigten" publiziert: für noch unsichere Prediger der entstehenden neuen Kirche, aber auch für „Hausväter". Denn die lutherische Kirche sollte eine Laienkirche ohne Priesterstand sein und jeder Christ in Fragen des Glaubens frei. So kam es dem Hausvater zu, seiner Familie das Evangelium zu predigen. Die Musterpredigten erschienen als sogenannte „Postillen": Bereits auf der Wartburg verfasste Luther 1522 Musterpredigten für die Advents- und Weihnachtszeit, gesammelt in der „Wartburgpostille", die er 1525 um Predigten für die Fastenzeit ergänzte („Fastenpostille"). Alle zusammen bildeten die „Kirchenpostille", ein eigenständiges Werk aus Luthers Hand. Später wurde diese Sammlung durch von Luther autorisierte Überarbeitungen seiner Predigten für den Rest des Kirchenjahres ergänzt: die von 1526 bis 1528 entstandenen „Sommer-" und „Festpostille". 1544 erschien eine neue Zusammenstellung von Hauspredigten als „Hauspostille". Luthers Predigtprogramm hieß schlicht „das Evangelium" und sein Anliegen war die Vermittlung des christlichen Glaubens an die einfachen Christenmenschen: „Man sol auff der cantzel", erklärte Luther in einer Postillenpredigt, „die zitzen herauß ziehen und das volck mit milch trencken, den eß wechst alle tage eine newe kirche auff, quae indiget primis principiis [der es an den Grundlagen fehlt]".

Der Vermittlung des Glaubens dienten auch zwei weitere einflussreiche Schriften Luthers: der „Große" und der „Kleine Katechismus", die beide erstmals 1529 erschienen. Sie bauten auf Luthers Predigten auf und führten gemeinverständlich in die Grundlagen des christlichen Glaubens ein: die Zehn Gebote, das Glaubensbekenntnis, das Vaterunser und die Sakramente. Der „Große Katechismus" richtete sich vor allem an Pfarrer und Lehrer, der „Kleine" an die Gemeinde. Gerade die einfachen Leute erreichte Luther, indem er die Glaubensinhalte in Form von Fragen und Antworten vermittelte. So heißt es in einer in modernes Hochdeutsch übertragenen Fassung zum „Vaterunser wie es ein Hausvater den Seinen aufs einfältigste vorhalten soll“: „Vater unser, der du bist im Himmel. Was ist das? Gott will uns damit locken, dass wir glauben sollen, er sei unser rechter Vater und wir seine rechten Kinder, auf

Holzschnitt aus Luthers Großem Katechismus, Leipzig 1588. In Form von Fragen und Antworten erreichte Luther mit seinen beiden Katechismus-Schriften vor allem die einfachen Leute.

dass wir getrost und mit aller Zuversicht ihn bitten sollen wie die lieben Kinder ihren lieben Vater.“ Luthers Katechismus ist bis heute populär und zählt zu den sogenannten Bekenntnisschriften der evangelisch-lutherischen Kirche.

Das Weihnachtslied „Gelobet seist du, Jesu Christ“ von Martin Luther von 1524 im ältesten im Original erhaltenen Gesangbuch von 1545 im Gesangbucharchiv der Johannes Gutenberg-Universität in Mainz.

„Die Musik ist die beste Gottesgabe“

Nichts Weltliches hat Martin Luther so sehr geliebt wie die Musik. Schon als Jugendlicher und junger Mann sang er „um sein Brot“. Auch später sang er gerne und gut, komponierte selbst und spielte die Laute. Er sah in der Musik nicht nur ein Alltagsvergnügen, sondern einen wichtigen Bestandteil des religiösen Lebens und Gottesdienstes. Das unterschied ihn vor allem von den Täufern: „Wer die Musik verachtet, wie denn alle Schwärmer tun, mit denen bin ich nicht zufrieden. Denn die Musik ist eine Gabe und Geschenk Gottes, nicht ein Menschengeschenk. Sie vertreibt auch den Teufel und macht die Leute fröhlich: man vergißt dabei allen Zorns, Unkeuschheit, Hoffart und anderer Laster. Ich gebe nach der Theologie der Musik die nächste Stelle und die höchste Ehre“, äußerte Luther einmal in seinen Tischreden. Für das 1538 in Wittenberg erschienene Büchlein „Lob und Preis der göttlichen Kunst Musica“ des Torgauer Kantors Johann Walther (1496–1570), der als „Urkantor“ der evangelischen Kirche gilt, schrieb Luther seine „Vorrede auf alle guten Gesangsbücher“ unter dem Titel „Frau Musika“. Dort heißt es in Reimform: „Vor allen Freuden auf Erden, Kann niemand keine feiner werden, Denn die ich geb mit meinem Singen, Und mit manchem süßen Klingen. Hier kann nicht sein ein böser Mut, Wo da singen Gesellen gut, Hier bleibt kein Zorn, Zank, Haß noch Neid, Weichen muß alles Herzeleid.“

Mit der Dichtung und Komposition eigener Lieder begann Luther erst 1523. Erschüttert über die Nachricht vom Tod zweier Augustinermönche in Brüssel, die auf dem Scheiterhaufen verbrannt wurden und als erste Märtyrer der Reformation gelten, schrieb Luther das Klagelied „Ein neues Lied wir heben an“. Ende 1523 teilte er seinem Freund Georg Spalatin mit, er arbeite daran, „deutsche Psalmen für das Volk zu schaffen". Es war die Geburtsstunde des deutschen Kirchenliedes. 24 Lieder fanden Eingang in das von Johann Walther 1524 herausgegebene erste evangelische Chorgesangbuch von 1524, dem von Luther selbst redigierten „Geystliche[n] gesank büchlein". Zwei Jahre später machte Luther in seiner „Deutschen Messe" konkrete Vorschläge für den Einsatz von Musik und Gemeindegesang während der Messfeier: Zu Anfang sollten alle „ein geistlich Lied oder einen deutschen Psalm" singen, auch nach der Lesung der Epistel „singet man ein deutsch Lied", schließlich „nach dem Evangelio singt die ganze Kirche den Glauben zu deutsch". Bis heute ist der Gemeindegesang fester Bestandteil des evangelisch-lutherischen Gottesdienstes.

Das „Geystliche gesank büchlein" wurde alleine in Wittenberg von 1529 bis 1545 sechs Mal aufgelegt, mit Luthers Familienwappen, der „Lutherrose", als Druckzeichen. Die Auflage von 1533 war besonders gefragt, da sie als erstes Gesangbuch illustriert war und Luthers berühmten Psalmenchoral „Ein feste Burg ist unser Gott" enthielt. Insgesamt sind 40 Lieder aus der Feder Martin Luthers überliefert, von denen er etwa die Hälfte selbst vertont hat. Sie wurden zu einer Säule des evangelisch-lutherischen Gottesdienstes und des geistlichen Lieds überhaupt. Die Gattung der Psalmenlieder zum Beispiel war eine von Luther neu geschaffene Form, mit der er die Gebete und Gesänge des Alten Testaments den Christen seiner Zeit wieder zugänglich machte. Viele seiner liturgischen Gesänge und Lieder sind noch heute populär – und nicht nur in der evangelischen Kirche. Luthers Weihnachtslied „Vom Himmel hoch da komm ich her" ist den allermeisten Deutschen vertraut. Darüber hinaus hat die von Luther ausgehende Hochschätzung der Musik in der evangelisch-lutherischen Kirche protestantische Komponisten inspiriert. Ohne Luther sind die Werke eines Johann Sebastian Bach nicht denkbar.

Des Reformators Heim als Urzelle der Hausmusik – Luther im Kreise seiner Familie, Gemälde von Gustav Adolph Spangenberg, 1866.

„Vom ehelichen Leben"

Martin Luther hatte mit der Ablehnung der Ordensgelübde und des Zölibats große gesellschaftliche Veränderungen in der Kirche ins Rollen gebracht. Sein Verständnis der Ehe als rein weltliche Einrichtung, die keines Sakraments bedurfte, wirkte über die Kirche tief in die Gesellschaft hinein. Die Ehe, erklärte Luther einmal auf Nachfrage seinen Tischgenossen, ginge „die Kirche nichts an; sie ist eine bürgerliche Angelegenheit und gehört darum zur Obrigkeit". Diese Auffassung war revolutionär und Luther selbst lebte sie vor, als er nach dem Austritt aus dem Augustinerorden 1525 die ehemalige Nonne Katharina von Bora heiratete.

Seine wichtigste Schrift zum Thema, „Vom ehelichen Leben", verfasste Luther bereits im Jahre 1522, als er noch Mönch war. Dort lobt er die Ehe als natürliche und damit göttliche Form des Zusammenlebens von Mann und Frau. Gott, erklärte Luther, habe den Menschen in zwei Teile geteilt, als er Mann und Frau schuf. Das „hat ihm so gefallen, dass er's selbst ein gutes

Schöpfungswerk nennt". Als Gottes Schöpfung sollen Mann und Frau ihre Leiblichkeit und die des anderen als „göttlich gut Werk" ehren. Weiter argumentiert Luther nach dem Bibelwort „Seid fruchtbar und mehret euch", dass die gegenseitige körperliche Anziehung von Mann und Frau gottgewollt und Teil der von Gott geschaffenen menschlichen Natur sei. Es sei ein „natürlich Ding, dass alles, was ein Mann ist, ein Weib haben muss, und was ein Weib ist, muss einen Mann haben". Trieb und Fortpflanzung, rechtmäßig innerhalb der Ehe, erklärt Luther als ebenso notwendig „als Essen und Trinken, Reinigung des Leibes, Schlafen und Wachen. Es ist eine [dem Menschen] eingepflanzte Natur und Art ebenso wohl wie die Gliedmaßen, die dazu gehören." Solche offenen Worte zur Sexualität kannte die katholische Kirche nicht. Doch auch für Luther galt genauso wie für die katholische Kirche das Eheversprechen ein Leben lang. Als einzigen zulässigen Scheidungsgrund akzeptierte er nur Ehebruch, wobei er dem unschuldigen Ehepartner eine zweite Ehe zubilligte. Einer Frau, der die Impotenz ihres Mannes vor der Eheschließung verheimlicht

Das gespaltene Verhältnis der katholischen Kirche zur Sexualität war zu Luthers Zeiten Thema vieler Schriften und Flugblätter. Mönch und Nonne in der Zelle, Spottblatt auf das Lasterleben der Mönche, Holzschnitt, um 1515/20.

wurde, räumte Luther die Möglichkeit ein, eine heimliche Ehe zu führen oder in der Fremde einen anderen zu heiraten.

Ehefrauen, Huren und Hexen

Diese Haltung überrascht, denn Luthers Frauenbild trug zeitgemäß patriarchalische Züge. So nannte der Reformator als dritten Scheidungsgrund eine „halsstarrige Frau", die sich dem Manne verweigere und ihre „ehelichen Pflichten" nicht erfülle: „Hier ist es Zeit, dass der Mann sage: Willst du nicht, so will eine andere, will die Frau nicht, so komme die Magd. Aber doch so, dass der Mann es ihr zuvor zwei oder dreimal sage und sie warne und es vor andere Leute kommen lasse, dass man öffentlich ihre Halsstarrigkeit wisse und vor der Gemeinde strafe." Überhaupt hatte in Luthers Augen der Mann, der „Hausvater", in der Familie das Sagen. Eine fromme Ehefrau „muß nichts mehr hören denn ihres Mannes Wort im Hause und zu Bette. Höret sie eines andern Wort, der nicht in des Mannes Bette gehöret, ist sie gewißlich eine Hure", wetterte Martin Luther in seiner Spätschrift „Wider Hans Worst" 1541. In ihrer Grobschlächtigkeit irritierend wirken Luthers Äußerungen über die „eigentliche Aufgabe" der Frau, die Schwangerschaft: „unfruchtbare Weiber" seien „schwach und ungesund", „die aber fruchtbar sind, sind gesünder, reinlicher und lustiger. Wenn sie sich aber auch müde und zuletzt tot tragen, das schadet nichts, lass sie sich nur tot tragen, sie sind dazu da." Hier tritt Luther eher rückschrittlich als Mensch des Mittelalters denn als neuzeitlicher Reformator auf.

Den Vorurteilen der Zeit entsprach auch sein Urteil über die Türken, deren „Vielweiberei" und kriegerische Gesinnung er aufs Schärfste ablehnte und die er als „Gottes rute und Teuffels diener" brandmarkte – verständlich vor der realen Bedrohung des

Reichs durch die Osmanen. Luthers Verwurzelung im Mittelalter trat besonders stark bei seinem Hexenglauben hervor. Berühmt ist seine „Hexenpredigt" aus dem Frühjahr 1526. Luther war überzeugt davon, dass es Hexen und Zauberinnen gab, die Schaden an „Körpern und Seelen" zufügen konnten: Sie „verabreichen Tränke und Beschwörungen, um Hass hervorzurufen, Liebe, Unwetter, alle Verwüstung im Haus, auf dem Acker, über eine Entfernung von einer Meile und mehr machen sie mit ihren Zauberpfeilen Hinkende, dass niemand heilen kann und dass danach im Bein Haare, Kohle usw. gefunden werden, die oft von anderen Zauberinnen erkannt werden, so dass richtig gesagt wird: Wo der Satan nicht hinkommt, kommt sein Weib hin, d.h. seine Zauberin." Für Hexen und Zauberinnen konnte es nur die Todesstrafe geben.

Flugblatt mit der Darstellung des Feuertods dreier Zauberinnen in Derneburg am Harz, Typendruck mit Holzschnittillustration, Nürnberg 1555.

Luther und die Juden – ein zwiespältiges Verhältnis

Keine Aussagen Martin Luthers werden bis heute so kontrovers diskutiert wie seine Stellungnahmen zum Judentum. Das liegt an Luther selbst, der sich vom vermeintlichen Freund der Juden zum radikalen Feind wandelte, aber auch an seiner Vereinnahmung durch die Antisemiten des 19. und 20. Jahrhunderts. Am Anfang stand eine für seine Zeit erstaunlich tolerante Haltung. In seiner 1523 erschienenen Schrift „Daß Jesus ein geborner Jüde sei" mahnte Luther alle Christen, den Juden mit Anstand zu begegnen. Sie hätten ihren Platz in der göttlichen Heilsordnung und seien „Blutsfreunde, Vettern und Brüder des Heilands, kein Volk hat Gott gleich ihnen ausgezeichnet, ihrer Hand die Heilige Schrift anvertraut". Scharf griff Luther die katholische Kirche an, die mit der Diskriminierung der Juden dem Christentum schade. „Die Narren, Päpste, Bischöfe, Sophisten und Mönche, die groben Eselsköpfe", erklärte Luther, „haben also bisher mit den Juden verfahren, dass, wer ein guter Christ wäre gewesen, lieber ein Jude geworden wäre. Wenn ich ein Jude gewesen wäre und hätte solche Tölpel und Grobiane gesehen den Christenglauben regieren und lehren, so wäre ich eher eine Sau geworden als ein Christ." Der Reformator kritisierte, dass man die Juden von fast sämtlichen Berufen und der Landwirtschaft ausschloss, und forderte für sie Gewerbefreiheit: „Dass man ihnen verbietet, unter uns zu arbeiten, hantieren und andere menschliche Gemeinschaft zu haben, damit man sie zu wuchern treibt, wie sollte sie das bessern? Will man ihnen helfen, so muss man das Gesetz christlicher, nicht päpstlicher Liebe an ihnen üben, sie freundlich aufnehmen, zu Erwerb und Arbeit zulassen." Zwar sprach Luther gelegentlich von „judischem wuchersuchtigem geytz" und kritisierte den Geldverleih gegen Zinsen – eine der

Von den Jü-
den vnd jren
Lügen.
D. M. Luth.
Gedrückt zu Wittemberg /
Durch Hans Lufft.
M. D. XLIII.

Von zu seiner Zeit fortschrittlichen Gedanken zum Judentum hin zu radikaler, unverhohlener Feindschaft: „Von den Juden und ihren Lügen“, Luthers Schrift gegen die Juden, in der er seine Einstellung aus dem Glaubensgegensatz herleitet, Titelholzschnitt der Erstausgabe 1543.

wenigen Erwerbstätigkeiten, die Juden erlaubt waren. Verantwortlich machte er dafür jedoch nicht die Juden, sondern die katholische Kirche. Luther war damit seiner Zeit weit voraus. Erst gut 250 Jahre später sollte der preußische Aufklärer Christian Wilhelm Dohm in seinem einflussreichen Buch „Über die bürgerliche Verbesserung der Juden“ wieder solch weitreichende Forderungen stellen.

Hinter Luthers Freundlichkeit und seinem Verständnis stand eine klare Absicht: Er wollte sie zum Christentum bekehren. Er erwarte, ließ er die Juden 1523 wissen, dass „etlich von ihnen zum rechten Glauben“ wechseln. Sein Entgegenkommen, fügte er unumwunden hinzu, gelte nur so lange, „bis ich sehe, was ich gewirkt habe“. Eine Konversion zahlreicher Juden wäre ein Triumph für Luther gewesen. Denn nach dem Bibelwort des Apostels Paulus wird sich die jüdische Gemeinde am Ende der Zeiten zu Christus bekennen: „Und so wird ganz Israel errettet werden, wie geschrieben steht: Es wird kommen der Erlöser aus Zion, der abwenden wird alle Gottlosigkeit von Jakob“ (Römer 11, 26). Hätte Luther Erfolg gehabt, wäre dies ein Beweis gewesen, dass er von Gott gesandt war. Die Anhänger des Papstes hätten sich ihm anschließen müssen, wollten sie sich nicht sehenden Auges ins Verderben stürzen. Den Juden und deren Bekehrung kam in Luthers Heilserwartung deswegen eine Schlüsselrolle zu.

„Von den Juden und ihren Lügen“

Luthers Hoffnungen sollten enttäuscht werden. Sein Aufruf verhallte ungehört. Statt sich „bekehren“ zu lassen, glaubten manche Juden sogar, die Auflehnung der Reformation gegen die Papstkirche führe zum Untergang des Christentums. Luther selbst berichtete vom Besuch dreier Rabbiner, die versuchten, ihn für die Konversion zum Judentum zu gewinnen. Offensichtlich lasen die Juden Luthers Schrift von 1523 ganz anders, als sie der Reformator gemeint hatte. Möglicherweise veränderte diese Erfahrung Luthers Haltung. Auf jeden Fall änderte er in den 1530er-Jahren seine Haltung grundlegend und drängte protestantische Fürsten, die Juden aus ihren Territorien zu vertreiben.

Die Konversion der Juden spielte nun in der Heilserwartung Luthers keine Rolle mehr. Sie seien durch die Zerstörung des Tempels in Jerusalem und das fast anderthalb Jahrtausende andauernde Exil so „verstockt“, dass Gott sie verworfen habe, schimpfte der Reformator. Es sei heute deswegen gleichgültig, ob sie konvertierten oder nicht. Juden, die um die Taufe bäten, würde er lieber einen Stein an den Hals binden und sie in die Elbe werfen, als sie zu taufen. Zwar signalisierte Luther in seiner Antwort auf ein Schreiben des wegen seiner Gelehrsamkeit berühmten Rabbiners Josel von Rosheim (1478–1554) 1537, dass ihm die Annäherung der Juden an das Christentum weiterhin am Herzen lag. Doch Josels Bitte, sich beim sächsischen Kurfürsten für eine Durchreiseerlaubnis für Juden einzusetzen, lehnte Luther ab. In Anspielung auf seine Schrift von 1523 schrieb er: „Denn um des gekreuzigten Juden willen, den mir niemand nehmen soll, möchte ich euch Juden allen gerne das Beste tun, ausgenommen, dass ihr meine Gunst zu eurer Verstockung gebrauchen sollt."

1543 war von der Konversion der Juden gar keine Rede mehr. In den Schriften „Von den Juden und ihren Lügen" und „Schem Hamphoras: Und vom Geschlecht Christi" bezeichnete er sie erneut als so „verstockt", dass keine Konversion sie bessern könne. Niederträchtig machte sich Luther die weitverbreiteten Lügen von Ritualmorden und Brunnenvergiftungen durch Juden zu eigen, die er 1523 noch als papistische Verleumdungen verworfen hatte. Er rief zum Niederbrennen der Synagogen auf, forderte, sie aus ihren Häusern zu vertreiben, in Scheunen und Ställen unterzubringen und zu Sklavenarbeit zu zwingen. Luther drohte der Obrigkeit sogar, den Pöbel zum Aufruhr anzustiften, wenn die Juden unbehelligt bleiben sollten. Besonders „Schem Hamphoras" (die rabbinische Bezeichnung für den unaussprechlichen Namen Gottes) war „die wüsteste und sprachlich schmutzigste Schrift, die Luther je geschrieben hat", stellt der Lutherbiograf Thomas Kaufmann (geb. 1962) klar.

Selbst Luthers Freunde, die sonst antijüdische Ressentiments mit ihm teilten, waren von dieser hasserfüllten Polemik überrascht und von der ekelhaften Sprache abgestoßen. Der Zürcher Reformator Heinrich Bullinger sprach von einem „sehr schmutzig geschriebenen" Pamphlet. Auch Philipp Melanchthon beschrieb dem Nürnberger Reformator Andreas Osiander (1498–1552) seine Bestürzung. Osiander selbst distanzierte sich in einem hebräisch verfassten Schreiben an den jüdischen Gelehrten Elijah Levita (1469–1549) von Luthers Ausfällen. Die protestantischen Pfarrer in Zürich urteilten in einem Schreiben: „Auch wenn der Schem Hamphoras von einem Schweinehirten und nicht von einem berühmten Seelenhirten geschrieben worden wäre, wäre dies nur schwer zu entschuldigen." Melanchthon, Luthers treuester Freund, sorgte dafür, dass dem inzwischen kranken alten Mann in Wittenberg die entsetzten Reaktionen aus dem Freundeskreis verborgen blieben. Möglicherweise waren es die quälenden Krankheiten und persönlichen Schicksalsschläge, die Luther zu seinen „unfassbaren Äußerungen" (Margot Käßmann) brachten. Der Historiker Léon Poliakov (1910–1997), Verfasser der mehrbändigen „Geschichte des Antisemitismus", vermutete in Luthers ausfallenden Spätschriften einen „Schrei aus dem tiefsten Grund seiner gequälten Seele".

Darstellung der „Judensau" an der Stadtkirche in Wittenberg, Sandsteinrelief, um 1440. Das antisemitische Motiv der Judensau geht oftmals mit der Schmähung des Namens Schemhamphoras (Bezeichnung Gottes im Judentum) einher. Luther gab seiner 1543 veröffentlichten Schmähschrift gegen die Juden den Titel „Schem Hamphoras: Und vom Geschlecht Christi".

Vom „Schmalkaldischen Bund" zum „Augsburger Religionsfrieden"

Mit dem Reichstag von 1530 hatten sich im Reich klare Fronten ausgebildet: auf der einen Seite die Anhänger der Reformation, auf der anderen die Verteidiger der „altgläubigen" Kirche. Um ihre Interessen zu wahren, organisierten sich protestantische Reichsstände 1531 im „Schmalkaldischen Bund". Dank der militärischen Stärke dieser Allianz und der Schwäche des Kaisers breitete sich die Reformation im Reich weiter aus. Zwar gelang es Karl V., die Schmalkaldener militärisch zu besiegen, doch reichte seine Macht nicht, um die Einheitskirche wiederherzustellen. Die Kämpfe flammten erneut auf und am Ende einigten sich die beiden Parteien 1555 im „Augsburger Religionsfrieden" auf die Wahrung des Status quo: Die protestantischen Reichsstände durften in ihrem Herrschaftsgebiet die lutherische Religion ausüben. Die Reformation hatte sich im Reich durchgesetzt.

Überreichung der Augsburgischen Konfession an Kaiser Karl V. am 25. Juni 1530, Gedenkblatt zum 100. Jahrestag, Kupferstich von Johann Dürr, 1630.

Verhärtete Fronten

Die von den lutherischen Ständen auf dem Augsburger Reichstag 1530 vorgelegte „Confessio Augustana" brachte keine Annäherung zwischen den beiden Religionsparteien. Im Gegenteil: Die Ablehnung des protestantischen Bekenntnisses durch die Katholiken verhärtete die Fronten. Der Streit um die Glaubensfrage war nun endgültig politisch geworden. Kaiser Karl V. bemühte sich zwar weiterhin um einen Ausgleich und drängte Papst Clemens VII., eine allgemeine Kirchenversammlung (Konzil) einzuberufen. Doch interessierte ihn der Glaubensstreit nur am Rande. Der Konflikt mit Frankreich und die Expansionspolitik der Osmanen erforderten in den 1530er-Jahren seine ganze Aufmerksamkeit. Die Reichsinnenpolitik überließ er deswegen wieder seinem Bruder, der am 5. Januar 1531 von den Kurfürsten in Köln zum römisch-deutschen König gewählt und anschließend in Aachen gekrönt wurde. Ferdinand I. war nun nicht mehr nur Statthalter des Kaisers, sondern dessen Nachfolger auf dem Königsthron. Allerdings musste er weiterhin seine Politik mit seinem Bruder Karl abstimmen.

Doch schon bei der Wahl zeigte sich, wie tief das Reich gespalten war: Kurfürst Johann der Beständige von Kursachsen, einer der Anführer der protestantischen Reichsstände, weigerte sich, für Ferdinand zu stimmen. Dahinter standen jedoch nicht nur religiöse Überzeugungen, sondern auch die alte Konkurrenz mit dem Hause Habsburg um den Königstitel. Auch die streng katholischen Bayernherzöge Wilhelm IV. (1493–1550) und Ludwig X. (1495–1545), denen die Habsburger zu mächtig wurden, gehörten zu den Gegnern Ferdinands. Sie bildeten zusammen mit dem sächsischen Kurfürsten und dem Landgrafen von Hessen einen geheimen Wahlgegnerbund („Saalfelder Bund"), der über mehrere Jahre bestand und dem zeitweise auch der französische und der dänische König angehörten.

Trotz dieser glaubensunabhängigen Zweckbündnisse verstärkte sich die Gegnerschaft zwischen den beiden Religionsparteien. Die protestantischen Stände fühlten sich durch die Forderung des Augsburger Reichstags, die Reformation in weiten Teilen rückgängig zu machen, massiv bedroht. Sie schlossen deshalb am 27. Februar 1531 im thüringischen Schmalkalden ein Defensivbündnis, den sogenannten „Schmalkaldischen Bund". Zu den ersten Unterzeichnern gehörten Kursachsen, Hessen, Braunschweig-Lüneburg, die Grafschaft Mansfeld, das Fürstentum Grubenhagen, das Fürstentum Anhalt-Köthen, die Grafen von Erbach, die süddeutschen Reichsstädte Straßburg, Ulm, Reutlingen, Biberach, Memmingen, Isny, Lindau und Konstanz sowie die mitteldeutsche Stadt Magdeburg und die Hansestädte Bremen und Lübeck. Die protestantische Seite hatte sich damit auch politisch formiert und dem Reich drohte die Spaltung.

Der Altmarkt in Schmalkalden mit der Kirche St. Georg und dem Rathaus. Im Rathaus der Stadt tagte 1419 der Schmalkaldener Stadtrat zum ersten Mal. 1528 wurde hier der Schmalkaldische Frieden abgeschlossen und 1531 und 1543 war das Rathaus zentrale Versammlungsstätte für alle Tagungen des Schmalkaldischen Bundes.

Ein Vermittlungsversuch: der „Nürnberger Religionsfrieden"

Einen Konflikt im Reich konnten sich die Habsburger nicht leisten. Auch der neue König Ferdinand I. brauchte die finanzielle und militärische Unterstützung aller Reichsstände im Kampf gegen die Osmanen, die große Teile Ungarns besetzt hatten. Wie sein kaiserlicher Bruder versuchte er deswegen, den Konfessionsstreit durch Verhandlungen zu lösen. Unterstützt wurde er dabei von dem Mainzer Erzbischof Albrecht von Brandenburg (1490–1545), Luthers Gegner im Ablassstreit, und Pfalz-

Rundansicht der Stadt Wien zur Zeit der Ersten Türkenbelagerung 1529, Farblithografie von Albert Camesina von 1851, nach einem kolorierten Holzschnitt von 1530.

graf und Kurfürst Ludwig V. von der Pfalz (1478–1544), der die Reformation in seinem Land duldete. Sie verhandelten ab April 1532 in Schweinfurt mit den protestantischen Ständen. Ihr Angebot: Bis zu einem Konzil, das sich mit dem Glaubensstreit beschäftigt, sollte den Protestanten Toleranz gewährt werden in Fragen des Abendmahls, der Messe, der Priesterehe, der Gelübde und hinsichtlich der Rückgabe kirchlicher Güter. Den Protestanten ging das aber nicht weit genug. Sie wollten keine vorläufige Anerkennung des Status quo, sondern eine dauerhafte Legalisierung ihrer Kirchenordnung und die Freiheit der Religionswahl für alle Reichsstände. Damit verbunden war die Forderung, dass alle beim Reichskammergericht anhängigen Prozesse um säkularisierte und enteignete Kirchengüter niedergeschlagen werden. Solch weitgehende Zugeständnisse wollten die katholischen Reichsstände nicht machen.

In dieser Patt-Situation griff der Kaiser ein, der sich zur selben Zeit auf dem Regensburger Reichstag befand. Er schlug einen rechtlich gewagten Ausweg vor: Mit einem Vertragswerk, bestehend aus drei im Juli/August 1532 in Nürnberg ausgefertigten Urkunden (daher „Nürnberger Religionsfrieden“ oder „Anstand“, d.h. Aufschub), verpflichtete der Kaiser die Reichsstände in Religionsangelegenheiten auf das Landfriedensgebot. Damit setzte er das Wormser Edikt erneut außer Kraft und versprach, bereits laufende Kammergerichtsprozesse gegen die evangelischen Reichsstände zu suspendieren. Vieles blieb bewusst vage bei diesem ersten Religionsfrieden, doch kam er beiden Seiten entgegen. Als Gegenleistung für den Nürnberger Anstand sicherten die protestantischen Stände auf dem Reichstag ihre Beteiligung an der „Türkenhilfe“ zu. Die Unterstützung kam gerade noch rechtzeitig. Nachdem osmanische Truppen bereits 1529 Wien drei Wochen lang belagert hatten, marschierten sie nun erneut auf den Sitz der österreichischen Habsburger zu. Karl V. und Ferdinand I. stellten sich im Spätsommer 1532 bei Wien mit insgesamt 97.000 Fußknechten und 24.000 Reitern dem osmanischen Heer. Zwar kam es nicht zu einer Entscheidungsschlacht, doch sicherten die Reichstruppen einen mehrere Jahre andauernden Frieden im Südosten Europas.

Der „Schmalkaldische Bund“ wächst

Die Auslegung des „Nürnberger Religionsfriedens“ blieb in der Folgezeit umstritten. Für die protestantischen Stände war er ein Punktsieg, den sie zu nutzen wussten. Im Kurfürstentum Sachsen war 1532 Johann Friedrich I. (1503–1554) seinem Vater Johann dem Beständigen auf dem Thron gefolgt. Der machtbewusste und ambitionierte Fürst stand zusammen mit dem Landgrafen Philipp von Hessen an der Spitze des Schmalkaldischen Bunds. Die beiden „Bundeshauptleute“ beriefen halbjährliche Bundestage ein, auf denen 1533 und 1535 auch neue „Bundesverfassungen“ beschlossen wurden. Mit jedem neuen Vertrag baute der Bund sein militärisches Potenzial massiv aus.

Bis 1532 waren dem Schmalkaldischen Bund weitere Städte beigetreten, darunter die Reichsstädte Esslingen und Nordhausen sowie die niedersächsischen Städte Göttingen, Goslar, Braunschweig und Einbeck. Einen ganz entscheidenden Machtzuwachs, der zugleich eine Schwächung der habsburgischen Hausmacht im Reich bedeutete, erfuhr der Bund im Jahr 1534. Unterstützt von Philipp von Hessen eroberte Herzog Ulrich von Württemberg (1487–1550) in diesem Jahr seine Ländereien zurück, die er 1519 an die Habsburger verloren hatte. Ulrich fand Unterschlupf in Hessen, dessen Truppen im Mai 1534 in der Schlacht bei Lauffen den habsburgischen Statthalter Philipp von Pfalz-Neuburg (1503–1548) schlugen. Ulrich von Württemberg führte sogleich die Reformation in seinem Herzogtum ein, das sich 1536 offiziell dem Schmalkaldischen Bund anschloss. Eine beeindruckende Machtdemonstration Philipps von Hessen und der protestantischen Partei.

In der Folge wuchs der Schmalkaldische Bund: Im Jahre 1536 traten die reichen Reichsstädte Frankfurt und Augsburg, Heilbronn, Kempten und Schwäbisch Hall den Protestanten bei, außerdem Minden und Hannover. Im selben Jahr schlossen sich das Herzogtum Pommern und die Fürstentümer Anhalt-Dessau und Anhalt-Zerbst den Schmalkaldenern an, 1537 die Grafschaft Nassau-Weilburg, 1538 die Markgrafschaft Brandenburg-Küstrin, die Grafschaften Tecklenburg und Schwarzburg und das Herzogtum Rochlitz. Später gehörte zumindest zeitweise das albertinische Herzogtum Sachsen unter Heinrich dem Frommen (1473–1541) zum Bündnis (1539–1541), das Fürstentum Braunschweig-Wolfenbüttel (1542), die Städte Hildesheim (1543) und Osnabrück (1544) sowie die Reichsstädte Dinkelsbühl und Bopfingen (1546). Die Bundeshauptleute führten auch Verhandlungen mit dem Königreich Dänemark, mit England und Frankreich, das sich von den Protestanten Unterstützung bei seinen Auseinandersetzungen mit Karl V. versprach.

Denkmal des Kurfürsten Johann Friedrich der Großmütige (genannt Hanfried) auf dem Marktplatz von Jena. Das Denkmal war 1858 zum 300-jährigen Bestehen der Universität Jena enthüllt worden und soll an den Stifter der Bildungseinrichtung erinnern.

1519 ebenfalls Anwärter auf den römisch-deutschen Königsthron, stellte Franz I. von Frankreich als potenzieller Verbündeter des Schmalkaldischen Bundes eine erneute Gefahr für Karl V. dar. König Franz I. zu Pferde, Gemälde von Jean Clouet, um 1540.

Die „Katholische Liga“ und der „Frankfurter Anstand“

Die katholischen Reichsstände waren unterdessen nicht untätig geblieben. Sie hatten den Nürnberger Anstand von 1532 anders interpretiert als die Protestanten und gehofft, diese hätten am Status quo festgehalten. Stattdessen hatte sich die Reformation stetig weiterverbreitet und der Schmalkaldische Bund war immer mächtiger geworden. Aus diesem Grund schlossen sich im Juni 1538 auf Initiative des Reichsvizekanzlers Matthias von Held (1490–1563) mehrere katholische Reichsstände in Nürnberg zum „Nürnberger Bund“, auch „Katholische Liga“ genannt, zusammen. Große Wirksamkeit entfaltete dieses Defensivbündnis nicht, zu unterschiedlich waren die Interessen der katholischen Reichsstände. Der Liga gehörten neben einigen Bischöfen nur wenige Fürsten an, darunter die Herzöge von Bayern und Braunschweig-Wolfenbüttel Wilhelm IV. und Heinrich IV. sowie kurzzeitig der Herzog von Sachsen, Georg der Bärtige (1471–1539). Auch König Ferdinand I. und Kaiser Karl V. waren Mitglieder, wenn auch nur formal. Ihnen ging es vor allem darum, sich das Wohlwollen der katholischen Stände zu erhalten. Da die beiden Habsburger weiterhin auf die militärische und finanzielle Unterstützung aller Reichsstände, auch der protestantischen, angewiesen waren, setzten sie weiter auf eine zurückhaltende Politik, auf Ausgleich und Verständigung im Reich.

Karl V. befürchtete damals, ein aggressives Vorgehen gegen die Protestanten im Reich würde zu einer Allianz zwischen dem Schmalkaldischen Bund und Franz I. von Frankreich führen: zu recht, denn die Schmalkaldener verstärkten nach Bekanntwerden der Ligagründung ihre Bündnisverhandlungen mit Dänemark und Frankreich. Um eine protestantisch-antihabsburgische Koalition zu verhindern, verstärkten der Kaiser und sein Bruder nochmals ihre Bemühungen, mit den Protestanten zu einem Ausgleich zu kommen. Zu diesem Zweck musste der im Nürnberger Anstand 1532 vereinbarte „Religionsfrieden“ nochmals verlängert und vertieft werden. Im April 1539 ließ Karl V. deshalb in Frankfurt den „Frankfurter Anstand“ unterzeichnen, der die Friedensvereinbarungen von Nürnberg für sechs Monate bestätigte mit der Aussicht einer 15-monatigen Verlängerung. In dieser Zeit sollten die Protestanten auf weitere Säkularisationen und eine Ausweitung des Schmalkaldischen Bundes verzichten. Letzteres galt auch für die Katholische Liga. Zugleich wurden Gespräche zwischen den Religionsparteien vereinbart.

Unter Vorsitz König Ferdinands I. begann Ende Juni 1540 im elsässischen Hagenau die Vorbereitung zu einem Religionsgespräch zwischen Katholiken und Protestanten. Sie drohte bereits zu Beginn daran zu scheitern, dass die katholische Seite das reformatorische Schriftprinzip („sola srciptura") nicht als einzig legitime Form der Glaubenslehre anerkannte. Man vertagte sich und setzte die Gespräche Ende 1540 in Worms fort. Dort leitete der geschickte und erfahrene Minister Karls V., Nicolas de Granvelle (1484–1550), die Versammlung. Ihm war es gelungen, mit Martin Bucer, einem Freund Philipp Melanchthons, und dem katholischen Reformer Johannes Gropper (1503–1559) zwei hochrangige und angesehene Theologen für die Religionsgespräche zu gewinnen. Tatsächlich gelangten die Diskutanten zu einem weitreichenden Konsens hinsichtlich zentraler Lehrfragen rund um die Begriffe von Sünde, Kirche, Sakramenten und anderen mehr, der im sogenannten „Wormser Buch" festgehalten wurde. Unter guten Voraussetzungen wurden die Verhandlungen am Rande des Regensburger Reichstags im Frühjahr 1541 fortgesetzt. Dieses Mal nahm Philipp Melanchthon selbst an den Gesprächen teil, auf katholischer Seite unter anderem Johannes Eck. Doch allem Optimismus zum Trotz scheiterten die Gespräche an den unterschiedlichen Auffassungen über das Wesen der Eucharistie, der Beichte und des kirchlichen Lehramts. Karls Versuch einer friedlichen Lösung der religiösen Streitfragen schien endgültig gescheitert. Der „Frankfurter Anstand" wurde dennoch verlängert. Im Gegenzug gewährten die protestantischen und katholischen Reichsstände dem Kaiser weitere Unterstützung im Kampf gegen die Türken.

Eine Doppelehe mit Folgen

Während der Frankfurter Anstand in Kraft war, blieb es im Reich relativ friedlich. Die Anhänger Luthers bauten ihre Stellung in den protestantischen Gebieten aus. Während dieser Hochphase der Reformation erschütterte ein Skandal das protestantische Bündnis, der weitreichende politische Folgen haben sollte. Der Bundeshauptmann des Schmalkaldischen Bundes Landgraf Philipp I. von Hessen hatte Ende der 1530er-Jahre ein Verhältnis mit dem gerade 17-jährigen Hoffräulein Margarethe von der Saale (1522–1566) begonnen. Der

Philipp der Großmütige, Landgraf von Hessen, auf einem Porträt von 1534. Philipp I. von Hessen war einer der bedeutendsten Landesfürsten und politischen Führer im Zeitalter von Reformation und Renaissance.

Fürst war verheiratet und siebenfacher Familienvater, doch das war zur damaligen Zeit kein Problem. Viele Adlige hatten Mätressen oder Konkubinen (dauerhafte, außereheliche Geliebte). Zum Problem wurde, dass die Familie von der Saale den protestantisch-kirchlichen Segen für dieses Verhältnis verlangte.

Dem Landgrafen war die Beziehung so wichtig, dass er Ende 1539 bei Martin

Luther und den Reformatoren in Wittenberg anfragen ließ, ob diese nicht eine offizielle Zustimmung zu einer Doppelehe geben könnten. Um seinem Anliegen Nachdruck zu verleihen, drohte er offen damit, die Seiten zu wechseln. Nach langer Debatte unterschrieb Luther ein von Philipp Melanchthon entworfenes, als Beichtrat getarntes Gutachten: Grundsätzlich sei einem Christen die Bigamie strengstens verboten, aber im konkreten Fall, wenn das Seelenheil des Betroffenen ernsthaft auf dem Spiel stehe und alles mit Diskretion behandelt würde, könnte eine Ausnahme gemacht werden. Die Sache müsse aber unbedingt geheim bleiben, beschwor Luther den Landgrafen in einem Brief, denn sonst könne ja „jedermann [...] auch zuletzt die groben Bauern“ auf die Idee kommen, sich eine solche Ausnahmegenehmigung zu besorgen.

Natürlich blieb die im März 1540 geschlossene Zweitehe nicht geheim und ebenso wenig ihre Duldung durch Martin Luther. Viele sittenstrengere Verbündete irritierte das Verhalten ihres Bundeshauptmanns und des großen Reformators. Der Reformation, die ja streng die sittliche Verkommenheit der katholischen Kirche anprangerte, fügte Luthers „Erlaubnis“ einen schweren Schaden zu. Philipp I. aber brachte sich mit seiner Doppelehe in ernsthafte Gefahr, denn Bigamie war auch nach weltlichem Recht eine schwere Straftat, die mit dem Tode geahndet werden konnte. Um einer Strafverfolgung zu entgehen, musste sich der Landgraf das Wohlwollen Kaiser Karls V. teuer erkaufen: Am Rande des Regensburger Reichstags schloss Philipp Ende Juni 1541 mit dem Kaiser den „Regensburger Vertrag“, in dem er sich verpflichtete, kein Bündnis mit Frankreich, England, Dänemark oder anderen ausländischen Mächten einzugehen.

Mehr noch: Der Hesse musste Karl V. umfangreiche militärische Hilfe bei künftigen Kriegszügen gegen Frankreich und das Osmanische Reich zusagen. Und in den Konflikt zwischen dem Kaiser und dem mit Frankreich verbündeten Herzog Wilhelm V. von Jülich-Kleve-Berg (1516–1592) um das Herzogtum Geldern durfte Philipp nicht eingreifen. Außerdem untersagte der Vertrag, den klevischen Herzog in den Schmalkaldischen Bund aufzunehmen. Nachdem er seinen Gegner isoliert hatte, gewann der Kaiser den „Geldrischen Erbfolgekrieg“ im September 1543. Der Schmalkaldische Bund verlor einen potenziell wichtigen Bündnispartner. So schwächten die Gefühlseskapaden eines Machtmenschen die Sache der Protestanten. Aber Philipp war nicht der Einzige, der eigensinnig gegen den ursprünglichen Zweck des Defensivbündnisses handelte.

Zwischen Verteidigung und Angriff

Mit der Zahl der Mitglieder wuchsen auch die Spannungen im Schmalkaldischen Bund. Das Bündnis verstand sich in erster Linie als lutherische Vereinigung, doch waren viele süd- und südwestdeutsche Mitglieder reformierten Glaubens. Sie wurden mehr oder weniger geduldet, ohne dass die Gegensätze je ganz überwunden werden konnten. Schwerer wogen allerdings die Auseinandersetzungen über den Zweck des Bündnisses und seine politische Richtung. Ursprünglich als reines Verteidigungsbündnis gegen mögliche Angriffe der katholischen Reichsstände und des Kaisers gegründet, versuchte vor allem Bundeshauptmann Kurfürst Johann Friedrich von Sachsen, dem Bündnis eine offensive, antihabsburgische Ausrichtung zu geben. Das stieß auf den Widerstand der vielen kleineren Mitglieder und der Städte, die eine dauerhafte Spaltung des Reiches und kriegerische Auseinandersetzungen befürchteten.

Die Vertreter einer offensiven Bündnispolitik setzten sich durch. 1542 überfielen

Truppen des Schmalkaldischen Bundes das Herzogtum Braunschweig-Wolfenbüttel, eines der wenigen katholisch gebliebenen Gebiete Norddeutschlands. Dessen Landesherr, Heinrich II. (1489–1568), war ein eifriger Gegner der Reformation, Parteigänger des Kaisers und 1538 Gründungsmitglied der „Katholischen Liga". Der streitbare Herzog hatte schon mehrfach gedroht, die protestantischen Städte Braunschweig und Goslar zu erobern und zu katholisieren. Dem wollten Philipp I. von Hessen und Johann Friedrich I. von Sachsen mit einem Präventivschlag zuvorkommen. Im Sommer 1542 überrannten Truppen des Schmalkaldischen Bundes das Herzogtum, besetzten das Territorium und führten die Reformation ein. Der Herzog wurde gefangen genommen und über Jahre in Ziegenhain in Hessen eingekerkert.

Die „Katholische Liga" entpuppte sich als zahnloser Tiger: Obwohl mit dem Angriff auf Braunschweig-Wolfenbüttel der Bündnisfall eingetreten war, unterstützte niemand den unglücklichen Herzog Heinrich. Auf der anderen Seite protestierten zahlreiche Mitglieder des Schmalkaldischen Bundes gegen den Überfall. Sie sahen in ihm einen Angriffskrieg, der gegen die Statuten des Defensivbündnisses verstieß. Zudem war er ein klarer Fall von Landfriedensbruch und musste früher oder später zu einer Reaktion des Kaisers führen. Schon bald sollte sich zeigen, dass die Sorgen der Kritiker berechtigt waren.

Karl V. bereitet den „Ketzerkrieg" vor

Der Überfall auf Braunschweig-Wolfenbüttel und die Affäre um die Doppelehe Philipps von Hessen schwächten den Schmalkaldischen Bund. Es war keineswegs mehr selbstverständlich, als Protestant ein Parteigänger der Schmalkaldener zu sein. So weigerte sich der lutherisch gesinnte Herzog Moritz von Sachsen (1521–1553) aus dem Haus der Albertiner, dem Bündnis beizutreten, das der Kurfürst von Sachsen, ein Verwandter aus der ernestinischen Linie, anführte. Andere protestantische Fürsten, wie Fürst Johann von Brandenburg-Küstrin (1513–1571), wandten sich ab. Die Handlungsfähigkeit des Schmalkaldischen Bundes sank, das hatte nicht zuletzt der Konflikt um Jülich-Kleve-Berg gezeigt.

Auch als Protestant war man bald nicht mehr selbstverständlich Mitglied des Schmalkaldischen Bundes. Kurfürst Moritz von Sachsen und seine Gemahlin Agnes, Gemälde von Lucas Cranach d. J., 1559.

Kaiser Karl V. hatte dahingegen seine Stellung im Reich stetig gefestigt. Sein Sieg im Geldrischen Erbfolgekrieg hatte ihm bei den Reichsfürsten großen Respekt verschafft. Auf dem Reichstag zu Speyer 1544 erhielt er von den Reichsständen umfangreiche militärische und finanzielle Unterstützung im Kampf gegen die Osmanen und für einen Reichskrieg gegen Frankreich. Allerdings musste der Kaiser den Protestanten nochmals große Zugeständnisse machen: Frühere antiprotestantische Reichsabschiede wurden suspendiert und alle anhängenden Prozesse vor dem Reichskammergericht niedergeschlagen. Damit war die Ver-

Ein gefährlicher Gegner: die Jesuiten

Die „Societas Jesu“ (Gesellschaft Jesu), auch „Jesuiten“ genannt, stand seit ihrer Gründung 1534 in einem besonders engen Treueverhältnis zum Papst und vertrat einen hohen Bildungsanspruch. Die Jesuiten verstanden sich als „geistige Speerspitze“ des Katholizismus und der Gegenreformation und engagierten sich stark in der Mission. Wegen der guten Ausbildung seiner Mitglieder wird das Ordenskürzel „SJ“ im Volksmund auch mit „Schlaue Jungs“ übersetzt.

Bild- und wortgewaltig kämpften die Jesuiten gegen die Reformation. Petrus Canisius als Prediger, unter den Zuhörern Papst Gregor XIII. und Kaiser Rudolf II., Gemälde um 1635.

Ein Foto von Papst Franziskus in der Jesuiten-Kirche St. Michael in München. Papst Franziskus ist der erste Jesuit auf dem Stuhl Petri.

Gegründet wurde der Orden von Ignatius von Loyola (1491–1556) und sechs Mitstudenten der Theologie im August 1534 in Paris durch Ablegung eines Gelübdes der Keuschheit und der Armut. Statt nach Jerusalem, das von den Osmanen besetzt war, zogen die Gefährten 1539 nach Rom, wo sie in der Krankenfürsorge und der Bildung halfen. Ignatius von Loyola legte mit seinen „Formula Instituti“ die Grundlagen der Gesellschaft fest, die sich im Wesentlichen auf fünf Regeln reduzieren lassen:

1. Arbeiten für die christliche Lebensführung und Glaubenserkenntnis durch Caritas, Katechese, Predigt und Exerzitien
2. absoluter Gehorsam gegenüber dem Papst und Bereitschaft zu weltweitem Einsatz
3. grundsätzlicher Gehorsam gegenüber dem Oberen
4. strenge Einhaltung des Armutsgelübdes
5. kein gemeinschaftliches, sondern privates Stundengebet.

Von Beginn an verbreitete sich der durch die päpstliche Bulle „Regimini militantis Ecclesiae“ (etwa: Zur Regierung der streitbaren Kirche) am 27. September 1540 anerkannte Orden in der ganzen Welt. Frühzeitig gab es Niederlassungen in den spanischen und portugiesischen Kolonien in Brasilien und Indien. Und als erster deutscher Jesuit wirkte Peter Canisius (1521–1597) im Reich gegen den Protestantismus für den Erhalt des katholischen Glaubens. Schnell entwickelten die Jesuiten sich zu einem der einflussreichsten Gegner der Reformation und wichtigem Pfeiler des Papsttums. Ihr Gründer Ignatius von Loyola wurde 1622 heiliggesprochen.

wendung säkularisierten Kirchenvermögens de facto rechtens. Die Protestanten wurden den „Altgläubigen" so lange reichsrechtlich gleichgestellt, bis ein National- oder allgemeines Konzil über das Verhältnis von Protestanten und Katholiken entscheiden würde. Mit dieser pragmatischen Politik stieß Karl V. bei vielen Katholiken auf Kritik. Papst Paul III. (1468–1549) kritisierte in einem „Tadelsbreve" den Kaiser scharf, während ausgerechnet Martin Luther und Jean Calvin ihn öffentlich lobten.

Tatsächlich aber ging es Karl V. nicht um Versöhnung mit den Protestanten – im Gegenteil: Im September 1544 schloss er mit dem katholischen Frankreich den Frieden von Crépy. Darin versprach der französische König, den Kaiser beim Kampf gegen die Türken und der Wiederherstellung der Glaubenseinheit im Reich zu unterstützen. Frankreich war sogar bereit, an einem Feldzug gegen die protestantischen Reichsstände teilzunehmen. So stark waren mittlerweile die Gemeinsamkeiten der religiösen Überzeugungen und machtpolitischen Interessen der beiden Erzrivalen. Papst Paul III. sicherte dem Kaiser ebenfalls militärische Hilfe bei einem „Ketzerkrieg" im Reich zu. Im Dezember 1545 eröffnete er in Trient ein Konzil zu Fragen und Lehrmeinungen der Reformation, das mit längeren Unterbrechungen bis 1563 tagen sollte. Vertreter der Reformation, aber auch deutsche Bischöfe waren in den ersten Jahren nicht dabei. Der italienische Klerus und damit die schärfsten Kritiker der neuen Glaubensbewegung beherrschten anfangs das Konzil. Zudem hatte Paul III. bereits im September 1540 die Gründungsstatuten des Jesuitenordens genehmigt, der später zur treibenden Kraft der „Gegenreformation" werden sollte. Die Gegner der Reformation formierten sich.

Der wachsende Einfluss der Jesuiten führte jedoch bereits im 17. Jahrhundert zur Kritik an dem Orden. Ihre protestantischen wie auch katholischen Gegner beschrieben seine Mitglieder als finstere Intriganten. Es entstand eine der ersten Verschwörungstheorien der Neuzeit, die durch die Kritik der europäischen Aufklärung im 18. Jahrhundert verstärkt wurde. Auf Druck der südeuropäischen

Gründer der Gesellschaft Jesu und ein wichtiger Pfeiler für das Papsttum in unruhigen Zeiten: Ignatius von Loyola (1491–1556). Porträtbüste des Ordensstifters, unter Verwendung der Totenmaske Mitte des 17. Jahrhunderts entstanden.

Monarchien löste Papst Clemens XIV. (1705–1774) den Orden im Juli 1773 auf. Er überlebte nur in kleinen Gruppen in Russland und Preußen, bis ihn Papst Pius VII. (1742–1823) 1814 wieder anerkannte. Heute ist die Societas Jesu mit etwa 20.000 Mitgliedern der größte Männerorden der katholischen Kirche.

Der Schmalkaldische Krieg

Während in Trient die Reformationsgegner unter sich tagten, fanden ab Januar 1546 in Regensburg erneut Religionsgespräche zwischen Katholiken und Protestanten statt. Sie waren jedoch nur ein Ablenkungsmanöver des Kaisers, der weiter einen Krieg gegen die „Ketzer“ vorbereitete und dafür noch Verbündete unter den Reichsständen suchte, die im Juni und Juli 1546 unter seinem Vorsitz auf dem Reichstag in Regensburg zusammenkamen. Schon früh hatte er die Herzöge von Bayern gewonnen, die zwar ihre Neutralität behaupteten, tatsächlich jedoch ihr Territorium den kaiserlichen Truppen öffneten. Damit waren die kaiserfeindlich gesinnten oberdeutschen Reichsstädte isoliert. Noch gefährlicher für den Schmalkaldischen Bund war jedoch, dass der Kaiser eine Reihe evangelischer Fürsten auf seine Seite ziehen konnte: Herzog Erich II. von Braunschweig-Calenberg-Göttingen (1528–1584), Markgraf Albrecht II. Alcibiades von Brandenburg-Kulmbach (1522–1557) und vor allem Herzog Moritz von Sachsen. Ihm sicherte der Kaiser im Falle seiner Unterstützung Gebietszuwächse auf Kosten seiner ernestinischen Verwandten und die Übertragung der Kurwürde auf die Albertiner zu.

Während die Kirchenfürsten auf dem Tridentinischen Konzil tagen, gibt es auch in Regensburg erneute Anstrengungen, zwischen Katholiken und Protestanten zu vermitteln. Sitzung der Kirchenversammlung in der Kathedrale von Trient, Gemälde eines schweizerischen Malers, 1769, nach einem zeitgenössischen Original.

Philipp I. von Hessen, Kurfürst Johann Friedrich von Sachsen und andere Schmalkaldener hatten angesichts des drohenden Krieges Regensburg längst verlassen. Die beiden Bundeshauptleute, über die der Kaiser am 20. Juli 1546 die Reichsacht verhängte, mussten schnell handeln, wollten sie sich gegen den übermächtigen Gegner behaupten. Während der Kaiser seine Truppen noch aus Italien, Ungarn und den Niederlanden ins Reich führte, mobilisierte der berühmte Landsknechtführer Sebastian Schertlin von Burtenbach (1496–1577) Anfang Juli 1546 in Süddeutschland in kurzer Zeit rund 12.000 Mann, während die Bundeshauptleute zugleich ein gewaltiges Heer von 16.000 Soldaten und rund 6.000 Reitern in Thüringen aufstellten. Ende Juli schlossen sich alle Truppen des Schmalkaldischen Bundes bei Donauwörth zusammen, ein gewaltiges Heer von mehr als 50.000 Soldaten und 7.000 Reitern. In den ersten Monaten bekämpften sich Protestanten und Katholiken ausschließlich im Süden des Reiches („Donaufeldzug“). Während die protestantischen Heerführer in ihren taktischen Entscheidungen zurückhaltend und uneins waren, vermied der Kaiser verlustreiche Kämpfe. Sein stetig wachsendes Heer verschanzte sich in Festungen und zwang den Gegner zu aufreibenden Märschen, ohne sich einer Entscheidungsschlacht zu stellen.

Als im Oktober 1546 den protestantischen Heerführern das Geld ausging und sich unter ihren Soldaten Hunger und Frustration ausbreiteten, holten die Habsburger zum entscheidenden Schlag aus: Ferdinand I. besetzte gemeinsam mit Moritz von Sachsen große Teile des Kurfürstentums Sachsen. Johann Friedrich von Sachsen und Philipp von Hessen eilten daraufhin mit ihren Truppen nach Norden und schwächten damit die süddeutsche Front. Herzog Ulrich von Württemberg, Kurfürst Friedrich II. von der Pfalz (1482–1556) und alle anderen süddeutschen Mitglieder des Schmalkaldischen Bundes kapitulierten bis Anfang 1547 vor der Übermacht der kaiserlichen Truppen. Nur Konstanz konnte sich bis Oktober 1548 behaupten. In Nord- und Mitteldeutschland hatte der Bund durchaus noch Erfolge und Johann Friedrich von Sachsen konnte seine Ländereien zum großen Teil zurückerobern. Aber am 24. April 1547 schlugen kaiserliche Truppen bei Mühlberg die Sachsen und nahmen den Kurfürsten gefangen. Damit war der Schmalkaldener Bund praktisch besiegt, wenn auch Bremen und Magdeburg den kaiserlichen Truppen weiter Widerstand leisteten. Um seine Hinrichtung abzuwenden, unterzeichnete Johann Friedrich von Sachsen die „Wittenberger Kapitulation". Die Kurwürde und große Gebiete des Kurfürstentums gingen an seinen Vetter Moritz über. Dem einst so mächtigen Ernestiner blieb nur Thüringen.

Der Kaiser konnte während des Donaufeldzuges verlustreiche Kämpfe vermeiden. Die Truppeninspektion vor Ingolstadt, Schmalkaldischer Krieg, Kupferstich von 1555–56, von Dirk Coornhert.

Der Kaiser hatte mit der Zerschlagung des Schmalkaldischen Bundes auf ganzer Linie gesiegt. Karl V. bei Mühlberg, Gemälde von Tizian, 1548.

Um dem Schicksal seines Verbündeten zu entgehen, wollte sich Landgraf Philipp I. von Hessen ergeben. Der neue Kurfürst Moritz von Sachsen und Kurfürst Joachim von Brandenburg (1505–1571) erbaten auf seinen Wunsch hin ein mildes Urteil beim Kaiser. Dennoch wurde Philipp am 19. Juni 1547 gefangen genommen, als er sich in Halle an der Saale dem Kaiser unterwarf. Gemeinsam mit Johann Friedrich von Sachsen ließ ihn der Kaiser über Jahre an wechselnden Orten festhalten. Erst 1552 kamen die beiden Anführer des Schmalkaldischen Bundes wieder frei. Der Kaiser hatte auf ganzer Linie gesiegt. Martin Luther, der den Krieg hatte kommen sehen, erlebte dessen schmähliches Ende nicht mehr. Er starb am 10. Februar 1546 in seinem Geburtsort Eisleben. Sein Leichnam wurde nach Wittenberg überführt und am 22. Februar in der Schlosskirche beigesetzt, wo man das Grab des Reformators noch heute sehen kann.

Luther erlebte den Ausgang des Krieges und damit die Niederlage der Protestanten nicht mehr mit, im Februar 1546 verstarb er in Eisleben. Das Bahrtuch im Sterbezimmer des Museums „Luthers Sterbehaus“ in Eisleben.

Geharnischter Reichstag, Augsburger Interim und ein gescheitertes Konzil

Kaiser Karl V. hatte den Zenit seiner Macht erreicht. Zielstrebig versuchte er auf dem Augsburger Reichstag 1547/48 eine grundlegende Reform des Reiches durchzusetzen. Dahinter stand sein alter Plan, eine Universalmonarchie als Vormacht in Europa zu schaffen. So strebte er die Bildung eines Reichsbundes an, dem neben dem alten Reich auch die Niederlande und italienische Gebiete angehören sollten. Im Kern ging es Karl dabei um die Stärkung des Hauses Habsburg. Um seinen Forderungen Nachdruck zu verleihen, verblieben zahlreiche Landsknechte und Ritter des kaiserlichen Heers in Augsburg, das die Stadt erst wenige Monate zuvor erobert hatte (darum hieß dieser Reichstag auch „Geharnischter“). Von dieser Machtdemonstration ließen sich die Reichsstände jedoch nicht beeindrucken und widersetzten sich konfessionsübergreifend dem Habsburger Vormachtstreben.

Auch in der Religionsfrage war nach dem Sieg über den Schmalkaldischen Bund keine Einigung in Sicht. Papst Paul III. hatte im Januar 1547 den Tagungsort des Konzils von Trient nach Bologna und damit vom Reichsterritorium in den Kirchenstaat verlegt, was die Teilnahme protestantischer Theologen noch unwahrscheinlicher machte. Der Kaiser erließ im Mai 1548 als eine Art Zwischenlösung das „Augsburger Interim“. Darin gestand er den Protestanten die Priesterehe zu und den Laienkelch. Alle anderen Fragen, wie die Säkularisation von Klöstern, thematisierte die kaiserliche Verordnung nicht. Das Interim stieß sofort auf heftigen Widerstand der Protestanten. So ließ Moritz von Sachsen von den Reformatoren seiner Landesuniversität Wittenberg ein eigenes Interim erarbeiten. Flugschriften und Veröffentlichungen gegen das als Einmischung in die Religionsfreiheit wahrgenommene Augsburger Interim erreichten Auflagenhöhen, wie sie zuletzt die frühen Streitschriften Luthers gekannt hatten.

Nach dem Tod von Papst Paul III. im November 1549 versuchte ein weiterer

Reichstag in Augsburg 1550/51 die Religionsstreitigkeiten zu klären. Der neue Papst Julius III. (1487–1555) sagte dem Kaiser zu, das Konzil wieder nach Trient zu verlegen, wo es von 1551 bis 1552 tagte. Jetzt erklärten sich auch die protestantischen Reichsstände bereit, an dem Konzil teilzunehmen. Das Augsburger Interim wurde gegen den Widerstand der Protestanten per Reichstagsabschied verlängert. Brandenburg, Kursachsen, Württemberg und Straßburg entsandten protestantische Theologen nach Trient, aber zu einem gleichberechtigten Dialog kam es dort nicht: Der Wunsch der Protestanten nach einem freien, nicht vom Papst geleiteten Konzil wurde abgelehnt. Zudem wurde ihnen die freie Religionsausübung untersagt, eine Debatte über grundlegende Fragen und Lehrentscheidungen der Kirche fand überhaupt nicht statt. Ohne nennenswerte Ergebnisse wurde das Konzil 1552 vertagt. Es sollte seine Arbeit erst 1562 wieder aufnehmen. Die Hoffnung des Kaisers, mit einem Konzil die Einheit der Kirche zu retten, hatte sich endgültig zerschlagen.

Zu einem echten, gleichberechtigten Dialog zwischen der katholischen Kirche und protestantischen Theologen kam es in Trient nicht. Darstellung der 23. Sitzung des Konzils von Trient in der Kathedrale San Vigilio 1563, Gemälde aus der zweiten Hälfte des 16. Jahrhunderts.

Der Augsburger Religionsfrieden

Das Habsburger Streben nach Vorherrschaft im Reich und die ungelöste Religionsfrage führten zu neuen Koalitionen. Noch vor dem Augsburger Reichstag bildeten im Februar 1550 der Markgraf Hans von Brandenburg-Küstrin (1513–1571), Herzog Albrecht von Preußen (1490–1568) und Herzog Johann Albrecht I. von Mecklenburg (1525–1576) eine Defensivallianz zum Schutz des Luthertums. Nach dem Ende des Reichstags schlossen sich im Mai 1551 dem Bündnis weitere protestantische Reichsstände an, die das Augsburger Interim ablehnten. Darunter Kurfürst Moritz von Sachsen, der bald eine Schlüsselrolle im protestantischen Lager spielen sollte. Dem Bündnis ging es nicht nur um Religionsfragen: Der Kaiser hatte auf dem Reichstag versucht, seinen Sohn Philipp (1527–1598) zum künftigen König und Kaiser zu machen und damit den Einfluss der spanischen Linie der Habsburger auszubauen („Spanische Sukzession"). Mit diesen Plänen scheiterte er aber nicht nur an den Reichs-

Mit dieser Urkunde wurde vor 450 Jahren, am 25. September 1555, in Augsburg der Religionsfriede zwischen Lutheranern und Katholiken besiegelt. Er regelt bis heute den Rechtsstatus der beiden Religionen.

ständen, sondern auch an seinem Bruder Ferdinand I. und dessen Sohn Maximilian (1527–1576), die beide Throne für die österreichische Linie des Hauses Habsburg beanspruchten.

Der Streit um die Spanische Sukzession ließ den Widerstand im Reich gegen den Spanier Karl V. wachsen. Der französische König Heinrich II. nutzte die Schwäche des Kaisers und erklärte ihm im Herbst 1551 den Krieg. Französische Truppen stießen bis zum Rhein vor. Zudem unterstützte Heinrich II. die protestantische Allianz. So kam es im Frühjahr 1552 zum sogenannten „Fürstenaufstand“: Protestantische Truppen drangen unter Führung des Kurfürsten Moritz von Sachsen in Süddeutschland bis Tirol vor. Sie wollten die „fürstliche libertet und freiheit“ gegen die kaiserliche „Monarchia“ verteidigen, was neben den Privilegien der Reichsstände die Gleichberechtigung der evangelischen Kirche einschloss. Außerdem forderten sie die Freilassung Philipps von Hessen, dem Schwiegervater des sächsischen Kurfürsten. Die katholischen Reichsstände verhielten sich neutral, weil sie Karl V. misstrauten. Während der Kaiser in Innsbruck nur knapp der Gefangennahme durch die Aufständischen entkam und nach Kärnten floh, verhandelten Ferdinand I. und andere katholische Fürsten in Passau mit Moritz von Sachsen und der protestantischen Opposition über einen Frieden. Der am 2. August 1552 abgeschlossene Passauer Vertrag war bahnbrechend: Die politischen Gefangenen Philipp von Hessen und Johann Friedrich von Sachsen kamen frei, vor allem aber stimmte Ferdinand I. einer endgültigen Anerkennung der protestantischen Kirche im Reich zu.

Der methodistische Bischof Walter Klaiber, Kardinal Karl Lehmann, Bischof Wolfgang Huber, Weihbischof Josef Grünwald und Landesbischof Johannes Friedrich zelebrierten am 25. September 2005 in der Augsburger Annakirche den ökumenischen Festgottesdienst aus Anlass des 450. Jahrestags des Augsburger Religionsfriedens.

Karl V. musste den Vertrag notgedrungen anerkennen, um freie Hand gegen Heinrich II. von Frankreich zu haben. Er verlangte aber eine Befristung bis zum nächsten Reichstag. Nachdem er aber Heinrich II. nicht besiegen konnte und auch andere Pläne zum Aufbau einer Universalmonarchie scheiterten, resignierte der Kaiser. Der 1555 zu Augsburg tagende Reichstag verabschiedete auf Grundlage des Passauer Vertrags am 25. September den „Augsburger Religionsfrieden“: Dieser garantierte den beiden „Augsburger Konfessionsverwandten“, der katholischen und der evangelisch-lutherischen Kirche, die Ausübung ihrer Religion. Für beide Kirchen galt die Landfriedensordnung. Ausgenommen von dieser Regelung waren die Täufer, aber auch die reformierte Kirche. Kern des Friedens war die Formel „cuius regio, eius religio“ (wessen Land, dessen Religion), die dem regierenden Fürsten das Recht zusprach, festzulegen, welche der beiden Glaubensrichtungen in seinem Herrschaftsgebiet galt. Andersgläubigen Untertanen wurde mit dem „ius emigrandi“ immerhin das Recht eingeräumt, das Territorium zu verlassen. Die katholische Kirche behielt einen Trumpf in der Hand: Der sogenannte „geistliche Vorbehalt“ nahm geistliche Fürstentümer von dieser Regelung ausdrücklich aus.

Karl V. konnte dem Augsburger Religionsfrieden aus Gewissensgründen nicht zustimmen. Noch während der Reichstag tagte, teilte er seinem Bruder mit, dass er abdanken werde. Offiziell gab er den Kurfürsten am 12. September 1556 die Niederlegung seiner Königs- und Kaiserkrone bekannt. Die spanische Herrschaft übergab er seinem Sohn Philipp II. Der zeitweise mächtigste Mann der Welt war gescheitert und zog sich in ein Kloster zurück, wo er im September 1558 starb.

Die Lutheraner hatten gesiegt. Zumindest hatten sie mit dem Augsburger Religionsfrieden ihre bereits 1530 auf dem Augsburger Reichstag erhobenen Forderungen durchgesetzt und sich als anerkannte Religion im Reich etabliert. Doch der Frieden war nicht von Dauer. Der Ausschluss der Täufer und der reformierten Kirchen barg großes Konfliktpotenzial; vage Formulierungen und unklare Regelungen führten immer wieder zum Streit zwischen Protestanten und Katholiken. Vor allem aber gab sich die katholische Seite nicht geschlagen. Ein Zeitalter der konfessionellen und politischen Spaltung des Reiches und Europas brach an, das 1618 im verheerenden Dreißigjährigen Krieg enden sollte.

Der Augsburger Religionsfrieden barg neues Konfliktpotenzial und die konfessionelle und politische Spaltung im Reich schritt unaufhaltsam voran. Heute wird mit dem Augsburger Hohen Friedensfest, das seit 1650 alljährlich am 8. August begangen wird, des Endes der Unterdrückung der Protestanten während des Dreißigjährigen Krieges durch den Westfälischen Frieden 1648 gedacht.

Die Reformation und das kulturelle Leben

Die Reformation wirkte weit über die Kirche hinaus auf das kulturelle Leben der Deutschen. Dabei trug sie nicht nur durch die deutschsprachige Bibel und andere religiöse Texte zur Ausbildung einer deutschen Hochsprache bei. Die neue Religion war von Anfang an auch eine Bildungsbewegung, die auf der Grundlage des Humanismus das Schul- und Universitätswesen in den protestantischen Ländern modernisierte. Auch die bildenden Künste erhielten durch die Reformation und den Humanismus neue Impulse und lösten sich von den strengen theologischen Vorgaben des Mittelalters. In der Musik entstanden durch das Luthertum neue Formen der Kirchenmusik, die in den Kompositionen von Johann Sebastian Bach eine bis heute prägende Form erreichte.

Nicht nur Erinnerungsort der Reformation, sondern auch des gelebten Protestantismus: Die Thomaskirche in Leipzig ist als Wirkungsstätte Johann Sebastian Bachs, der hier begraben ist, und des Thomanerchores weltbekannt. Bach wirkte hier von 1723 bis 1750 als Thomaskantor. Martin Luther predigte 1539 in der Thomaskirche zur Einführung der Reformation.

Vom Wert der Bildung

Die Reformation erneuerte neben dem religiösen auch das kulturelle Leben in Deutschland. Luthers deutsche Bibel, der Katechismus, seine populären Schriften und Lieder prägten maßgeblich die Entstehung einer deutschen Hochsprache und förderten die Lese- und Verständnisfähigkeit in der Bevölkerung. Überhaupt war der Protestantismus von Anfang an eine Bildungsbewegung. Nach Luthers Vorstellung eines „Priestertums aller Getauften" kam es jedem Christen zu, Gottes Wort und das Evangelium zu verkünden. Grundlage dafür war eine intensive Lektüre der Bibel. Das Lesen und Verstehen von Texten war deswegen eine entscheidende Voraussetzung für den protestantischen Glauben. Stand die Familie in den Augen der Reformatoren am Beginn einer Vermittlung christlicher Werte und Bildung, so bildete die Schule den nächsten bedeutenden Schritt der Erziehung. Die drei großen Reformatoren Luther,

Martin Luther brach mit dem bisherigen, kirchlich geprägten Bildungswesen und setzte diesem das „weltliche", staatlich organisierte Schulwesen entgegen. Der Reformator als Mönch, Geistlicher und Universitätslehrer, Gemälde von 1572, Cranach-Schule.

Die Reformation ging mit einer Reform des Bildungswesens einher. Fürst Christoph I. von Württemberg besucht um 1540 ein zur Schule umgewandeltes ehemaliges Kloster, Radierung.

Zwingli und Calvin setzten deswegen auf eine Verbesserung der Schulausbildung. Nur bei radikalen reformatorischen Gruppen wie den Täufern, die eher spiritualistisch und weniger schriftorientiert waren, setzten sich bildungskritische Tendenzen durch.

Luther war wie die meisten Reformatoren vom humanistischen Bildungsideal durchdrungen und sah mit Sorge, dass es zu Beginn des 16. Jahrhunderts schlecht um das Bildungswesen in Wittenberg und Kursachsen bestellt war. Im übrigen Reich sah es nicht viel besser aus. Das aus dem Mittelalter überkommene Schulwesen war eng mit den Pfarrkirchen und Klöstern verbunden, die Lehrer häufig nur mangelhaft ausgebildet. Auch brauchte der neue Glaube eine Neuausrichtung der Schulen. Luther erkannte, dass die Reformation beim Schulwesen beginnen musste. Dabei ging es nicht nur um die Schulung der Lesefähigkeit und die Vermittlung der neuen Glaubensinhalte, sondern auch um den Aufbau eines evangelisch-lutherischen Gemeinwesens, das gut ausgebildete Pfarrer, Lehrer und Beamte brauchte. Und deren Ausbildung begann in der Schule. 1524 veröffentlichte Luther die einflussreiche Schrift „An die Burgermeister und Ratherrn allerlei Städte in deutschen Landen, daß sie christliche Schulen aufrichten und halten sollen".

„Ja, was hat man gelernt in hohen Schulen und Klöstern bisher, denn nür Esel, Klötz und Bloch werden? Zwänzig, vierzig Jahr hat einer gelernt und hat noch widder Lateinisch noch Deutsch gewußt. Ich schweige das schändlich, lästerlich Leben, darinnen die edle Jugend so jämmerlich verderbt ist", spottete Luther über das alte, kirchlich geprägte Bildungswesen. Er forderte die weltlichen Obrigkeiten auf, sich selbst um das Schulwesen und um eine gute Ausbildung der Jugend zu kümmern. Das war ein radikaler Bruch mit der Vergangenheit, in der die Kirche seit Jahrhunderten das Bildungsmonopol innehatte. Luther legte damit den Grundstein für

Mit einer Festrede Melanchthons nahm die Oberschule 1526 ihren Schulbetrieb auf. Blick in den Schulhof des Nürnberger Melanchthon-Gymnasiums, dem Urtyp des Gymnasiums.

ein allgemeines Recht auf Wissen und Bildung und machte die Erziehung zu einer staatlichen Aufgabe, die in der westlichen Welt bis heute besteht. Was als „weltliches“ Anliegen erscheint, begründete Luther theologisch: Wer den Kindern und Jugendlichen die notwendige Bildung und Ausbildung versage, mache sich zum Werkzeug des Satans. Und da die alte Kirche offenbar versagt habe, sei es die Pflicht der von Gott eingesetzten Obrigkeiten, für die Erziehung ihrer Untertanen zu sorgen. Die Reformation bot nach Luther die große Chance zu einer grundlegenden Reform des Bildungswesens: „Weil uns denn itzt Gott so gnädiglich beraten hat mit aller Fülle, beide, der Kunst, gelehrter Leute und Bücher, so ist's Zeit, daß wir ernten und einschneiden das Beste, das wir künnten, und Schätze sammlen, damit wir etwas behalten auf das Zukünftige von diesen gülden Jahren und nicht diese reiche Ernte versäumen.“

Philipp Melanchthon, „Praeceptor Germaniae“

Luther lieferte die theologischen Grundlagen der „reformatorischen Bildungsreform“, sein Freund und Mitstreiter Philipp Melanchthon sorgte für deren praktische Umsetzung. Der Gelehrte war selbst einer der bedeutendsten protestantischen Theologen und hatte bereits 1521 mit seinen „Loci communes rerum theologicarum“ die erste Dogmatik der lutherisch-evangelischen Kirche vorgelegt. Als Rektor der Universität Wittenberg reformierte er ab 1523 deren Studienordnung und machte die Universität zu einer der führenden Hochschulen Europas und zu einem Muster für andere Bildungsreformer. Dabei ging es nicht nur um die Ausbildung lutherisch-evangelischer Theologen, sondern auch um die humanistische Erneuerung der Philosophischen Fakultät, die für die Reformatoren große Bedeutung besaß. Gemeinsam mit Luther, aber auch alleine führte Melanchthon zahlreiche Kirchen- und Schulvisitationen durch, um die Reformation in Kursachsen auch institutionell umzusetzen.

Die zahlreichen Missstände in den Schulen, der kümmerliche Stand der Pädagogik insgesamt und die schlechte Ausbildung der Lehrer veranlassten den vielseitig Gebildeten verschiedene Schul- und Lehrbücher selbst zu verfassen: für lateinische und griechische Grammatik, Rhetorik, Ethik, Physik, Geschichte, Geografie und Astrologie. Diese Bücher verbreiteten sich rasch in den protestantischen Ländern und waren bald an vielen Schulen Pflichtlektüre. Melanchthons Einfluss auf die Bildung und Ausbildung im Reich war so groß, dass man ihm bereits zu Lebzeiten den Ehrentitel „Praeceptor Germaniae" (Lehrer Deutschlands) verlieh. Seine lateinischen und griechischen Grammatiken wurden noch im 18. Jahrhundert genutzt, auch an katholischen Schulen.

Außerdem entwickelte Philipp Melanchthon Reformvorschläge für neue Schulen und Universitäten, die gleichermaßen auf humanistischen und reformatorischen Ideen beruhten. Denn für Melanchthon war Bildung die Voraussetzung, dass jeder Mensch die biblische Botschaft in sich aufnimmt und ein nützliches Glied der Gesellschaft wird. Dieses protestantisch-humanistische Bildungskonzept sollte für Jahrhunderte das deutsche Bildungssystem maßgeblich prägen. Es begründete einen neuen Typus städtischer Lateinschulen, in denen Latein gelehrt und auch wesentlich in lateinischer Sprache unterrichtet wurde. Die Schüler waren in drei nach Alter und Wissen der Schüler getrennte Klassen eingeteilt und wurden erst nach Erreichen des Klassenziels versetzt – ein neues Prinzip, das noch heute gilt. Die erste dieser Lateinschulen wurde 1524 in Magdeburg gegründet, 1526 entstand eine weitere in Luthers Geburtsstadt Eisleben. Das neue Bildungsideal galt für Jungen und Mädchen gleichermaßen: 1530 öffnete die erste Mädchenschule in Wittenberg ihre Tore – ein Meilenstein in der Geschichte der Frauenemanzipation.

Zwischen Lateinschule und Universität sollte die von Melanchthon entwickelte „Oberschule" auf das Studium vorbereiten: Gelehrt wurden dort Rhetorik (Redekunst) und Dialektik (Kunst der Überzeugung in Rede und Gegenrede) sowie lateinische Literatur, Mathematik und Griechisch. Die Nürnberger Oberschule Sankt Egidien, die im Mai 1526 mit einer Festrede Melanchthons ihren Schulbetrieb aufnahm, wurde der Urtyp des Gymnasiums und existiert als „Melanchthon-Gymnasium" noch heute. Als erstes echtes Gymnasium gilt allerdings die 1538 unter dem Einfluss Martin Bucers und der reformierten Kirche gegründete „Schola Argentoratensis" (Straßburger Schule). Überhaupt war der Südwesten des Reiches den neuen

Melanchthon-Garten in Wittenberg: Zum Welterbetag der Unesco am 5. Juni 2016 wurde das Kleinod hinter dem früheren Haus Philipp Melanchthons eingeweiht. Neben Stauden und Sträuchern wachsen hier auch zahlreiche Kräuter. Der Pädagoge und Humanist hatte einst antike und zeitgenössische botanische Fachbücher studiert und war kundig im Einsatz von Heilkräutern.

Auch Barock und Protestantismus schließen sich nicht aus: Lutherdenkmal vor der imposanten Kuppel der Frauenkirche in Dresden. Sie gilt als prachtvolles Zeugnis des protestantischen Sakralbaus des deutschen Barock.

Blick auf den Altar mit Orgel und in die Kuppel. Am 30. Oktober 2005 fand nach dem Wiederaufbau in der Frauenkirche der Weihegottesdienst statt. Aus der Weltkriegsruine, dem Mahnmal gegen den Krieg, ist ein Symbol der Versöhnung und des Friedens geworden.

Bildungsideen gegenüber besonders aufgeschlossen. Obschon Melanchthon für eine allgemeine Schulpflicht eintrat, war es das reformierte Fürstentum Pfalz-Zweibrücken, das 1598 als erstes Land überhaupt die allgemeine Schulpflicht für Jungen und Mädchen einführen sollte. Andere evangelische Territorien folgten erst im 17. Jahrhundert, Brandenburg-Preußen führte die allgemeine Schulpflicht im 18. Jahrhundert ein. Die katholischen Territorialstaaten hinkten dieser Entwicklung weit hinterher.

Kunst in der Kirche

Die künstlerische Darstellung religiöser Themen war in der reformatorischen Bewegung umstritten. Während Ulrich Zwingli und seine Anhänger Bilder, Skulpturen und andere Kunstwerke in Kirchen teilweise radikal ablehnten, hatte Martin Luther nichts dagegen einzuwenden. „Bilder, Glocken, Messgewand, Kirchenschmuck, allter [Altar] licht und der gleichen", erklärte der Reformator 1528 in seiner Schrift „Vom Abendmahl Christi Bekenntnis", „halt ich frey. Wer da will, der mags lassen. Wie wol bilder aus der schrifft und von guten Historien ich fast [i. S. v. sehr] nützlich, doch frey und willkörig halte. Denn ich's mit den bilderstürmen nicht halte."

Für Luther gehörten Bilder, Statuen, Kruzifixe, Altäre und ähnliches zu den sogenannten „adiaphora", das sind Dinge, die nicht heilsnotwendig sind, deren Gebrauch in der Kirche weder geboten noch verboten ist. Luther selbst sah die Kunst positiv. Sie helfe den Menschen, die Bibel zu verstehen. Religiöse Bilder dienten „zum ansehen, zum zeugnis, zum gedechtnis, zum zeychen" und als Gedächtnisstütze. An anderer Stelle hat Luther gefordert, die Reichen sollten „die gantze Bibel ynnwendig und auswendig an den heusern fur yedermans augen malen" lassen. Kunst hatte für Luther also vor allem eine belehrende Funktion und diente zugleich als Schmuck und Zierde. Er lehnte allerdings Statuen und Bilder biblischer Szenen ab, die nicht durch die Bibel belegt waren. Dazu gehörten die verbreiteten Darstellungen von Christus als Weltenrichter mit Lilie und Schwert, der Schutzmantelmadonna, von Heiligenbildern oder die Darstellung der Kirche als „Schiff".

Luthers aufgeschlossene Haltung führte dazu, dass es in evangelisch-lutherischen Gebieten anders als in reformierten Gemeinden selten zu „Bilderstürmen" kam, bei denen Kunstwerke in Kirchen zerstört wurden. Trotzdem waren die lutherischen im Vergleich zu den katholischen Kirchen schlichter ausgestattet: Nebenaltäre gab es nicht, ebenso wenig Gemälde mit „unbiblischen" Szenen und natürlich katholische Kultgegenstände wie das Tabernakel und das „ewige Licht", die im Luthertum keine Bedeutung mehr hatten. Diese Schlichtheit ist den evangelischen Kirchen bis heute eigen. Im Vergleich zu den reformierten Kirchen aber, in denen sich weder Bilder und Skulpturen, Kreuze und Kerzen noch überhaupt ein fester Altar finden, blieben die lutherischen Kirchen bunt und kunstfreundlich. Allerdings änderte sich in der Kirchenarchitektur kaum etwas, da die Protestanten meist bestehende katholische Gotteshäuser übernahmen. Einzig die Predigerkirchen der reformierten Kirche mit ihrer zentral gelegenen Kanzel schufen eine neue Bauform.

Propaganda für die reformatorischen Forderungen: Abendmahlsszene der Mitteltafel des Reformationsaltars der Stadtpfarrkirche St. Marien in Wittenberg, um 1547–1552, von Lucas Cranach d. Ä., vollendet von Lucas Cranach d. J. (1515–1586).

Lucas Cranach und die Kunst der Reformation

Luthers Lehre und seine Aufgeschlossenheit gegenüber den bildenden Künsten beflügelten namhafte Künstler wie Albrecht Dürer, der sich bereits früh der Reformation anschloss. Der Maler Lucas Cranach der Ältere wurde gar zum „Chefdesigner" der Reformation. Cranach war schon ein gefragter Künstler, der am kaiserlichen Hof in Wien gearbeitet hatte, bevor er 1504 als Hofmaler in die Dienste des Kurfürsten Friedrich von Sachsen trat und 1505 seine Malwerkstatt nach Wittenberg verlegte. Cranach porträtierte Luther und andere bedeutende Akteure der Reformation und gab ihr damit ein Gesicht. Seine Darstellungen biblischer Szenen trugen auch maßgeblich zur Verbreitung der lutherischen Lehre und der Entstehung einer neuen, „protestantischen" Kunst bei.

Cranach malte viele berühmte, farbenfroh-sinnliche, religiöse Ölgemälde und Altarbilder („Retabeln"): Auf seinem „Letzten Abendmahl" zum Beispiel, das Teil des Reformationsaltars in der Wittenberger Schlosskirche ist, findet man Jesus Christus nicht herausgehoben, sondern inmitten seiner Jünger als Teil der Gemeinde. Cranach hat Luther, einen Becher Wein empfangend, im Kreis der Jünger verewigt und machte damit zugleich Propaganda für die reformatorische Forderung nach Empfang des Abendmahls in „beiderlei Gestalt". Cranachs „Christus und die Ehebrecherin" zeigt einen sehr menschlichen Jesus, der die Beschuldigte verteidigt und sogar ihre Hand hält, was vorher undenkbar war. Cranach verdeutlicht hier Luthers Vorstellung eines gnädigen Gottes, dem sich jeder Mensch persönlich anvertrauen und auf dessen Gnade er hoffen kann.

Die expressive Darstellung und die leuchtenden Farben begeistern noch heute die Besucher jeder Cranach-Ausstellung, wie hier 2015 bei der Schau „Bild und Botschaft. Cranach im Dienst von Hof und Reformation“ im Herzoglichen Museum in Gotha. Zu sehen ist das Gemälde „Gesetz und Gnade“ von Lucas Cranach d. Ä., gemalt 1529.

Mit seinem künstlerischen Engagement hat Cranach die Reformation auch in anderen Bereichen nachdrücklich unterstützt. Viele zeitgenössische, polemische Flugblätter gegen Papst und Kirche, wie „Das Papsttum und seine Glieder“ von 1522 oder „Papstesel und Mönchskalb“ aus dem Jahr 1523 haben er oder seine überaus produktive Wittenberger Werkstatt mit eindrücklichen Holzschnitten gestaltet. Zudem illustrierte Cranach viele Lutherschriften: Seine Holzschnitte etwa für die Ausgaben des Neuen Testaments von 1522 und 1524 verdeutlichten bildlich die Botschaft des Evangeliums. Die bedeutendste künstlerische Schöpfung im Kontext der reformatorischen Theologie waren jedoch Cranachs Darstellungen der Rechtfertigungslehre in Luthers Schrift von der „Auslegung der Evangelien“ in den beiden Fassungen aus den Jahren 1528 und 1529. Vor allem die zweite Darstellung, bei der die zwei Prinzipien „sub lege“ (unter bzw. durch das Gesetz) und „sub gratia“ (durch Gnade) gegenübergestellt werden, waren wegweisend für die reformatorische Ikonografie. Cranachs jüngster Sohn Lucas Cranach der Jüngere (1515–1586) hat die väterliche Werkstatt erfolgreich fortgeführt und die protestantische Bildwelt nochmals bereichert. Seine Bilder waren zum Teil noch farbenfroher und lebensechter als die seines Vaters.

Lucas Cranach der Ältere war zwar der Maler der Reformation, aber auch Geschäftsmann. Seine nach dem Vorbild italienischer Kollegen organisierte Malerwerkstatt, die schätzungsweise 5.000 Gemälde schuf, arbeitete auch für katholische Kunden. Luthers erbitterter Gegner, der Kurfürst und Erzbischof Albrecht von Brandenburg, gehörte auch nach Beginn der Reformation zu Cranachs wichtigsten Kunden. Für die Stiftskirche in Albrechts Residenz in Halle stellte Cranach sogar einen der umfangreichsten Gemäldezyklen der deutschen Kunstgeschichte her. Auch der katholische und lutherfeindliche Herzog Georg von Sachsen war ein langjähriger Kunde des Wittenberger Künstlers. Cranachs Haltung war nicht ungewöhnlich. Auch andere berühmte Künstler der Zeit, die mit dem Protestantismus sympathisierten, blieben auf die römische Kirche und katholische Auftraggeber angewiesen.

Die Anfänge einer neuen Ästhetik

Die Reformation förderte nicht nur die Entstehung einer neuen, evangelischen Bilderwelt, ihr Einfluss auf die bildende Kunst ging noch viel weiter. Sie schuf Freiräume für die Kunst und förderte die Entstehung der künstlerischen Moderne. Das hatte Gründe, die zunächst überraschen mögen: Martin Luther vertrat eine bilderfreundliche Haltung, solange man die Bilder nicht verehrte, und maß der Bilderwelt vor allem einen lehrhaften Zweck zu. Damit reduzierte er die Kunst zwar auf Didaktik und nahm ihren Eigensinn nicht wirklich ernst, befreite jedoch die Künstler von einengenden religiösen Vorgaben und stärkte die Rolle des Betrachters: Dieser sollte die Kunst nicht nur bestaunen, sondern kritisch hinterfragen, um das Dargestellte zu verstehen – ein Vorläufer der für die moderne Kunst grundlegenden „Betrachterästhetik".

Allerdings änderten sich für die Künstler in den evangelisch-lutherischen Gebieten die Arbeitsvoraussetzungen erheblich: Zwar hingen in evangelischen Kirchen weiterhin Bilder, aber deutlich weniger als früher. Und als „Kunden" waren die evangelischen Gemeinden weniger freigiebig als die reiche katholische Kirche. Die Künstler mussten sich neue Motive suchen, und neue Kundschaft. Die schon länger florierende Porträtmalerei wurde wichtiger. In den Gebieten der reformierten Kirche war die Situation für die Künstler deutlich schwieriger: Anders als Luther nahmen Zwingli und Calvin religiöse Kunst sehr ernst, so sehr, dass sie alle bildnerischen Darstellungen aus den Kirchen entfernten. Das musste zum Beispiel der schon unter Zeitgenossen berühmte Künstler Hans Holbein der Jüngere (1497/98–1543) am eigenen Leib erfahren: Jahrelang in Basel aktiv, wo er in den 1520er-Jahren unter anderem seine berühmten Madonnengemälde schuf, musste Holbein die Stadt 1529 in Richtung England verlassen. Die mit der Reformation einhergehenden Bilderstürme ließen seine Aufträge dramatisch zurückgehen. Ein Angebot des Basler Stadtrats, ihn als Stadtmaler mit jährlichem Gehalt zurückzuholen, hatte er abgelehnt. In den reformierten Gebieten war der Druck auf die Künstler, sich neue Erwerbsquellen und Motive zu suchen, also noch größer als in den lutherischen. Die Folgen aber waren gleich: In calvinistisch geprägten Ländern entstanden oftmals blühende Kunstlandschaften – außerhalb der Kirche.

So verlor die Kirche ihre jahrhundertealte Bedeutung als zentraler Ort für den Erwerb und die Präsentation bildender Kunst. In der protestantischen Kultur wurde Kunst im weltlich-öffentlichen Raum gezeigt, aber auch im bürgerlichen Haushalt und nicht nur auf Adelssitzen. Bereits Lucas

Unter der reformierten Kirche änderte sich die Auftragssituation der Künstler entscheidend, neue Beschäftigungsfelder mussten her. Noch ein Meisterwerk Hans Holbeins d. J. aus Basler Zeiten: Madonna des Basler Bürgermeisters Jakob Meyer zum Hasen, sogenannte Darmstädter Madonna, 1525/26 und 1528.

Cranach und seine Mitarbeiter arbeiteten viel für Privatleute. Im 17. Jahrhundert gehörten Gemälde in den wohlhabenden protestantischen Bürgerhäusern zu den unverzichtbaren Statussymbolen. Vor allem in den überwiegend calvinistischen Niederlanden, die im 17. Jahrhundert ihr „Goldenes Zeitalter" erlebten, entstand ein riesiger privater Kunstmarkt. Man schätzt, dass dort in Hochzeiten jährlich bis zu 70.000 Bilder gemalt und verkauft wurden, auch und gerade mit religiösen Motiven.

Das bürgerliche Porträt rückte immer weiter in den Vordergrund, nicht nur in protestantischen Bürgerhäusern: Johannes Wtenbogaert, Pastor und Gründer der protestantischen Remonstrantengemeinschaft, Porträt von Rembrandt van Rijn, 1633.

Herausragend war der Künstler Rembrandt Harmenszoon van Rijn (1606–1669), besser bekannt unter seinem Vornamen Rembrandt, der als Vollender der niederländisch-calvinistischen Malerei gilt: Seine biblischen Szenen aus dem Neuen und Alten Testament sind mit ihrem genialen Spiel von Dunkelheit und Licht bis heute unerreicht.

Musik im Protestantismus

Auch in der Musik hat die Reformation neue Akzente gesetzt. Luthers Lieder und seine vielen vertonten Texte öffneten die evangelisch-lutherische Kirche für den Gesang. Zwar kannte auch die katholische Kirche Vokalmusik als Teil der Messe, jedoch nur auf Latein und nicht von der Gemeinde, sondern von Mönchen gesungen. Luther wollte die Musik dem Volk zurückgeben und gab dem Gesang eine wichtige Rolle im protestantischen Gottesdienst. Die deutschen Texte der neuen Choräle waren entweder Adaptionen aus Bibelpsalmen oder von der Bibel beeinflusste Neukompositionen und wurden von der ganzen Gemeinde gesungen. Sie waren einfacher gesetzt als die mittelalterlichen Mönchsgesänge, bestanden aus leicht merkbaren Versen, modernen Melodien und einer einfachen Mehrstimmigkeit. Unterstützt wurde der Gesang durch die Orgel und andere Musikinstrumente und es gab professionelle Chöre. Alles in allem schuf das Luthertum gute Bedingungen für die Entfaltung der Musik in der Kirche und es entstand ein ungewöhnlich reiches Werk an neuer Kirchenmusik.

Im Unterschied zu den Lutheranern lehnte Ulrich Zwingli Gesang und Musik in der Kirche scharf ab. Er fürchtete, dass der sinnliche Genuss der Musik von der inhaltlichen Botschaft der Bibel ablenke. Die frühe reformierte Kirche kannte daher keine Musik. Erst Johannes Calvin erlaubte wieder einfachen, einstimmigen Gesang, wobei die Liedertexte aus der Bibel stammen mussten. Calvin war in der Bearbeitung der biblischen Texte deutlich strenger als Luther und erlaubte nur die Umwandlung in Gedichtform, nicht erlaubt waren Erweiterungen oder Kürzungen. 1539 erschien eine erste Sammlung französischer Psalmen, die in der Form von Strophenliedern verfasst waren, das sogenannte „Genfer Psalter". Darin waren auch Psalmenlieder Calvins enthalten, die dieser später zurückzog: Er überließ die Lieddichtungen anderen. Erst nach Calvins Tod 1564 wurden die Regeln etwas lockerer und auch einfacher. So war nun vierstimmiger Gesang im „Genfer Psalter" zugelassen, der auch in deutschen, niederländischen und englischen Ausgaben erschien und das Gesangbuch der reformierten Kirche wurde. Es sollte das einzige wesentliche musikalische Werk der reformierten Kirche bleiben.

Die große Epoche evangelischer Musik

Fast ein Jahrhundert lang blieb der Choral- und Liedergesang in der Gemeinde und zu Hause die vorherrschende musikalische Form in der evangelisch-lutherischen Welt. Dies änderte sich erst im 17. Jahrhundert nachhaltig: Das Zeitalter des Barock sollte die große Epoche evangelisch-lutherischer Komponisten und Kirchenmusik werden. Einer der Pioniere war Heinrich Schütz (1585–1672). Viele Jahrzehnte stand er im Dienste des sächsischen Kurfürsten und leitete als Hofkapellmeister die Dresdner Hofkapelle, das damals in Deutschland führende Orchester. Schütz führte den aus Italien stammenden „konzertierenden Stil“ mit „Generalbass“ in Deutschland ein, bei dem über eine fortlaufende Basslinie (ital. „Basso continuo“) eine Melodie gelegt, die begleitenden Akkorde aber nur in Ziffern ausgeführt werden. Damit begründete er den für die Barockzeit typischen Kompositionsstil. Man spricht deswegen auch vom „Generalbasszeitalter“. Schütz komponierte auch Madrigale und andere geistliche Vokalmusik mit deutschen Bibeltexten für die Gottesdienste am sächsischen Hof. Diese Werke wurden aber auch außerhalb der Kirche am Hof des Kurfürsten aufgeführt. Auch dies war völlig neu.

Wichtige Impulse gingen auch von den Organisten und Komponisten der sogenannten „Norddeutschen Schule“ aus. Diese neue Stilrichtung in der Orgelmusik, die sich durch große Klangfarbigkeit im Orgelspiel (häufige Wechsel der Manuale, intensives Pedalspiel) auszeichnete, schuf neben weltlicher Instrumentalmusik auch Choräle, Arien, Motetten, Kantaten, Oratorien und andere geistliche Werke. Ihr wichtigster Vertreter war der dänisch-deutsche Komponist Dieterich (oder Dietrich) Buxtehude (1637–1707), der ab 1668 als Organist an der Marienkirche in Lübeck wirkte. Er komponierte weit über 100 geistliche Vokalwerke, darunter Kantaten, geistliche Konzerte, Messen und Oratorien, und gilt heute als eigentlicher Begründer der evangelischen „Kirchenmusik“.

Auch Buxtehude ließ seine geistlichen Werke auch außerhalb des Gottesdienstes aufführen oder schuf sie zum Teil eigens für öffentliche Konzerte. Was Heinrich Schütz für den sächsischen Hofstaat begonnen hatte, setzte Buxtehude für die gesamte evangelische Gemeinde fort: Regelmäßig fanden in der Marienkirche außerhalb der Gottesdienste öffentliche „Abendmusiken“ mit geistlicher Musik statt. Zwar hatte schon Buxtehudes Vorgänger Franz Tunder (1614–1667) erste „Abendmusiken“ veranstaltet, aber erst jetzt wurden sie weit über Lübeck hinaus bekannt. Mit Dieterich Buxtehude begann die Geschichte der öffentlichen Konzerte geistlicher Musik in Deutschland. Kurz vor seinem Tod um 1705 hatte der unter Zeitgenossen auch als Orgelvirtuose verehrte Buxtehude einen ganz besonderen Schüler: Johann Sebastian

Mit „Pauken und Trompeten“ feiern die Protestanten den Reformationstag: Bläser aus ganz Deutschland musizieren gemeinsam auf dem Marktplatz von Wittenberg.

Ein geschichtsträchtiger Arbeitsplatz: Der Organist Johannes Unger spielt an der Orgel in der Marienkirche in Lübeck. Hier wirkte Dieterich Buxtehude von 1668 bis 1707. Seit Juni 2009 ist Unger Organist an St. Marien, er ist auch Vorstandsmitglied der Internationalen Dieterich-Buxtehude-Gesellschaft.

Bach (1685–1750), der heute als einflussreichster deutscher Barockkomponist, vielleicht als der bedeutendste deutsche Komponist überhaupt gilt.

Johann Sebastian Bach – das Genie der lutherischen Kirchenmusik

Der gläubige Lutheraner Bach besuchte in seinem Geburtsort Eisenach dieselbe Lateinschule wie knapp 200 Jahre zuvor Martin Luther und sang wie dieser im Chor der Georgenkirche. Er stammte aus einer bekannten protestantischen Musikerfamilie und hatte im Laufe seines Lebens verschiedene kirchliche Ämter inne. Luthers Choräle und Lieder waren ihm tief vertraut und haben ihn geprägt. 1703 übernahm das gerade einmal 18-jährige Genie das Amt des Organisten an der Neuen Kirche zu Arnstadt; 1707 war er Organist und Kantor (Chorleiter) an Sankt Blasius im thüringischen Mühlhausen. Zu seinen Aufgaben gehörten nicht nur die musikalische Begleitung der Messen, die Leitung des Chores und die Unterrichtung von Kindern, sondern auch die Komposition neuer und Bearbeitung vorhandener Choräle und anderer Musikstücke. Bereits damals griff er auf das Kirchengesangbuch und die Werke Luthers zurück, deren Melodien er übernahm und bearbeitete.

Die Hochzeit seines kirchenmusikalischen Schaffens begann 1723, als Bach den Posten des „Thomaskantors" in Leipzig antrat, den er bis zu seinem Lebensende 1750 bekleiden sollte. Eigentlich war für diese Stelle der bekannte Komponist Georg Philipp Telemann (1681–1767) favorisiert worden. Aber Telemann sagte überraschend ab und Bach bekam den begehrten Posten. Die Leitung des Jungenchores der Leipziger Thomaskirche war eine zutiefst „lutherische" Institution. Der heute noch bestehende und weltberühmte „Thomanerchor" war bereits Anfang des 13. Jahrhunderts gegründet worden und gehörte damals zum Augustinerkonvent, dessen Klosterkirche die Kirche Sankt Thomas war. Nach Einführung der Reformation im ernestinischen Sachsen im Jahr 1539 blieb der Chor bestehen. Träger waren nun die evangelisch-lutherische Gemeinde und die Stadt Leipzig, Bach war also ein Angestellter der Stadt. Die Leipziger Gemeinde galt insgesamt als orthodox. So gehörte es zu den obligatorischen Aufgaben des Thomaskantors, seine Schüler im Katechismus zu unterweisen. Seine Hauptaufgaben waren natürlich die Betreuung des Chors und des Orchesters, der Musikunterricht und die Komposition neuer Werke – ein Amt wie gemacht für den ehrgeizigen und produktiven Johann Sebastian Bach.

Das Gesamtwerk Bachs, soweit es erhalten ist, umfasst fast 1.200 Kompositionen, darunter über 500 Vokalwerke, von denen die allermeisten geistlich-kirchliche sind. Bach selbst schrieb in einem musiktheoretischen Werk über Komposition und das Spiel mit „Generalbass“, der Sinn und Zweck der Musik sei eine „wohlklingende Harmonie [..] zur Ehre Gottes und zulässiger Ergötzung des Gemüths“ und solle „wie aller Music, also auch des General Basses Finis und End Uhrsache anders nicht, als nur zu Gottes Ehre und Recreation des Gemüths seyn“. Luther hätte es nicht anders gewünscht. In den ersten Leipziger Jahren komponierte Bach für jeden Sonntag eine neue Kantate: eine enorme Leistung, auch wenn er dafür häufig Choräle des lutherischen Kirchengesangbuchs bearbeitete. Alleine 200 Kantaten aus der Feder Bachs sind überliefert, hinzu kommen zahlreiche mehrstimmige Choralsätze, Motetten (mehrstimmige Vokalsätze, bei denen die einzelnen Stimmen unterschiedliche Texte singen), geistliche Lieder, mehrere Messen, ein „Magnificat“ (Lobgesang für Maria), drei Oratorien (dramatische Komposition mit Einzelstimmen, Chor und Orchester) und zwei (erhaltene) Passionen (Leidensgeschichte Christi).

Der weltberühmte Thomanerchor singt in der Leipziger Thomaskirche. Der Knabenchor feierte im März 2012 sein 800-jähriges Jubiläum. Ab 1723 hatte Bach den Posten des Thomaskantors inne.

Allein 30 Lieder, die Martin Luther gedichtet hatte, sind erst durch Bachs Vertonung bekannt geworden. Und überhaupt sind viele der Kantaten und Lieder, vor allem aber die Matthäus- und Johannes-Passion, das Weihnachts- und das Oster-Oratorium sowie die „h-Moll-Messe“ noch heute populär, und das nicht nur in der lutherischen Kirche. Bachs Werk gilt als Höhepunkt evangelisch-lutherischer Kirchenmusik und als „musikalischer Ausdruck“ der Reformation. Seine „Übersetzung“ biblischer Inhalte in Musik – besonders eindrücklich die Trauermotive im Passionswerk oder Motive der Freude im Weihnachtsoratorium – sind bis heute unerreicht. Dies liegt auch daran, dass mit Bachs Tod und dem Ende des Barock auch die Epoche „evangelischer Kirchenmusik“ endete. Im 18. und 19. Jahrhundert emanzipierten sich Kunst und Musik von konfessionellen Grenzen.

Neben dem Bachhaus, dem Geburtshaus von Johann Sebastian Bach in Eisenach, steht der preisgekrönte Neubau mit einer multimedial gestalteten Ausstellung zu Bachs Musik. Bach hat mindestens 30 Kirchenlieder von Luther vertont.

Reformation und Gegenreformation in Europa

Die Reformation veränderte nicht nur den Glauben in Europa, sondern trieb auch die Staatsbildung einiger Länder voran. In Spanien und Frankreich hatte bereits im 15. Jahrhundert der Aufbau einer eigenen, von Rom unabhängigen Staatskirche begonnen. Skandinavien und England lösten sich in den 1530er-Jahren von der römischen Kirche und führten dem Monarchen unterstehende reformatorische Staatskirchen ein. Das Papsttum reagierte auf die grundlegenden Veränderungen: Das 1545 einberufene Konzil von Trient formulierte in Abgrenzung zum Protestantismus katholische Glaubenssätze aus und nahm zugleich die dringend notwendigen Reformen der katholischen Kirche in Angriff. Das Konzil wurde damit zum Ausgangspunkt der Gegenreformation. Ihre Speerspitze wurden neben der modernisierten Inquisition die neu gegründeten Orden der Kapuziner und Jesuiten.

Staatenbildung und Religion in Europa

Die Reformation war eng verbunden mit der Bildung moderner Staaten in Europa. Auch wenn ihr Zentrum, das Heilige Römische Reich Deutscher Nation, bis zu seiner Auflösung 1806 ein Sammelsurium von Kurfürstentümern, Grafschaften, Reichsstädten, Bistümern und sogar Stiften und Rittersitzen blieb: An den Rändern dieser bedeutenden Macht im Zentrum Europas bauten selbstbewusste Dynastien wie die französischen Valois ihre Stellung aus. Über einen Zeitraum von rund zwei Jahrhunderten schufen sie die ersten „modernen" Staatsgebilde mit einer mehr oder weniger festen Vorstellung der zugehörigen Territorien und Untertanen. Dieser Prozess hatte bereits vor der Reformation begonnen, beschleunigte sich jedoch durch die Glaubenskämpfe im 16. Jahrhundert. Dabei war die Religion nicht nur ein Instrument der Fürsten, ihre Macht auszubauen, sondern prägte auch nationale Identitäten.

Die Reformation war Motor für die Bildung europäischer Staaten und zugleich prägte sie nationale Identitäten – auch innerhalb des Heiligen Römischen Reichs Deutscher Nation. In der Thüringer Landesausstellung „Die Ernestiner. Eine Dynastie prägt Europa" war 2016 eine Nachbildung der Reichskrone zu bewundern.

Bereits im Mittelalter hatten weltliche Herrscher die Vormachtstellung der Kirche und des Papstes in der Welt immer wieder infrage gestellt. Auch gab es bereits seit dem Spätmittelalter unter anderen auch von Fürsten unterstützte katholische Erneuerungsbewegungen, die den weltlichen Einfluss des Papstes zurückdrängten. Die Reformation jedoch stellte den römisch-katholischen Glauben grundlegend infrage und damit die Bedeutung des Papsttums. Luther trennte strikt zwischen weltlichen und religiösen Dingen und forderte alle Protestanten auf, gehorsame Untertanen zu sein. Das Papsttum wiederum war so geschwächt, dass es auf die Hilfe der katholischen Fürsten angewiesen war. Die jeweiligen Kirchen gingen Bündnisse mit der Staatsgewalt ein, die ihnen Schutz und Entfaltungsräume bot. Die weltlichen Herrscher wiederum nutzten die Religion, um ihre Untertanen in Glaubensfragen hinter sich zu bringen. Der Fürst wurde zum obersten Schutzherrn der Religion und stärkte auf diese Weise seinen Herrschaftsanspruch. Das funktionierte bei den katholischen Königen in Spanien ebenso wie bei den anglikanischen in England.

In die Knie gezwungen und von Reformation und den Osmanen bedroht – eine Allegorie, die die Situation der katholischen Kirche im 16. Jahrhundert durchaus treffend beschreibt. Spanien kommt der Religion zu Hilfe, Gemälde von Tizian, 1566–75.

Katholische Erneuerung vor Luther

In Italien gingen die katholischen Erneuerungsbestrebungen im 15. Jahrhundert von Angehörigen der Kirche und deren Bettelorden aus. In der Kritik stand bereits damals ein Papsttum, das nicht nur letzte Instanz in religiösen Fragen war, sondern auch eine weltliche Macht, die in Italien über große Territorien herrschte. Dieser Kirchenstaat erreichte um 1500 seine größte Ausdehnung und reichte von dem Kerngebiet um Rom über Umbrien bis an die Adriaküste und von dort hinauf nach Rimini, Ravenna, Bologna und Ferrara. Auch wenn die Erneuerung der Kirche immer wieder an den politischen Umständen oder der Vetternwirtschaft und Prunksucht der Päpste und Bischöfe scheiterte: Das 15. Jahrhundert strebte nach Reformen.

Das galt auch für einige europäische Fürsten. So entstand das Königreich Spanien Ende des 15. Jahrhunderts unter dem Banner einer religiösen „Reconquista" (Wiedereroberung Spaniens von den islamischen Mauren). Ausgehend von alten Mönchs- und Bettelorden und unterstützt von einigen Bischöfen trieb das Herrscherpaar Isabella von Kastilien (1451–1504) und Ferdinand von Aragon (1452–1516) die Reformen zusammen mit dem Staatsaufbau voran. Unter ihrer Führung wurde Spanien zum wichtigsten Land der katholischen Erneuerung und zum mächtigen Königreich. Ihre Nachfahren Karl V. und Philipp II. machten Spanien zu einer Weltmacht und waren die gefährlichsten Gegenspieler der Reformation.

Grundlegend für diese Entwicklung war der Aufbau einer Staatskirche. Bereits 1478 beschloss das Nationalkonzil von Sevilla die Reform der spanischen Kirche: Die Privilegien vieler Orden wurden eingeschränkt, die Residenzpflicht des Klerus

Die „Katholischen Könige" – der Herrschertitel wurde ihnen im Jahr 1496 von Papst Alexander VI. verliehen – kämpften für die Erneuerung des Glaubens und sicherten sich zugleich ihren Herrschaftsanspruch. Ferdinand II., König von Aragon, mit Ehefrau Isabella v. Kastilien vor Madonna kniend, Gemälde, um 1490.

sollte strikt durchgesetzt werden. Denn neben Prunksucht, Korruption und Ablasshandel galt die fehlende Residenz als einer der größten Missstände in der Kirche: Gut dotierte Pfarrer lebten oft außerhalb ihrer Pfarreien und ließen sich dort von schlecht bezahlten Kaplänen vertreten. Darüber hinaus führten die Verantwortlichen in einigen Diözesen Visitationen des Klerus durch, verabschiedeten Richtlinien für die Seelsorge, fassten die Glaubenslehren für den Volksunterricht zusammen, gründeten Priesterseminare und reformierten die Bettelorden. Mit der „Universidad Alcalá de Henares" entstand in Madrid ein Zentrum des christlichen Humanismus.

Die spanische Religionspolitik erneuerte aber nicht nur die Kirche im Land, sondern grenzte Andersgläubige aus. Erste Opfer der Katholisierung waren die spanischen Juden und Mauren, die konvertieren mussten oder des Landes verwiesen wurden. Seit 1480 überwachte die unter staatlicher Aufsicht stehende Spanische Inquisition die zum Christentum konvertierten Juden und zwang sie zur strengen Einhaltung der Regeln. Als es Mitte des 16. Jahrhunderts kaum mehr Arbeit für das Tribunal gab, weil die Konvertiten entweder tot, im Exil oder assimiliert waren, wandte sich die Inquisition den Protestanten und konvertierten Moslems, den sogenannten „Morisken", zu.

Die ersten protestantischen Staatskirchen

Abgesehen von der Schweiz, wo sich seit 1523 die von Zwingli beeinflusste Reformation von Zürich aus verbreitete, etablierten zuerst die nordischen Königreiche die Reformation als Staatsreligion. Anfang des 16. Jahrhunderts waren die wirtschaftlichen und kulturellen Beziehungen Skandinaviens zum Reich eng. In Holstein, Schleswig und Jütland, die zum Königreich Dänemark gehörten, aber lehnsrechtlich mit dem Reich verbunden waren, gab es seit 1522 eine reformatorische Bewegung. Über die Handelsbeziehungen mit den Hansestädten gelangte der neue Glaube in die größeren Städte Skandinaviens und des Baltikums. Zahlreiche Studenten in Wittenberg stammten aus Schweden, Finnland und Dänemark.

Die Reformation kam in einer Zeit auf, als sich die jahrhundertealte politische Ordnung Skandinaviens im Umbruch befand. Seit 1397 vereinte die „Kalmarer Union" Dänemark, Schweden – mit Teilen Finnlands – und Norwegen, dessen Krone auch Island, die Faröer-Inseln, Shetland und Orkney unterstanden, zu einem Königreich unter dänischer Führung. Der wirtschaftliche Aufschwung im schwedi-

Die Inquisition

Gegründet zu Beginn des 13. Jahrhunderts von Papst Innozenz III., war die Inquisition (lat: „inquisitio": „Nachforschung") ein religiöses Tribunal, das über strittige Glaubensfragen befand und auf Verlangen einberufen wurde. Im Vordergrund stand die rationale Beweisführung gegen abweichende Glaubensmeinungen (Häresie), auch wenn zahlreiche Geständnisse durch Folter erpresst wurden. Als die Lehren der Reformation die Einheit der Kirche bedrohten, schuf Papst Paul III. 1542 mit der „Heiligen Römischen und Universalen Inquisition" (auch das „Heilige Offizium" genannt) eine Behörde, deren Ziel die „Reinerhaltung" des Glaubens war. Das Heilige Offizium versuchte vor allem, die Verbreitung reformatorischer und aufklärerischer Texte zu verhindern, veröffentlicht regelmäßig eine Liste verbotener Schriften (Index Librorum Prohibitorum) und verfolgt deren Verbreitung und Besitz. Das wohl prominenteste Opfer des Heiligen Offiziums wurde im Jahr 1633 der Astronom Galileo Galilei (1564–1642) aufgrund seiner wissenschaftlichen Arbeiten zur Bewegung der Planeten um die Sonne.

Neben der päpstlichen Inquisition entwickelten sich in verschiedenen Ländern und Territorien eigene Formen der Inquisition. Während sie im Heiligen Römischen Reich nach der Reformation an Einfluss verlor – die Hexenprozesse gingen vor allem von weltlichen Gerichten aus –, baute Spanien bereits Ende des 15. Jahrhunderts eine unter staatlicher Aufsicht stehende Inquisition zur Durchsetzung eines orthodoxen katholischen Glaubens auf. Die Spanische Inquisition war ein ständiges Tribunal mit bis zu 600 „Angestellten" und Helfern. Geformt wurde sie von dem gefürchteten Generalinquisitor Tomás de Torquemada (1420–1498). Ihre Einkünfte bezog sie aus Konfiskationen und Strafgebühren. Gegründet vor allem zur Überwachung konvertierter Juden, suchte sie sich, als in Spanien kaum mehr „judaisierende" Neuchristen übrig waren, neue Betätigungsfelder und verfolgte Lutheraner und konvertierte Moslems.

Die Inquisitionsverfahren fanden im Geheimen statt, endeten im spanischen Machtbereich aber oftmals mit dem sogenannten „Autodafé", der öffentlichen Verkündigung des Urteils. Feierlich inszeniert vor großem Publikum nahmen sie Volksfestcharakter an. Auch wenn sich die Inquisition in späteren Jahren weniger mit Häretikern, sondern mit der öffentlichen Moral beschäftigte, wurde sie in Spanien erst 1834 endgültig abgeschafft. Die Spanische Inquisition verbreitete im 16. Jahrhundert Schrecken und reichte über die Herrschaft der spanischen Habsburger bis in die Niederlande und die südamerikanischen Kolonien hinein. Sie wurde neben der brutalen Eroberung Amerikas und dem negativen Bild Philipps II. ein wichtiger Bestandteil der sogenannten „Schwarzen Legende", mit deren Verbreitung vor allem protestantische Staaten Spanien bekämpften. Zum Höhepunkt der propagandistischen Auseinandersetzung warf man der Inquisition vor, Schuld am Tod Hunderttausender gewesen zu sein. Heute schätzen Historiker, dass der Spanischen Inquisition etwa 2.000 Menschen zum Opfer fielen.

Autodafé unter Vorsitz des Heiligen Dominikus, Pedro Berruguete, um 1495. Bis heute hält sich das Bild des heiligen Dominikus als ersten „Großinquisitors" der Kirche.

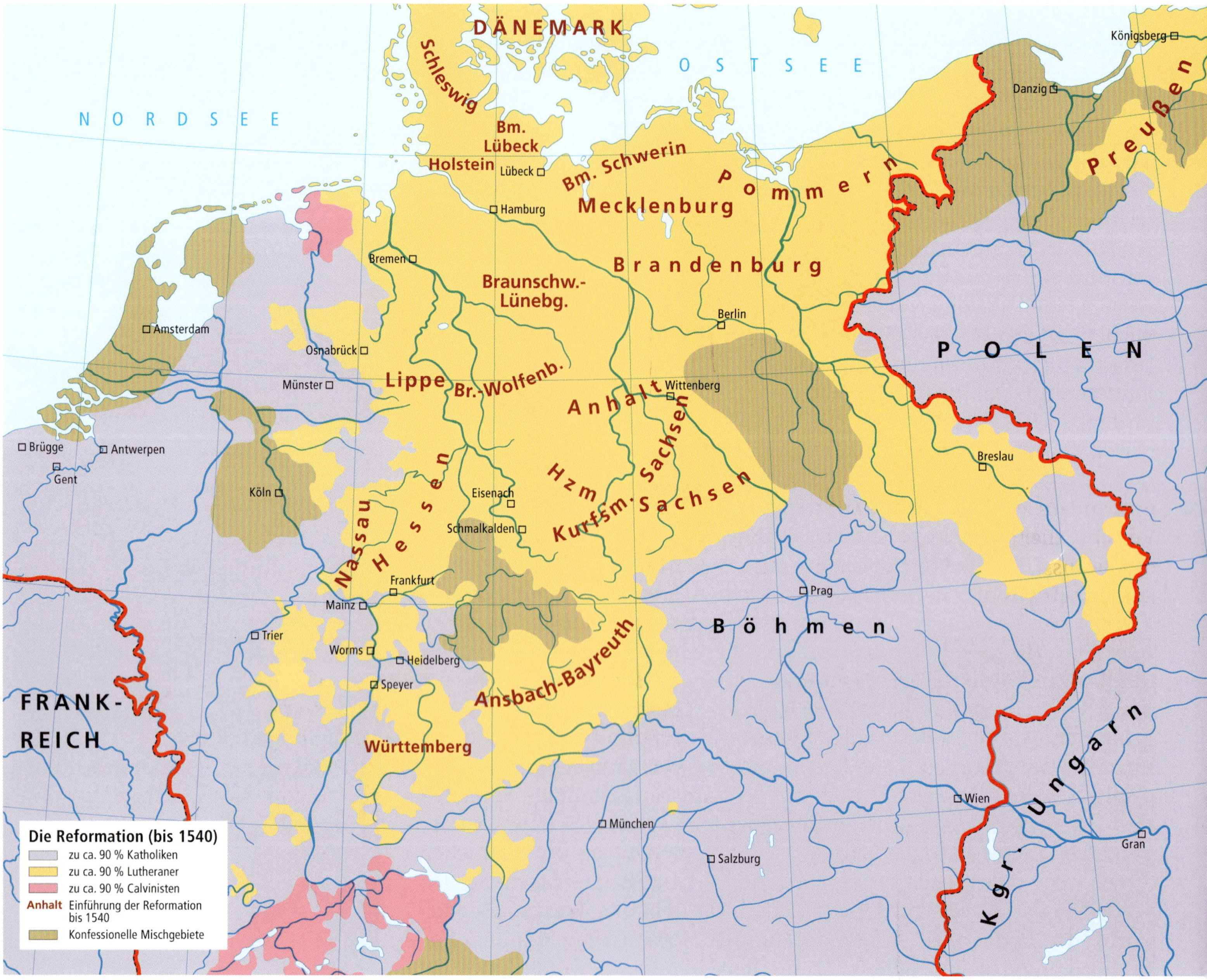

schen Bergbau hatte im 15. Jahrhundert das politische Gewicht zugunsten Schwedens verschoben, wo sich Widerstand gegen die dänische Vorherrschaft formierte. Die Auseinandersetzungen gipfelten 1520 im „Stockholmer Blutbad“, bei dem der dänische König Christian II. (1481–1559) rund 100 rebellierende schwedische Adlige wegen Ketzerei hinrichten ließ. Das provozierte weitere Aufstände. Christian II. musste 1523 ins niederländische Exil fliehen und Schweden machte sich unter Gustav I. (1496–1560), aus der Dynastie der Wasa, unabhängig.

Ein Jahr später löste sich Gustav von Rom, weil der Papst die Anerkennung des neu gewählten Erzbischofs verweigerte. 1527 setzte er auf dem Reichstag in Västerås die Beschränkung kirchlicher Sonderrechte durch: Der König erhielt das Recht, Kirchengut einzuziehen, und beschränkte die geistliche Jurisdiktion der Bischöfe. Damit kontrollierte Gustav I. Kirche und Bischöfe und schuf ein reformatorisches

Staatskirchentum. Wie in Deutschland erschienen volkssprachliche Messbücher und Bibelübersetzungen, die eine ähnliche Bedeutung für die Entstehung einer schwedischen Hochsprache hatten wie die Lutherbibel in Deutschland für das Hochdeutsche.

Finnland gehörte zwar politisch zu Schweden, ging jedoch einen eigenständigen Weg in Glaubensfragen. Die finnische Reformation ist eng mit dem in Wittenberg ausgebildeten Theologen und Reformator Mikael Agricola (1509–1557) verbunden, der sich nicht nur um die Kirchenreform, sondern auch um die finnische Sprache verdient machte: 1543 erschien mit seinem Katechismus das erste gedruckte Buch in finnischer Sprache, Bibelübersetzungen und andere geistliche Schriften folgten. Die Verschriftlichung bildete bei den Finnen das Bewusstsein einer ethnisch-kulturellen Einheit aus und bewahrte die finnische

Unter Gustav I. Wasa wurde die Reformation in Schweden vorangetrieben. Gustav I., der von 1523 bis zu seinem Tod regierte, auf einem Gemälde von Ulla Pasch aus dem 18. Jahrhundert.

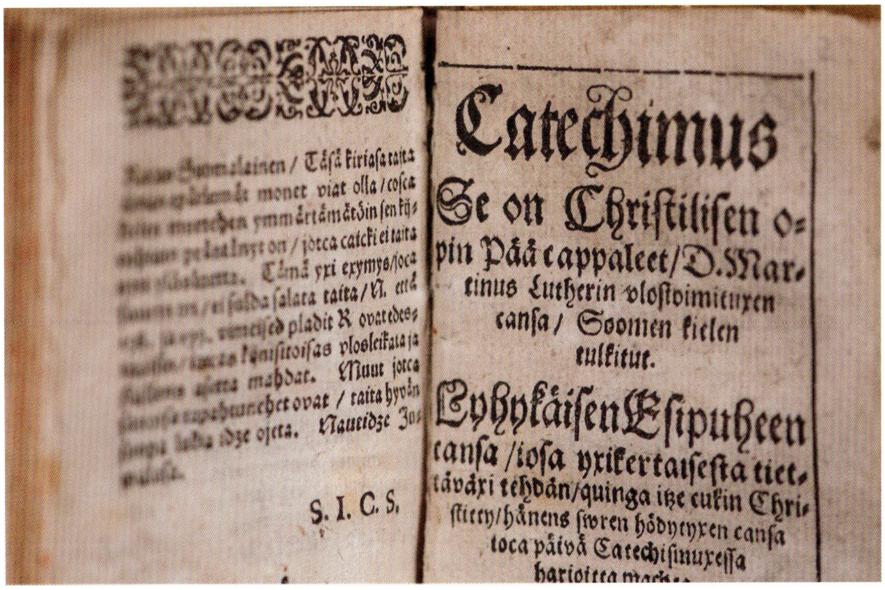

Catechimus
Se on Christilisen opin Pää cappaleet/ D. Martinus Lutherin vloßtoimituxen cansa/ Soomen kielen tulkitut.

Titelblatt der Druckschrift „Catechimus Se on Christilisen opin Pää cappaleet“, im Bestand der Sächsischen Landesbibliothek – Staats- und Universitätsbibliothek Dresden (SLUB). Der „Kleine Katechismus“ von Martin Luther in finnischer Sprache wurde 1607 in Rostock gedruckt.

Sprache. In den baltischen Gebieten, die im Lauf des 16. Jahrhunderts an Schweden fielen, ging die Reformation noch vor Bildung der nordischen Staatskirchen von der deutschen Stadtbevölkerung aus.

Auch der dänische König Christian II. interessierte sich für die Reformation. Während seines Exils in den Niederlanden besuchte er Luther in Wittenberg. Allerdings war er mit einer Schwester Karls V. verheiratet und hoffte auf dessen Unterstützung bei der Wiedereroberung seines Throns, sodass er sich niemals offen zum neuen Glauben bekannte. Christian II. starb im Exil. Sein Nachfolger Friedrich I. (1471–1533) unterstützte die protestantische Lehre, ohne sich freilich zum Luthertum zu bekennen. Christian III. (1503–1559) schließlich, der 1534 den Machtkampf um den dänischen Thron für sich entscheiden konnte, führte die Reformation offiziell in Dänemark ein. Er hatte 1521 dem Reichstag zu Worms beigewohnt und war von Martin Luther tief beeindruckt. 1536 setzte er die katholischen Bischöfe ab und an deren Stelle evangelische Superintendenten ein. Das Bischofsgut zog er zugunsten der Krone ein. Ein Jahr später berief er den deutschen Reformator und Weggefährten Luthers Johannes Bugenhagen, nach Kopenhagen und führte dessen Kirchenordnung in Dänemark, Norwegen und Island ein. Der König übernahm das Kirchenregiment, die Superintendenten waren königliche Beamte, Bettelorden wurden verboten. Die katholischen Pfarrer blieben im Amt und wurden umgeschult.

Weniger religiös denn persönlich motiviert war die „Reformation" der Kirche in England. 1533 gründete Heinrich VIII. die anglikanische Kirche. Heinrich VIII. von England, Porträt von Hans Holbein d. J., 1540.

Auch in Dänemark erschienen bis Mitte des 16. Jahrhunderts dänische Bibelübersetzungen.

In England dagegen war die Reformation zunächst kaum von religiösen Auseinandersetzungen beeinflusst, sondern von der Heiratspolitik Heinrichs VIII. (1491–1547). Der englische König, ein eifriger Verfechter der traditionellen Kirchenlehre, der 1521 eine Streitschrift gegen Luther veröffentlichte, wollte sich von seiner Gemahlin Katharina von Aragon (1485–1536) scheiden lassen und seine Geliebte Anne Boleyn (1501/07–1536) heiraten. Doch war eine Scheidung nach katholischem Recht nicht möglich. Als ihm der Papst die unter bestimmten Bedingungen mögliche Aufhebung der Ehe verweigerte, trennte sich Heinrich der VIII. 1533 kurzerhand von der römisch-katholischen Kirche und gründete eine eigene, die anglikanische Kirche. Als deren Oberhaupt begann Heinrich VIII. eine Reformation „von oben". Er hob Klöster und Stifte auf und zog ihre Güter zugunsten der Krone ein. Der Zölibat für Geistliche wurde abgeschafft, Gottesdienste in der Landessprache wurden eingeführt und die Priester zum Eid auf den König verpflichtet. 1535 erschien die erste Bibel auf Englisch. Heinrichs Sohn und Nachfolger Eduard VI. (1537–1553) öffnete das Land 1547 für Glaubensflüchtlinge vom Kontinent und die Lehren der Reformatoren.

Die Katholiken blasen zum Gegenangriff: Das Konzil von Trient

Die rasche Ausbreitung der Reformation zwang die katholische Seite zum Handeln. Denn bis in die 1540er-Jahre hatten nicht nur zahlreiche Fürsten protestantische Staatskirchen etabliert und ihre Territorien dem Einfluss des Papsttums entzogen. In allen Teilen Europas gewannen die Lehren der Reformatoren immer mehr Anhänger. In Frankreich hatte König Franz I. zwar die Pläne zur Schaffung einer französischen Nationalkirche einem Bündnis mit dem Papst geopfert, doch die schnell steigende Zahl der Protestanten, den später sogenannten „Hugenotten", bedrohte die königliche Macht. Auch der polnische Adel neigte dem Protestantismus zu; 1555 galten fast 65 Prozent der Polen als Protestanten. In Böhmen und Mähren verbanden sich die neuen Lehren mit der starken hussitischen Tradition. Selbst in Spanien machte die Inquisition 1558 zwei geheime protestantische Gruppen aus. Im Reich schließlich musste Kaiser Karl V. im Augsburger Religionsfrieden 1555 die lutherische Konfession anerkennen.

Der Kaiser hatte seit den 1520er-Jahren versucht, die Glaubensstreitigkeiten im Rahmen eines Konzils klären zu lassen, war aber lange Zeit an gegensätzlichen politischen Interessen gescheitert: Der Papst fürchtete Reformen, die wie in Spanien und Frankreich im 15. Jahrhundert seinen Einflussbereich einschränkten, der französische König erkannte in der religiösen Spaltung des Reichs die Chance, seinen Gegner Karl V. zu schwächen, und die protestantischen Fürsten verweigerten sich Verhandlungen, um ihre Macht auszubauen. Schließlich berief der Papst 1545 ein Konzil in Trient ein. Luther lehnte dieses Konzil ab. Melanchthon, der sich schon auf dem Weg in die oberitalienische Stadt gemacht hatte, wurde vom sächsischen Kurfürsten zurückgerufen. So kam es, dass keine Protestanten an dem Konzil teilnahmen und es eine Versammlung der innerkatholischen Erneuerung wurde. Tonangebend auf der bis 1563 in drei Sitzungsperioden mit großen Unterbrechungen tagenden Konferenz waren Spanier und Italiener, die ihre Reformvorstellungen auf die gesamte katholische Welt übertrugen.

Das Konzil legte in bewusster Abgrenzung zum Protestantismus die Formen und Inhalte einer katholischen Konfession fest, die bis auf minimale Änderungen bis zum II. Vatikanischen Konzil 1962–1965 Bestand haben sollten: Das Konzil verwarf Laienkelch (also das Abendmahl in beiderlei Gestalt) und Priesterehe ebenso wie Gottesdienste in der Landessprache und landessprachliche Bibelübersetzungen. Heiligenkult und Reliquienverehrung hingegen wurden kirchenamtlich bestätigt. In Abgrenzung zu den Reformatoren formulierte das Konzil eine katholische Rechtfertigungslehre und legte die sieben Sakramente und deren Inhalte endgültig fest. Reformatorische Forderungen aufgreifend schuf das Konzil von Trient eine geregelte theologische und allgemeine Ausbildung katholischer Geistlicher, verpflichtete die Bischöfe in ihren Amtsbereichen auch zu leben und drängte die wilde Ehe von Klerikern zurück.

In Frankreich bedrohte die Ausbreitung des Protestantismus die königliche Macht. Franz I. beim Gebet, Glasmalerei von Nicolas Beaurain, aus der Sainte-Chapelle in Vincennes, 1551–1556.

Speerspitzen der Gegenreformation: Kapuziner und Jesuiten

Zu den wichtigsten Trägern der Gegenreformation entwickelten sich neue Orden, die zu Beginn des 16. Jahrhunderts entstanden. Sie knüpften an die Tradition der sogenannten „Observanzbewegung“ an, einer Reformbestrebung innerhalb der Bettelorden, die sich der Bewahrung der alten Ordensregeln und des Armutsideals verschrieben (lat. „observare“: „einhalten“).

Durch ihre Volksnähe waren die Kapuziner jahrhundertelang eine tragende Stütze der katholischen Kirche, dies drückt sich noch heute durch ein aktives Engagement in der Randgruppenseelsorge aus. Dennoch haben die Kapuziner mit Nachwuchssorgen zu kämpfen. 2014 zogen die letzten drei Pater aus dem Kapuzinerkloster Käppele in Würzburg aus.

In gewisser Weise waren sie Teil der allgemeinen Reformbewegung um 1500, zu der auch der Augustinermönch Luther und der katholische Priester Zwingli gehörten.

Die Kapuziner, eigentlich Orden der Minderen Brüder Kapuziner, gingen 1528 aus dem franziskanischen Bettelorden in Italien hervor. Ihr Name leitet sich von der markanten Kapuze der Franziskaner her. Die Mitglieder des Ordens verschrieben sich einem Leben in Armut, der Predigt und Seelsorge. Die neue Kongregation, die rasch Zulauf erhielt, wandte sich den Armen, Schwachen und Kranken zu und fand dadurch großen Rückhalt im Volk. Als Papst Gregor XIII. (1502–1585) 1574 die Beschränkung des Ordens auf Italien aufhob, verbreitete dieser sich rasch im Reich und in der Schweiz. Als Wanderprediger veranstalteten die Kapuziner Volksmissionen, die auch die Alltagserfahrungen der Bauern und Landleute berücksichtigten. Sie pflegten Krippen- und Passionsandachten, verbreiteten mit den Weihnachtskrippen die figürliche Anschauung des Glaubens und erneuerten die aus dem Mittelalter bekannten Passionsspiele. So gehen die Oberammergauer Passionsspiele auf die Kapuziner zurück. Als Armenpriester verteilten sie Brot an Bedürftige und widmeten sich in Zeiten von Pestepidemien der Pflege der Kranken. Mit ihrem Engagement und vorbildlicher Frömmigkeit trugen sie zur Rekatholisierung ganzer Landstriche bei und festigten in anderen Gebieten den katholischen Glauben.

Zur geistigen Speerspitze der Gegenreformation vor allem bei den gebildeten Schichten und dem Adel wurde die 1539 von dem Basken Ignatius von Loyola gegründete Societas Jesu (Gesellschaft Jesu), kurz Jesuiten genannt. Der Orden gab sich eine streng monarchistische Verfassung mit einem auf Lebenszeit gewählten Ordensgeneral und gelobte unbedingten Gehorsam gegenüber dem Papst. Er verzichtete auf Ordenstracht und eigene Klöster, verlangte von seinen Angehörigen eine umfassende Bildung, entwickelte in Anlehnung an das 40-tägige Fasten Jesu in der Wüste Exerzitien als religiöse Übung und förderte schulische und universitäre Bildung. 1545 erhielten die Jesuiten das Privileg, überall ohne Erlaubnis der örtlichen Priester zu predigen. Mit dem „Collegium

Die Regionalbischöfin Susanne Breit-Keßler beim ökumenischen Eröffnungsgottesdienst der Passionsspiele im Passionstheater in Oberammergau 2010. Die Passionsspiele finden alle zehn Jahre statt, zurückgehend auf das Pestgelübde aus dem Jahre 1633. In der Folge des Dreißigjährigen Krieges kam die Pest nach Oberammergau und raffte 80 Menschen dahin.

Germanicum" gründeten sie 1552 in Rom ein Seminar, das die Vorkämpfer der Gegenreformation für Deutschland und in anderen Gebieten hervorragend ausbildete. In zahlreichen Städten Europas entstanden in der Folge Jesuitenkollegien, die sich auch Nichtjesuiten öffneten, und bald beherrschte der Orden das Schul- und Hochschulwesen der katholischen Länder. Schnell verbreitete sich der Orden: Schon in den 1560er-Jahren zählte er über 1.000 Mitglieder in 12 Ordensprovinzen, bis Anfang des 17. Jahrhunderts wuchs er auf 13.000 Mitglieder in 37 Provinzen.

Dem jesuitischen Ideal verpflichtete Laien organisierten sich in sogenannten „Marianischen Kongregationen", dazu trat die Tätigkeit der Pater als Beichtväter katholischer Herrscher und Fürstenfamilien, was ein dichtes gesellschaftliches Netz und eine international tätige Elite schuf. Das alles trug zum Erfolg der Jesuiten bei der Rekatholisierung und der Vereinheitlichung der katholischen Glaubenspraxis bei. Gleichzeitig wurden die Jesuiten von protestantischer Seite rasch als gefährlicher Gegner ausgemacht und zur Zielscheibe zahlreicher Verschwörungstheorien. Durch Intrigen, so hieß es immer wieder, behinderten die Jesuiten nationale, protestantische oder aufklärerische Bestrebungen und griffen selbst nach der Macht. Dies führte immer wieder zur Verfolgung und Ausweisung der Jesuiten, zunächst aus den protestantisch geprägten Staaten, im 18. Jahrhundert sogar aus Spanien und Portugal.

Kreuzigungsszene der Oberammergauer Passionsspiele. Die figürliche Anschauung des Glaubens, durch Krippen- und Passionsandachten, war für die Kapuziner ein wichtiges Element der katholischen Missionierung.

Von Wittenberg in die Welt

Die von Wittenberg ausgehende Reformation breitete sich innerhalb weniger Jahrzehnte nicht nur im Reich, sondern auch in großen Teilen Europas aus. In Frankreich führte sie zu blutigen Bürgerkriegen und der endgültigen Vertreibung der protestantischen Hugenotten. Die Niederlande lösten sich aus religiöser und politischer Überzeugung von der Willkürherrschaft des katholischen Spanien und bekämpften ihren Gegner auch in Übersee. Am Ende entluden sich die anhaltenden Konflikte zwischen Protestanten und Katholiken in einem langen und blutigen Konflikt, der weite Teile Mitteleuropas verwüstete. Am Ende dieses Dreißigjährigen Kriegs markierte der Westfälische Frieden von 1648 den Beginn einer rechtlich geregelten, wenn auch nicht immer friedlichen Koexistenz der beiden Konfessionen im Rahmen eines neuen Staatensystems.

Das Historische Rathaus am Prinzipalmarkt in Münster; hier fanden die Verhandlungen zum Westfälischen Frieden statt, der den Dreißigjährigen Krieg in Europa beendete. Zugleich wurde mit dem Frieden von Münster während des Kongresses am 15. Mai 1648 auch der 80-jährige Spanisch-Niederländische Krieg beendet.

Ein unruhiges Zeitalter

Auch wenn politische Interessen den Verlauf der Reformation prägten: Die Wahl der Religion war für viele Menschen eine existenzielle Entscheidung, an der ihr Seelenheil hing. Manche nahmen dafür wirtschaftliche Nachteile, Verfolgung und sogar den Tod in Kauf. Die rund 130 Jahre vom Beginn der Reformation 1517 bis zum Ende des Dreißigjährigen Kriegs 1648 waren geprägt von Verfolgung und Flucht, religiös motivierten Rebellionen und kriegerischen Auseinandersetzungen, für die auch religiöse Überzeugungen Motiv und Rechtfertigung lieferten. Zwar schützte der Augsburger Religionsfriede die Reichsfürsten mit lutherischem Bekenntnis, doch galt er weder für Reformierte oder Täufer noch außerhalb des Reichs.

In Frankreich mündete die Reformation in einen langjährigen Bürgerkrieg, vorübergehende Koexistenz der beiden Konfessionen und schließlich die endgültige Vertreibung der Hugenotten. In den Niederlanden verbanden sich Glaubensfragen mit dem Streben nach Unabhängigkeit und endeten in der Gründung der „Vereinigten Provinzen“ der nördlichen, protestantischen Niederlanden. Auch im Reich brachen 1618 die Konflikte wieder auf und konnten erst nach dem Dreißigjährigen Krieg zumindest vorläufig beigelegt werden. Immerhin legte der 1648 geschlossene Westfälische Frieden die Grundlage einer friedlichen Koexistenz verschiedener Konfessionen in einem System gleichberechtigter Staaten.

Verfolgung und Kriege brachten große Flüchtlingsströme mit sich. Viele Menschen wechselten die Herrschaftsbereiche, um ungestört ihren Glauben leben zu können. Viele Protestanten zog es in die nördlichen Niederlande. Deren für Europa vergleichsweise große Toleranz trug erheblich zum wirtschaftlichen Erfolg der Vereinigten Provinzen bei. Ihr „Goldenes Zeitalter“ im 17. Jahrhundert machte die Niederlande zu einer Weltmacht und zu einem Zentrum des kulturellen Lebens. Vom niederländischen Leiden brachen schließlich auch die englischen Pilgerväter nach Amerika auf, Vertreter einer radikalen Form des Puritanismus, die in der „Neuen Welt“ nach ihren religiösen Überzeugungen leben wollten und als frühe englische Siedler in den Gründungsmythos der USA eingingen.

Calvin, die Hugenotten und der französische Bürgerkrieg

Schon der französische König Franz I. sah in den Protestanten Agenten einer fremden Macht, die den Aufstieg Frankreichs zur europäischen Zentralmacht bedrohten. So erhielt die Reformation in Frankreich automatisch eine politische Komponente. Der religiöse Aufbruch gefährdete den Machtanspruch Franz’ I., der darauf mit harter Hand reagierte. Gleichzeitig hinderte ihn nichts daran, mit den protestantischen Fürsten des Reiches Allianzen gegen seinen großen Gegner Karl V. im Kampf um die Vorherrschaft in Europa zu schmieden.

Der Friedensschwur von Münster, 15. Mai 1648, Anerkennung der vereinigten Niederlande durch Spanien, Gemälde von Gerard Ter Borch, 1648. Die sechs Verhandlungsführer der Niederländer – Willem Ripperda, Frans van Donia, Adriaan Clant tot Stedum, Adriaan Pauw, Jan van Mathenesse und Barthold van Gent – und die drei spanischen Vertreter beeiden den Vertrag.

In der ersten Hälfte des 16. Jahrhunderts erschienen zahlreiche Lutherübersetzungen und andere reformatorische Texte in Frankreich und beeinflussten Theologen und Gelehrte. Der in der Picardie geborene Johannes Calvin (1509–1564), durch seine Studien zu reformatorischen Standpunkten gelangt, floh 1535 nach Basel, führte kurz darauf die französische Flüchtlingsgemeinde in Straßburg an und nahm 1540/41 an den Religionsgesprächen in Hagenau, Worms und Regensburg teil. Anfang der 1540er-Jahre verfasste er eine Kirchenordnung für Genf, die mit großer Strenge gegen Andersgläubige durchgesetzt wurde. Genf entwickelte sich schnell zum international wichtigsten Zentrum des Protestantismus. Religionsflüchtlinge aus ganz Europa wurden Schüler Calvins und verbreiteten seine Lehren in ihren Heimatländern.

1541 kehrte Calvin nach Genf zurück, und noch im selben Jahr entstand unter seiner Federführung die Genfer Kirchenordnung. Calvin und die Professoren im Hof des Genfer Gymnasiums, Gemälde von Ferdinand Hodler, 1883/84.

Währenddessen verschärfte der französische König die Maßnahmen gegen religiöse Abweichler: Das Edikt von Fontainebleau erklärte 1540 die „lutheranische Häresie zum Hochverrat gegen Gott und die Menschheit, zur Volksaufwiegelung und Störung des Staates und der öffentlichen Ruhe", die mit „Folter, Verlust des Eigentums, öffentlicher Demütigung und Tod" bestraft werden sollte. 1544 entband der mit Karl V. geschlossene Frieden von Crépy Franz von der Rücksichtnahme auf seine protestantischen Verbündeten im Reich. Verhaftungen, Folter und Verbrennungen von Protestanten in Frankreich waren die Folge. Gleichzeitig holte Franz I. zum vernichtenden Schlag gegen die südfranzösischen Waldenser aus, die sich der Reformation angeschlossen hatten. Bis zu 2.000 Menschen, so schätzen Historiker, wurden getötet, verstümmelt oder zur Zwangsarbeit auf den Galeeren verurteilt. 1547 errichtete der Nachfolger von Franz I., Heinrich II., ein Sondergericht für Ketzerprozesse. Die Reformatoren bekamen nun den Spottnahmen „Hugenotten", vermutlich eine Verballhornung des Begriffs „Eyguenots – Eidgenossen".

Der Calvinismus

Der auf die Schriften und Religionspolitik von Johannes Calvin in Genf zurückgehende Calvinismus gehört in die von Ulrich Zwingli ausgehende reformierte Theologie. Calvin lebte und lehrte zunächst in Frankreich. Unter dem Druck der Protestantenverfolgung floh er von dort. Nach Aufenthalten in verschiedenen europäischen Städten und einem intensiven Austausch mit den führenden Reformatoren der Zeit rief der Rat der Stadt Genf 1541 Calvin zu Hilfe, um die politische und kirchliche Ordnung der protestantischen Gemeinde zu festigen. Mit weitgehenden Vollmachten ausgestattet, reformierte Calvin den Gottesdienst und führte eine Kirchenordnung ein, in der die Gemeindeleitung von vier biblisch begründeten Ämtern, nämlich Pastoren, Lehrern, Ältesten und Diakonen, ausgeübt wurde. Das aus zwölf Ratsherren (Ältesten) sowie den Pastoren bestehende Konsistorium sollte Bürger, die vom Weg eines christlichen Lebens abgekommen waren, durch Anhörung, gütliche Ermahnung und zeitweiligen Ausschluss vom Abendmahl in den Schoß der Gemeinde zurückführen.

Über die Frage der Unabhängigkeit der Kirche kam es immer wieder zu Auseinandersetzungen mit dem Rat der Stadt. Oft arbeiteten Rat und geistliche Führung aber bei der Verbannung andersdenkender Theologen und der Unterdrückung einer aus reformierter Sicht falschen Lehre Hand in Hand. Calvins Eifer für die Reinheit der Lehre ist bis heute umstritten. Besonders seine Mitverantwortung für die Hinrichtung des spanischen Arztes Michael Servetus, der sich wegen seiner Ablehnung der Trinitätslehre in Genf vor der Inquisition verbarg, führte schon bei den Zeitgenossen zu heftigen Diskussionen. Auch brachte der Zuzug zahlreicher französischer Protestanten nach Genf soziale Spannungen mit sich, denen der Rat und Calvin mit Luxusbeschränkungen und strengen Sittenregeln begegneten. Unter alteingesessenen Bürgern formierte sich Widerstand gegen die neuen Regeln und die Übermacht der protestantischen Franzosen, was der calvinistisch dominierte Rat als Hochverrat einstufte. Weitere Todesurteile waren die Folge und Calvin festigte endgültig seine Macht.

Die Grundlagen seiner von Luther und Zwingli beeinflussten Glaubenslehre hatte Calvin bereits in seiner 1535/36 verfassten „Institutio Christianae Religionis" niedergelegt. Darin macht sich Calvin zum Anwalt der verfolgten Protestanten Frankreichs. Gleichzeitig enthielt die Institutio aber auch eine systematische Zusammenstellung seiner Lehre und war eine Anleitung zum christlichen Leben. Später erweitert und in mehrere Sprachen übersetzt, machte das Werk Calvin zu einem der meistgelesenen Autoren des 16. Jahrhunderts. Von der Reformation lutherischer Prägung unterscheidet sich der Calvinismus vor allem im Verständnis des Abendmahls und durch den Gedanken der Prädestination (Vorsehung). Das Abendmahl gilt den Calvinisten als „Zeichen und Pfand" der Gemeinschaft, ohne die Präsenz Christi anzunehmen. Nach ihrer Vorstellung der Prädestination ist der Mensch von Gott entweder zur Seligkeit oder zur Verdammnis vorherbestimmt, wobei sich dies am ehesten an seinem Erfolg bzw. Misserfolg ablesen lässt. Die 1559 von Calvin begründete Genfer Akademie strahlte auf ganz Europa aus. Der Calvinismus fasste hauptsächlich in der Schweiz, in Frankreich, in den Niederlanden und vereinzelt in Süddeutschland Fuß. Über den schottischen Reformator John Knox (1514–1572), der eine Zeit lang in Genf lebte, wirkte der Calvinismus auf die Ausbildung der presbyterianischen Kirche in Schottland, die sich in der ganzen angelsächsischen Welt verbreitete.

Der Calvinismus breitete sich vor allem in Frankreich, der Schweiz und den Niederlanden aus. Blick in den Kirchenraum beim Gottesdienst in der reformierten, calvinistischen Bethelkerk in Urk, Niederlande.

Wegweiser zum Deutschen Hugenotten-Zentrum von Bad Karlshafen. Die Religionsflüchtlinge fanden hier unter Landgraf Karl von Hessen eine neue Heimat. Das Thema Flucht und Vertreibung und die Not der Menschen sind im Lutherjahr 2017 traurigerweise genauso relevant wie zu Zeiten der Religionskriege im 16. und 17. Jahrhundert.

Ein T-Shirt mit dem Aufdruck „Bad Karlshafen – Refugees welcome" im Deutschen Hugenotten-Museum in Bad Karlshafen (Hessen) in der Sonderausstellung „Mit offenen Armen aufgenommen – Neue Heimat in Karlshafen". Das 1980 gegründete Museum, das jährlich etwa 12.000 Besucher zählt, beschäftigt sich mit der Not der Flüchtlinge zu allen Zeiten.

Doch formierte sich gegen die Verfolgung schon bald erster Widerstand. In Kreisen führender Adliger, die ihre Macht durch die Zentralisierungspolitik des Königs bedroht sahen, bildete sich in den 1550er-Jahren eine einflussreiche evangelische Partei, der auch die Krone Zugeständnisse machen musste. Heinrich II. erlaubte die Gründung einer hugenottischen Kolonie in der Bucht von Rio de Janeiro, im heutigen Brasilien. Auch wenn die neue Kolonie bald an inneren Streitigkeiten zerbrach, war sie die erste staatlich tolerierte Auswanderung protestantischer Gruppen in die Neue Welt. Zahlreiche andere sollten folgen, denn je heftiger die religiösen Konflikte in Europa wurden, desto stärker versuchten die Europäer sie durch Emigration zu lösen und damit zugleich Brückenköpfe im Kampf um außereuropäische Gebiete zu schaffen. Nur die Spanier hielten ihr Land wie auch ihre Überseekolonien streng katholisch.

1559 trat in Paris im Geheimen die erste Nationalsynode der französischen Protestanten zusammen. Die 50 Gemeinden repräsentierende Versammlung verfasste ein eigenes Glaubensbekenntnis und gab sich eine Kirchenverfassung. Für diese Kirche bürgerte sich die Bezeichnung „réformée" („reformierte") ein, die später auch auf die von Zwingli und Calvin geprägten Konfessionen in anderen Ländern übertragen wurde.

Der Tod Heinrichs II. 1559, der nur minderjährige Kinder hinterließ, stürzte Frankreich in eine dynastische Krise, die sich mit den religiösen Auseinandersetzungen verband. Als 1562 die Reformierten die Erlaubnis erhielten, Gottesdienste außerhalb der Städte abzuhalten, beging die Gegenseite, die sich in der Katholischen Liga zusammengeschlossen hatte, ein Massaker an den Protestanten mit 70 Toten und Hunderten Verletzten. Dieses Massaker von Wassy war der Auftakt zu einer Reihe von acht blutigen Bürgerkriegen zwischen protestantischen und katholischen Adelsgruppierungen, die weniger durch Schlachten als durch Massaker der einen an der jeweils anderen Seite und politische Morde geprägt waren. Im Hintergrund schalteten sich die Engländer auf protestantischer und die Spanier auf katholischer Seite ein. Das Königshaus schwankte zwischen Ausgleich und harscher Verfolgung der Hugenotten. Vertreibungen und Flüchtlingswellen wechselten sich mit Friedensschlüssen und Perioden relativer Toleranz ab. In der sogenannten „Bartholomäusnacht", als während der Hochzeit des protestantischen Heinrichs von Navarra (1553–1610) mit einer Schwester des Königs 1571 Tausende Hugenotten ermordet wurden, fand das Schlachten einen traurigen Höhepunkt. Mit dem Edikt von Nantes, das die Glaubensfreiheit in bestimmten Grenzen zugestand, beendete Heinrich von Navarra, inzwischen als Heinrich IV. König von Frankreich, 1598 die Bürgerkriege.

Seine Nachfolger freilich setzten den Kampf gegen den Protestantismus fort. Als Ludwig XIV. (1638–1715) im Edikt von Fontainebleau 1685 das Toleranzedikt widerrief, löschte er den Protestantismus in Frankreich weitgehend aus. Die meisten Hugenotten flohen in die Niederlande, die Schweiz und verschiedene deutsche Territorien, insbesondere nach Preußen, und belebten dort Wirtschaft und Kultur. Noch heute erzählen zahlreiche französische Namen wie „de Maizière" und architektonische Zeugnisse wie die Französische Friedrichstadtkirche in Berlin von den französischen Glaubensflüchtlingen in Deutschland.

Eine kurze Zeit des Friedens unter Heinrich IV.: protestantische Kirche „Le Paradis" in Lyon, erbaut nach dem Edikt von Nantes vom 13. April 1598, Gemälde aus dem 17. Jahrhundert.

Die Französische Friedrichstadtkirche wurde 1701–05 nach Entwürfen von Cayart als Kirche für die aus Frankreich nach Berlin geflohenen Hugenotten erbaut. 1780-86 wurde im Rahmen der Umgestaltung des Gendarmenmarktes der imposante Turmbau des Französischen Doms angefügt.

Der Freiheitskampf der Niederlande

Schon früh machten sich in den 17 niederländischen Provinzen reformatorische Einflüsse bemerkbar. Da die Gebiete, die durch eine Erbschaft in den Besitz der spanischen Habsburger gekommen waren, nicht zum Reich gehörten, verfolgte Karl V. hier eine eigene, weniger rücksichtsvolle Religionspolitik. Die Spanier unterdrückten von Anfang an reformatorische Strömungen blutig, was deren Verbreitung allerdings nicht aufhalten konnte. Nach 1550 gewann der Calvinismus an Einfluss in den Provinzen und verband sich mit dem wachsenden Widerstand der Niederländer gegen die spanische Willkürherrschaft. Philipp II., der 1555 seinem Vater Karl V. auf dem spanischen Thron folgte, heizte den Konflikt an, als er die niederländische Inquisition nach spanischem Vorbild verschärfte und die spanische Zentralmacht zulasten der Souveränität der Provinzen ausbaute. Dagegen wehrten sich der niederländische Adel und das wohlhabende städtische Bürgertum. Sie lehnten die immer stärker als Fremdherrschaft wahrgenommene spanische Regierung der Niederlande ab.

Bild der Schreckensherrschaft: Massenhinrichtungen in den spanischen Niederlanden unter der Statthalterschaft des Herzogs von Alba 1567–1573, zeitgenössischer Kupferstich.

Die unnachgiebige Haltung Spaniens in Religionsfragen führte zum Bildersturm, der in den Zentren des Textilgewerbes in Westflandern begann und sich über fast alle Provinzen ausbreitete: Oft von reformierten Predigern oder „Presbytern" angeführte bewaffnete Trupps rissen Bilder, Kirchenschmuck und liturgisches Gerät aus den katholischen Kirchen. Ziel war die Beendigung der Heckenpredigten, reformierte Gottesdienste, die seit 1566 unter freiem Himmel stattfinden mussten. Die Reformierten wollten die vorhandenen Kirchen für ihre Feiern nutzen und diese mussten dafür von den katholischen Utensilien „gereinigt" werden. Der Bildersturm traf die Vertreter der Kirche ins Mark, entweihte er doch Kirchen, Reliquienschreine und Tabernakel, die Aufbewahrungsorte des Allerheiligsten.

Auf die Auseinandersetzungen reagierte die Generalstatthalterin Margarethe von Parma (1522–1586), eine Halbschwester Philipps II., zwar mit Zugeständnissen. Doch Philipp II. verweigerte deren Anerkennung und schickte 1567 den berüchtigten Herzog von Alba, Fernando Álvarez de Toledo (1507–1582), als neuen Statthalter, um die Niederlande zu befrieden. Alba verschärfte die Maßnahmen gegen protestantische Ketzer und Bilderstürmer und ließ zahlreiche Adlige wie Graf Egmont, dem später Goethe ein literarisches Denkmal setzen sollte, hinrichten. Der Anführer der niederländischen Adelsopposition, Wilhelm von Oranien (1533–1584), floh auf den im Reich gelegenen Stammsitz seiner Familie im hessischen Dillingen.

Die Gewalttaten Albas steigerten die Erbitterung gegen die spanische Herrschaft. Der Hochadel, der noch vor der Radikalität des Bildersturms zurückgeschreckt war, setzte sich 1568 an die Spitze des Aufstandes. Bis Mitte der 1570er-Jahre erfassten

In der Heimat, auf dem europäischen Festland, auf hoher See und in der Neuen Welt, die Niederlande kämpften erbittert um religiöse und politische Freiheit. Seeschlacht zwischen Spaniern und Holländern vor einer Küste, Gemälde von Abraham Willarts, 1641.

die Auseinandersetzungen fast alle Provinzen. Allianzen zwischen den verschiedenen Provinzen wechselten mit Bündnissen zwischen Katholiken und Protestanten, erneutem Bildersturm und antikatholischem Terror. 1579 schloss die Union von Arras, die aus einigen südlichen, katholisch geprägten Provinzen bestand, einen Sonderfrieden mit Philipp II. 1581 erklärte die von den nördlichen Provinzen gegründete Union von Utrecht ihre Trennung vom spanischen Königreich. Spanien schickte neue Truppen und unterwarf bis 1585 weitere südliche Gebiete, sodass Gent und die flandrisch-brabantischen Gebiete aus der Utrechter Union ausschieden. Aus diesen südlichen, von den Habsburgern kontrollierten Provinzen entstand später nach einigen Gebietsabtretungen das Königreich Belgien.

Der Krieg setzte sich fort, doch die Fronten verliefen nun zwischen zwei Staaten: Spanien und den sieben Vereinigten Provinzen Holland, Zeeland, Groningen, Utrecht, Friesland, Gelderland und Overijssel – den späteren Niederlanden. Der Kampf fand nicht nur auf dem Kontinent, sondern auch in den überseeischen Stützpunkten und Territorien der Spanier und der in Personalunion mit Spanien verbunden Portugiesen statt. Mit der 1602 gegründeten „Vereinigten Ostindischen Compagnie" (VOC) brachen die Niederländer den portugiesischen Monopolhandel mit den Gewürzen Asiens. Aus China importierten sie kostbares Porzellan. Mit der 1621 gegründeten „Westindischen Compagnie" (WIC) wiederum eroberten sie vorübergehend Teile Brasiliens und der Karibik, schufen sich Stützpunkte in Afrika, gründeten „Nieuw Amsterdam", das spätere New York, und rissen den Sklavenhandel an sich. 1628 konnte eine Flotte unter Piet Pieterszoon Heyn (1577–1629) sogar Teile der spanischen Silberflotte kapern.

In diesen Unternehmungen liegt der Ursprung des Aufstiegs der Vereinigten Provinzen zur Seemacht. Über die dauerhafte Schließung der Schelde, die das katholisch gebliebene Antwerpen mit dem Meer verbindet, gelang es außerdem, die wirtschaftliche Prosperität vom Süden in den Norden zu verlagern. Zu den Migranten aus den katholischen Niederlanden kamen Juden aus Portugal und Deutsche auf der Suche nach wirtschaftlichen Möglichkeiten und größerer religiöser Freiheit in die Niederlande. Die Einwanderer brachten ihre Kenntnisse und Fertigkeiten mit. Besonders nachdem Spanien 1648 die Unabhängigkeit der Vereinigten Provinzen endgültig anerkennen musste, stand dem Aufschwung nichts mehr im Wege. Wirtschaft und Handel erlebten eine ungeahnte Blütezeit. Das neu entstandene Bürgertum suchte in Gemäl-

Das Schiff „Mayflower“ bringt die Pilgerväter nach Neuengland, 16. September bis 21. November 1620, Stahlstich von 1847.

Folgenreiche Flucht – die Pilgrim Fathers

Als der damalige US-Präsident George Bush (geb. 1924) 1989 die Universität Leiden in den Niederlanden besuchte, erinnerte er an seine Vorfahren, die einst in der niederländischen Stadt Schutz vor religiöser Verfolgung gefunden hatten. Sie gehörten zu einer radikalen Gruppe englischer Puritaner, die sich Anfang des 17. Jahrhunderts von der Anglikanischen Kirche losgesagt hatten und vor der drohenden Verfolgung in die Niederlande nach Leiden geflohen waren. Dort lebten sie zwölf Jahre unter dem Schutz der dortigen Universität. Das bevorstehende Ende des Waffenstillstandes zwischen Spanien und den Vereinigten Provinzen, wirtschaftliche Schwierigkeiten und ein erhöhter Druck der englischen Regierung auf die Niederlande bewogen sie, in die Neue Welt auszuwandern. Mit einem Patent der englischen Virginia Company versehen, schifften sie sich 1620 gemeinsam mit weiteren Separatisten auf der „Mayflower“ ein und gründeten New Plymouth im heutigen Massachusetts.

Die seit dem 19. Jahrhundert als „Pilgerväter“ (Pilgrim Fathers) bezeichneten Kolonisten waren nicht die ersten englischen Siedler auf dem Gebiet der späteren Vereinigten Staaten. Dennoch spielen sie eine entscheidende Rolle für den Gründungsmythos und die Traditionen der USA: Die Suche nach religiöser Freiheit ist zentrales Thema der US-Geschichte. Im Mayflower-Vertrag gaben sich die Neuankömmlinge eine Verfassung als sich selbst regierende Gemeinschaft, in der alle Einwohner denselben „gerechten Gesetzen“ unterstanden. Das jährlich im Herbst in den USA gefeierte Thanksgiving erinnert an die erste Ernte der Pilgerväter in der Neuen Welt, die sie gemeinsam mit Angehörigen der Urbevölkerung feierten, von deren Unterstützung sie in den ersten Jahren abhängig waren. Insgesamt neun Präsidenten der USA inklusive Barack Obama stammen von Angehörigen der Pilgerväter ab, die einst in den toleranten Niederlanden Unterschlupf fanden.

den nach Repräsentationsformen. Das 17. Jahrhundert ging als das „Goldene Zeitalter“ der Niederlande in die Geschichte ein. Bis heute ist vor allem die niederländische Malerei des 17. Jahrhunderts mit großen Namen wie Rembrandt und Vermeer weltberühmt.

Obwohl der Calvinismus eine große politische und öffentliche Rolle spielte, konnte er sich auch in den Vereinigten Provinzen nicht allgemein durchsetzen. Strenggläubig Evangelisch-Reformierte stellten hohe Anforderungen an ihre Mitglieder, die nur eine Minderheit der Bevölkerung erfüllen wollte. Dazu kamen Spaltungen und Meinungsverschiedenheiten der Calvinisten untereinander. Die gegen die Inquisition eingestellten niederländischen Aufständischen waren fest entschlossen, selbst keine Kirchenpolizei einzuführen. Die Verantwortlichen in den Handelsstädten erkannten darüber hinaus, dass eine strenge Religionspolitik den Geschäften schadete. Zwar kannten auch die Niederlande keine Gleichberechtigung aller Konfessionen, doch galten sie im europäischen Vergleich als außergewöhnlich tolerant: Die Union von Utrecht erklärte 1579 Glaubensfreiheit, privilegierte aber de facto die reformierte Kirche: Lutheraner, Katholiken und andere Abweichler waren vom Wahlrecht und von öffentlichen Ämtern ausgeschlossen, meist praktizierten sie ihren Glauben in verborgenen Kirchen, sogenannten Schuilkerken, die von außen nicht zu erkennen waren.

Geburtsort von Rembrandt, die älteste Universität der Niederlande, von vielen Menschen das „Venedig der Niederlande“ genannt: Leiden. Von hier aus brachen die Pilgerväter in die Neue Welt auf.

30 Jahre Krieg

Nach Ablauf des 1609 zwischen Spanien und den Vereinigten Provinzen vereinbarten Waffenstillstandes im Jahr 1621 verband sich der Unabhängigkeitskrieg der Niederländer mit dem seit drei Jahren in Mitteleuropa tobenden Krieg, der als „Dreißigjähriger Krieg" in die Geschichte eingehen sollte. Auslöser dieses Krieges war erneut ein Konflikt um die Religionsfreiheit, der sich mit einem Machtkampf zwischen den böhmischen Ständen und dem Kaiser

Der Prager Fenstersturz am 23. Mai 1618 galt als Kriegserklärung. Votivbild des Wilhelm von Slavata, Darstellung der Rettung der Statthalter Slavata und Martinitz durch die Gottesmutter, Gemälde um 1620.

verband. Im sogenannten „Majestätsbrief" hatte Kaiser Rudolf II. (1552–1612) 1609 den böhmischen Ständen Religionsfreiheit zugesichert. Sein ab 1612 regierender Bruder Matthias (1557–1619) erkannte diesen Majestätsbrief zwar an, schränkte aber die freie Religionsausübung ein. Als er darüber hinaus in die Verwaltung der Städte eingriff und den böhmischen Landtag mit einem Versammlungsverbot belegte, stürmten am 23. Mai 1618 böhmische Adlige die Hofkanzlei in der Prager Burg und warfen im „Zweiten Prager Fenstersturz" die dort anwesenden kaiserlichen Stellvertreter aus dem Fenster. Der Angriff wurde in Wien als Kriegserklärung gewertet. Die böhmischen Rebellen verbündeten sich mit Friedrich von der Pfalz (1596–1632), dem Oberhaupt der 1609 geschlossenen Protestantischen Union, und wurden im Böhmisch-Pfälzischen Krieg von den kaiserlichen Truppen geschlagen. Mit dem Eintritt Christians IV. von Dänemark (1577–1648) weitete sich der Krieg auf den Norden des Reiches aus. Dort errangen die kaiserlichen Heerführer Johann Tserclaes Reichsgraf von Tilly (1559–1632) und Albrecht von Wallenstein (1583–1634) große militärische Erfolge, sodass Kaiser Ferdinand II. 1629 im Restitutionsedikt die Rückgabe des gesamten in den reformierten Gebieten eingezogenen Kirchenguts an die katholische Kirche dekretierte. Der Augsburger Religionsfriede von 1555 war damit praktisch aufgehoben, die Katholiken schienen auf der ganzen Linie gesiegt zu haben.

Allerdings kam es kurze Zeit später auf katholischer Seite zum Zerwürfnis zwischen dem mächtigen Bayernherzog Maximilian und dem Kaiser. Außerdem griff der schwedische König Gustav Adolf (1594–1632) als „Retter der protestantischen Konfession" in den Krieg ein. Ein wechselhafter Kriegsverlauf führte 1635 zu Friedensverhandlungen in Prag, doch verbündete sich nun Frankreich mit Schweden und griff die Spanischen Niederlande an. Zwischendurch standen sich französische und spanische Truppen beim Streit um die Erbfolge in Mantua gegenüber, der englische König rächte sich für das Scheitern seiner Heirat mit einer spanischen Prinzessin und erklärte Spanien den Krieg. Die Vereinigten Provinzen der Niederlande trugen ihren Krieg gegen Spanien nach Übersee und ab 1640 spalteten sich Katalonien und Portugal vom spanischen Königshaus ab. Zeitweise sah sich ganz Europa mit Krieg überzogen und auch die Kolonien blieben nicht verschont.

Am schlimmsten allerdings traf es die Territorien des Deutschen Reichs. Um ihre Söldnerheere bezahlen zu können, zogen die kriegführenden Fürsten Abgaben und Kontributionen in Form von Geld und Naturalleistungen ein. Als das nicht mehr reichte, musste der Landstrich, in dem gerade gekämpft, der besetzt oder auch nur von Soldaten durchzogen wurde, für die Kriegskosten aufkommen. Achteten die Feldherren zunächst noch darauf, vor allem die Gebiete gegnerischer Parteien zu belasten, nahmen mit Dauer des Krie-

Die Territorien des Deutschen Reichs waren während des Dreißigjährigen Krieges besonders betroffen. „Patrona Bavariae", die Mariensäule auf dem Münchner Marienplatz, errichtet 1638 als Dank für den Erhalt Münchens und Landshuts zur Zeit der schwedischen Besatzung 1632.

ges willkürliche Plünderungen mit Raub, Mord, Vergewaltigungen und Totschlag zu. Waren die Soldaten endlich abgezogen, schwächten Hunger und Seuchen die Bevölkerung zusätzlich, denn unter Besatzung und Krieg litt auch die Landwirtschaft. Manche Gebiete im Nordosten und Südwesten des Reiches verloren im Dreißigjährigen Krieg bis zu 70 Prozent ihrer Bevölkerung. Beendet wurde der Krieg durch drei Friedensverträge, die 1647 und 1648 in Münster und Osnabrück geschlossen wurden und die heute unter dem Namen Westfälischer Frieden bekannt sind. Doch dauerte es Jahrzehnte, bis sich Mitteleuropa von den Verheerungen erholte.

Der Westfälische Frieden und seine Folgen

Der Westfälische Frieden sowie der 1659 geschlossene Pyrenäenfriede zwischen Spanien und Frankreich brachte Europa ein System gleichberechtigter souveräner Staaten. Zwar flammten die Kriege auch danach immer wieder auf, doch galt der Westfälische Frieden als ein grundlegendes völkerrechtliches Dokument, auf das man sich bei Streitfragen immer wieder berufen konnte. Im Reich erhielten die Fürsten freie Ausübung ihrer Landeshoheit einschließlich

Türgriff am Rathaus in Osnabrück. Der Westfälische Frieden von 1648 ermöglichte ein friedliches Nebeneinander der Konfessionen, auch wenn dies nicht Religionsfreiheit oder Schutz vor Verfolgung bedeutete. Dennoch war es der erste Vertrag, der einer Minderheit einen gewissen Schutz bot.

Bündnisrecht und damit einen quasi-souveränen Status, den allerdings nur die Fürsten größerer Territorien tatsächlich verwirklichen konnten. In Religionsfragen bestätigte der Westfälische Frieden nicht nur die Augsburger Abmachungen von 1555, sondern weitete sie auch auf die reformierte Kirche aus. Die geistlichen und weltlichen Rechtsverhältnisse wurden zum Normaljahr, zum 1. Januar 1624, wiederhergestellt, d. h. die Untertanen sollten der Konfession angehören, der ihre Vorfahren zu diesem Datum angehört hatten, ebenso wie die evangelischen Reichsstände das Kirchengut behielten, das sie zu diesem Zeitpunkt besessen hatten. Die Reichsstände besaßen zwar weiterhin die Kirchenhoheit in ihrem Herrschaftsgebiet, durften aber andersgläubige Untertanen nicht diskriminieren und mussten die private Ausübung des Glaubens zulassen. Geistliche Fürsten durften nicht zum Protestantismus wechseln, katholische Fürsten verloren bei einem Konfessionswechsel ihr Amt als Landesherr. Damit hatte der Konfessionswechsel eines Fürsten keine unmittelbaren Folgen mehr für die Religion seiner Untertanen. Bevölkerungsteile mit abweichender Konfessionszugehörigkeit erhielten ein erweitertes Emigrationsrecht.

Die Reichsverfassung wurde so abgeändert, dass keine Konfession die andere dominierte: Reichskammergericht und Ämter in Städten mit zwei Konfessionen wurden paritätisch besetzt, ein Zwang zur „freundschaftlichen Einigung"der beiden Religionsparteien ersetzte auf Reichstagen in Religionsfragen das Mehrheitsprinzip. Der Westfälische Frieden schützte als erster Vertrag eine Minderheit, wie sie die Protestanten im Reich darstellten. Damit ermöglichte der Westfälische stärker noch als der Augsburger Religionsfrieden ein friedliches Nebeneinander der Konfessionen und sicherte diese Koexistenz auch rechtsverbindlich ab.

Das heißt allerdings nicht, dass der Westfälische Frieden Religionsfreiheit und

Schutz vor Verfolgung gebracht hätte. Vielerorts im Reich nahm die Rekatholisierung, zeitweise unterbrochen durch die Kriegshändel, nach 1648 wieder Fahrt auf. Die Verfolgung und Vertreibung der Hugenotten in Frankreich verschärfte sich in der zweiten Hälfte des 17. Jahrhunderts. In Savoyen hob Herzog Viktor Amadeus II. (1666–1732) 1685 die Duldung der Waldenser auf. In Österreich erreichten Zwangsmaßnahmen gegen sogenannte „Geheimprotestanten", die äußerlich als Katholiken auftraten, aber ohne kirchliche Organisation im Geheimen ihren protestantischen Glauben lebten, erst im 18. Jahrhundert ihren Höhepunkt. Zehntausende hatten die Wahl zwischen Zwangsbekehrung oder Umsiedlung nach Siebenbürgen oder Ungarn. Minderjährige Kinder steckte man zur Umerziehung in Konversionshäuser.

In England erlaubte erst der „Toleration Act" von 1689 nicht-anglikanische, protestantische Gottesdienste. Erst 1828 und 1829 wurden nonkonformistische Protestanten und Katholiken den Anglikanern gleichgestellt. Internationale Konflikte waren zuvor immer wieder in antikatholische Hysterien umgeschlagen, mit wilden Ausschreitungen gegen Katholiken. Das englische Königshaus muss bis heute der anglikanischen Kirche angehören. Die Folgen der von England im 17. Jahrhundert begonnenen Anglikanisierung Nordirlands waren bis in die 2000er-Jahre zu spüren. Und nicht wenige fürchten ein Wiederaufflammen der Konflikte, sollte Großbritannien nach dem Referendum 2016 die Europäische Union verlassen.

Am Beginn der modernen Welt – ein Ausblick

Am Anfang war Luther. Selten in der Geschichte hat ein Mensch so viel bewegt, wie der Augustinermönch aus Wittenberg. Seine 95 Thesen, seine radikale Kritik des Papsttums und der römisch-katholischen Kirche, das Beharren auf seinen Positionen und seine große Überzeugungskraft führten Veränderungen herbei, die bis heute nachwirken. Unsere Welt wäre eine andere, hätte Luther nicht gelebt oder hätte er in Worms seinen Thesen abgeschworen. Und dennoch entfaltete Luther diese historische Wirkung nur, weil er schnell breite Unterstützung fand. Vor allem aber war die Zeit reif für grundlegende Veränderungen: Die Kirche brauchte dringend Reformen, die Gläubigen suchten nach Erneuerung und Orientierung und die Herrschaftsverhältnisse im Reich und in Europa befanden sich im Umbruch.

Neben Luther trieben andere Geistliche die Reformation auf ihre Art voran: Melanchthon und Müntzer im Reich, Zwingli und Calvin in der Schweiz, Bugenhagen im Norden und John Knox in Schottland – um nur einige zu nennen. Sie alle bewegten sich in einer intensiven Diskussion über den richtigen Glauben, der starke Impulse von den reformatorischen Zentren Wittenberg und Genf erhielt. Viele der europäischen Reformatoren studierten oder lebten für eine Zeit dort. Die Erneuerungsbewegung erfasste auch die katholische Kirche, die sich nicht nur der Reformation mit einer Gegenreformation widersetzte, sondern sich auch selbst reformierte.

Luthers Worte und sein Thesenanschlag sind eine Sternstunde der Menschheit. Bücherregale in der Kulturkirche St. Johannes Evangelist in Berlin, die den Schriftzug „Am Anfang war das Wort" darstellen. Die biblischen Worte benennen das Motto der Dachmarkenkampagne der Lutherdekade, der Vorbereitung auf das 500. Reformationsjubiläum.

Über die Kirche und Glaubensfragen wirkte die Reformation tief in die Gesellschaft hinein. Allein die Bibelübersetzungen schufen in vielen europäischen Ländern eine Hochsprache und trugen damit wesentlich zur Ausbildung eines Nationalbewusstseins bei. Die für die Reformatoren zentrale Bildungsreform verbreitete nicht nur Wissen und Fertigkeiten, sondern auch einen Humanismus, der grundlegend für die moderne Kultur wurde. Politisch gab die reformatorische Bewegung einigen regierenden Fürsten im Reich ein mächtiges Werkzeug an die Hand, um ihre Interessen im Machtkampf mit dem Kaiser durchzusetzen. In den Niederlanden bildete die neue Religion eine wichtige Grundlage für den Kampf der niederländischen Bürger und Adeligen gegen die spanische Herrschaft. In großen und reichen Städten wie Nürnberg oder Hamburg versammelten sich unter dem Banner der Reformation die nach Unabhängigkeit strebenden Patrizier.

Europa veränderte im Gefolge der Reformation seine Gestalt. Im Heiligen Römischen Reich Deutscher Nation entstanden religiös geprägte mächtige Herrschaften, die nach Eigenständigkeit strebten. Seit Beginn des 18. Jahrhunderts war es vor allem der Kampf zwischen Österreich und Preußen um die Vorherrschaft im Reich, der die Entwicklung dieses aus dem Mittelalter überkommenen Gebildes prägte. Als das Reich sich 1806 unter dem Druck der Französischen Revolution und Expansion auflöste, begann ein Prozess, der 1871 zur Gründung des Deutschen Reiches durch Preußen unter Ausschluss des Vielvölkerstaates Österreich führte. Spanien blieb erzkatholisch, verlor aber im Laufe des 17. Jahrhunderts an Bedeutung und im 18. Jahrhundert den Anschluss an den beschleunigten Wandel Europas im Zeitalter der Aufklärung. Frankreich hingegen ging aus den politischen und religiösen Konflikten des 16. und 17. Jahrhunderts als diejenige Großmacht hervor, die bis weit ins 19. Jahrhundert hinein die Geschicke des Kontinents entscheidend bestimmte. Die Vertreibung seiner protestantischen Bevölkerung schuf eine relativ homogene, katholisch geprägte Nation. Daran änderte auch die Französische Revolution und ihr Laizismus nichts. Bis heute bildet Frankreich mit Spanien, Portugal und Italien, das 1861 zum Nationalstaat wurde, den katholischen Süden Europas. Englands und später Großbritanniens Aufstieg zur See- und Weltmacht ist mit der Gründung einer eigenen protestantischen Kirche eng verbunden. Bis heute prägen Monarchie und anglikanische Kirche das Land. Ähnlich verhält es sich mit den Staatskirchen in Skandinavien, dem protestantischen Norden Europas. Aus den spanischen Niederlanden gingen das katholische Belgien und die protestantischen Niederlande hervor. Im Südosten des Kontinents führte der Kampf gegen die islamischen Osmanen zu einem ausgeprägten Katholizismus in Ungarn und Kroatien, während in Serbien die orthodoxe Kirche von zentraler Bedeutung für die Identität des Landes blieb. Die wechselvolle Geschichte des Ostens machte Polen, das lange durch religiöse Vielfalt gekennzeichnet war, zu einem betont katholischen Staat, während in einigen Ländern, die lange Teil des sowjetischen Imperiums waren, nur noch eine Minderheit der Bevölkerung einer der christlichen Kirchen angehört.

Von Europa aus strahlten Reformation und Gegenreformation auf die europäischen Kolonien aus. Dort, wo die katholischen Königreiche Spanien und Portugal herrschten, dominiert auch heute noch der Katholizismus, vor allem in Süd- und Mittelamerika. Wenn heute der Argentinier Jorge Mario Bergoglio als Papst Franziskus in Rom residiert, so spiegelt das die Verlagerung des Gewichts der katholischen Kirche von Europa nach Südamerika wieder. Nordamerika hingegen und Australien sind anglikanisch geprägt, auch wenn in den USA die vielfältigen Einflüsse unterschiedlicher protestantischer Glaubensrichtungen sowie der Katholizismus europäischer und lateinamerikanischer Einwanderer eine große religiöse Vielfalt schufen.

Trotz der Reformation und einer weltweiten Ausdehnung wahrte die katholische Kirche ihre Einheit, in deren Mittelpunkt das Papsttum steht. Die Vielfalt der protestantischen Bewegung hingegen schuf eine Reihe selbstständiger Kirchen, die von Anfang an national organisiert waren und sind. Allerdings gibt es internationale Vereinigungen wie den „Lutherischen Weltbund", die „Weltgemeinschaft der Reformierten Kirchen" und die „Anglikanische Kirchengemeinschaft", in denen sich die großen aus der Reformation hervorgegangenen Glaubensgemeinschaften zusammengeschlossen haben. Eine einheitliche protestantische Weltkirche gibt es jedoch nicht. Dennoch gibt es unter Christen eine ökumenische Bewegung, die eine Wiedervereinigung der protestantischen und der katholischen Kirche anstrebt. Auf Gemeindeebene gibt es zahlreiche ökumenische Gottesdienste und Aktivitäten, die Amtskirchen suchen nach einem gemeinsamen theologischen Rahmen. Gerade hier sind die Differenzen immer noch groß und es gibt noch keine Einigung über Fragen, die schon Luther und den Papst trennten.

Doch die Reformation bewirkte mehr als die Bildung neuer christlicher Kirchen und religiös geprägter Nationalstaaten. Der Soziologe Max Weber schrieb ihr zu Beginn des 20. Jahrhunderts eine grundlegende Bedeutung für die Entstehung der modernen Welt zu: Ohne die protestantische Ethik, erklärte Weber, gäbe es keinen Kapitalismus, d.h. keine Industrialisierung und keinen europäischen Wohlfahrtsstaat. Auch der Aufstieg der modernen Wissenschaften, die „Entzauberung der Welt", sei ohne die Reformation nicht denkbar. Für Weber war klar: Die Reformation steht am Anfang unserer Zeit. Andere führen die Freiheiten, die wir in der westlichen Welt kennen, auf Luthers Forderung nach Gewissensfreiheit zurück. Sie steht am Beginn der Autonomie des Einzelnen. Die prinzipielle Trennung von Staat und Kirche ermöglichte die Entstehung einer rein weltlichen Rechtsprechung und Kultur der Toleranz, die Europa heute die Möglichkeit gibt, religiöse Konflikte im Rahmen eines demokratischen Rechtsstaats zu lösen.

Die Wege dieser Entwicklungen waren allerdings verschlungen. So musste Europa erst durch blutige Glaubenskriege lernen, den Wert der Toleranz zu erkennen und einen Ausgleich zwischen den unterschiedlichen Überzeugungen und Interessen zu suchen. Die Aufklärung und mit ihr die Wissenschaften erhielten aus dem katholischen Frankreich ebenso starke Impulse wie aus dem anglikanischen Schottland und dem evangelischen Preußen. Demokratie und Rechtsstaat entstanden nicht nur in der nordamerikanischen, sondern auch in der französischen Revolution, während Preußen lange Zeit einem autoritären Staats- und Gesellschaftsverständnis anhing. Und das kapitalistische Wirtschaften ist sicherlich ebenso stark von den katholischen Kaufleuten Venedigs, Augsburgs oder Antwerpens geprägt, wie von ihren protestantischen Pendants in Rotterdam und Nürnberg. Dennoch war Luthers Thesenanschlag eine „Sternstunde der Menschheit" (Stefan Zweig), weil er viele Prozesse in Bewegung setzte und von Wittenberg aus die Welt veränderte.

Von Wittenberg in die ganze Welt: Die Gedanken des Augustinermönchs zeigen ihre Wirkung bis in unsere Zeit. Erdkugel auf dem Marktplatz der Lutherstadt Wittenberg, die die Zeit bis zur Eröffnung der Weltausstellung „Reformation 2017" anzeigt.

Literaturauswahl

Albrecht Beutel (Hg.): Luther Handbuch, Tübingen [10]2010
Uwe Birnstein: Who is Who der Reformation. Freiburg i. Br. 2014
Peter Blickle: Die Reformation im Reich. Stuttgart [4]2015.
Geo Epoche. Das Magazin für Geschichte. Heft 39: Martin Luther und die Reformation. Europa im Zeitalter der Glaubensspaltung 1517–1618. Hamburg 2009
Thomas Kaufmann: Geschichte der Reformation. Frankfurt a. M./Leipzig 2009
Volker Leppin: Das Zeitalter der Reformation. Eine Welt im Übergang, Darmstadt 2009
Volker Leppin/Gury Schneider-Ludorff (Hg.): Das Luther-Lexikon. Regensburg [2]2015
Diarmaid MacCulloch: Die Reformation 1490–1700. München 2008
Peter Marshall: Die Reformation in Europa. Stuttgart 2014
Heinz Schilling: Martin Luther. Rebell in einer Zeit des Umbruchs. München [3]2014
Luise Schorn-Schütte: Die Reformation. Vorgeschichte, Verlauf, Wirkung. München [5]2011
Der Spiegel. Geschichte: Die Reformation. Aufstand gegen Kaiser und Papst. Hamburg 2015

© 2016 by Helmut Lingen Verlag GmbH, Brügelmannstr. 3, 50679 Köln
Herausgeber: Thomas Prüfer
Autoren: Carl-Josef Virnich, MA (Kap. 1–10), Dr. Andrea Weindl (Kap. 11–12), Dr. Martin Jehle (Mitarbeit: Luther und die Juden)

Satz: Geert Möbius, Mehlingen
Titelfoto: picture alliance
Bildnachweis: picture alliance/dpa/akg images; wikimedia/Karsten11 (S. 85)
Kartografie: Archiv Lingen Verlag/STELZNER Illustration, Frankfurt am Main

Das Werk, einschließlich aller seiner Teile, ist urheberrechtlich geschützt. Jede Verwendung außerhalb der engen Grenzen des Urheberrechts ist ohne Zustimmung des Verlages unzulässig und strafbar. Das gilt insbesondere für Vervielfältigungen, Übersetzungen, Mikroverfilmungen und die Verarbeitung in elektronischen Systemen.

Printed in EU
Alle Rechte vorbehalten.
www.lingenverlag.de